住房和城乡建设领域专业人员岗位培训考核系列用书

城建档案管理员专业管理实务

江苏省建设教育协会　组织编写

中国建筑工业出版社

图书在版编目(CIP)数据

城建档案管理员专业管理实务/江苏省建设教育协会编写.
北京:中国建筑工业出版社,2014.4
住房和城乡建设领域专业人员岗位培训考核用书
ISBN 978-7-112-16617-6

Ⅰ.①城… Ⅱ.①江… Ⅲ.①城市建设-档案管理学-岗位培
训-教材 Ⅳ.①G275.9

中国版本图书馆 CIP 数据核字(2014)第 064439 号

本书是《住房和城乡建设领域专业人员岗位培训考核系列用书》中的一本,依据《建筑与市政工程施工现场专业人员职业标准》编写。全书共分9章。本书可作为城建档案员岗位考试的指导用书,又可作为施工现场相关专业人员的实用手册,也可供职业院校师生和相关专业技术人员参考使用。

* * *

责任编辑:刘 江 岳建光 杨 杰
责任设计:董建平
责任校对:李美娜 陈晶晶

住房和城乡建设领域专业人员岗位培训考核系列用书
城建档案管理员专业管理实务
江苏省建设教育协会 组织编写

*

中国建筑工业出版社出版、发行(北京西郊百万庄)
各地新华书店、建筑书店经销
北京红光制版公司制版
北京建筑工业印刷厂印刷

*

开本:787×1092毫米 1/16 印张:14½ 字数:345千字
2014年9月第一版 2015年3月第三次印刷
定价:**41.00**元
ISBN 978-7-112-16617-6
(25359)

住房和城乡建设领域专业人员岗位培训考核系列用书

编审委员会

主　任：杜学伦

副主任：章小刚　　陈　曦　　曹达双　　漆贯学

　　　　金少军　　高　枫　　陈文志

委　员：王宇旻　　成　宁　　金孝权　　郭清平

　　　　马　记　　金广谦　　陈从建　　杨　志

　　　　魏德燕　　惠文荣　　刘建忠　　冯汉国

　　　　金　强　　王　飞

出 版 说 明

为加强住房城乡建设领域人才队伍建设，住房和城乡建设部组织编制了住房城乡建设领域专业人员职业标准。实施新颁职业标准，有利于进一步完善建设领域生产一线岗位培训考核工作，不断提高建设从业人员队伍素质，更好地保障施工质量和安全生产。第一部职业标准——《建筑与市政工程施工现场专业人员职业标准》（以下简称《职业标准》），已于2012年1月1日实施，其余职业标准也在制定中，并将陆续发布实施。

为贯彻落实《职业标准》，受江苏省住房和城乡建设厅委托，江苏省建设教育协会组织了具有较高理论水平和丰富实践经验的专家和学者，以职业标准为指导，结合一线专业人员的岗位工作实际，按照综合性、实用性、科学性和前瞻性的要求，编写了这套《住房和城乡建设领域专业人员岗位培训考核系列用书》（以下简称《考核系列用书》）。

本套《考核系列用书》覆盖施工员、质量员、资料员、机械员、材料员、劳务员等《职业标准》涉及的岗位（其中，施工员、质量员分为土建施工、装饰装修、设备安装和市政工程四个子专业），并根据实际需求增加了试验员、城建档案管理员岗位；每个岗位结合其职业特点以及培训考核的要求，包括《专业基础知识》、《专业管理实务》和《考试大纲·习题集》三个分册。随着住房城乡建设领域专业人员职业标准的陆续发布实施和岗位的需求，本套《考核系列用书》还将不断补充和完善。

本套《考核系列用书》系统性、针对性较强，通俗易懂，图文并茂，深入浅出，配以考试大纲和习题集，力求做到易学、易懂、易记、易操作。既是相关岗位培训考核的指导用书，又是一线专业人员的实用手册；既可供建设单位、施工单位及相关高、中等职业院校教学培训使用，又可供相关专业技术人员自学参考使用。

本套《考核系列用书》在编写过程中，虽经多次推敲修改，但由于时间仓促，加之编者水平有限，如有疏漏之处，恳请广大读者批评指正（相关意见和建议请发送至 JYXH05@163.com），以便我们认真加以修改，不断完善。

本书编写委员会

主　　编：冯汉国
副主编：张　蕴　孙　云
编写人员：冯汉国　张　蕴　孙　云　徐　悦
　　　　　陈建斌　滕庆林

前　言

为贯彻落实住房城乡建设领域专业人员新颁职业标准，受江苏省住房和城乡建设厅委托，江苏省建设教育协会组织编写了《住房和城乡建设领域专业人员岗位培训考核系列用书》，本书为其中的一本。

城建档案工作是城乡建设事业的组成部分，是城乡建设的基础性工作；城建档案管理业务性、专业性很强，从业人员需要掌握相应的档案专业知识和一定的工程管理实践经验等。《建筑与市政工程施工现场专业人员职业标准》中虽没有纳入城建档案管理员，但考虑到其岗位的特殊性，为适应城建档案工作及从业人员的实际需求，在原《城建档案从业人员岗位培训教材》的基础上调整、修编了城建档案管理员培训考核用书。

城建档案管理员培训考核用书包括《城建档案管理员专业基础知识》、《城建档案管理员专业管理实务》、《城建档案管理员考试大纲·习题集》三本，依据国家现行城建档案法规和业务标准、规范，结合当前城乡建设工作的实际，从城建档案管理、工程文件与工程档案管理、工程识图与竣工图编制等方面系统阐述了城建档案的基本理论、基础知识和基本技能，具有较强的针对性和实用性。

本书为《城建档案管理员专业管理实务》分册，供城建档案管理员学习专业管理实务使用，全书共分 9 章，内容包括：概述；工程准备阶段文件；工程实施阶段文件；工程竣工验收阶段文件；工程文件的质量；工程文件的积累与收集；工程文件的立卷；工程文件的归档；工程档案的验收与移交。

本书的编写和出版得到了江苏省住房和城乡建设厅建设档案办公室的大力支持，在此表示衷心感谢！

本书既可作为城建档案管理员岗位培训考核的指导用书，又可作为一线专业人员的实用手册，也可供职业院校师生和相关专业技术人员参考使用。

目　　录

第1章 概　　述

内 容 提 要

本章重点包括：一、工程文件与工程档案的形成，主要讲述建设工程项目、基本建设程序的概念及其划分，工程文件和工程档案的概念、内容及其相互之间的关系。二、工程档案的主要特点。三、工程档案的种类及其属类的划分。四、工程档案法规体系、法规制度和法规责任等。

建设工程档案（简称"工程档案"）是城建档案的重要组成部分，是城建档案馆重点管理的档案资源。工程档案是在工程项目的建设活动中直接形成的，真实记载和反映了工程项目建设的全过程，是工程项目质量评估和日后维护的重要依据。各参加建设的单位不但要充分认识工程档案对工程项目自身的重要意义，还应充分认识到对城市建设的重要性。完整、准确、系统的工程档案，直接关系到城市的可持续发展，关系到城市突发事件和灾害的科学预防和有效救援。建设单位应当依据国家相关法律、法规，做好建设工程文件及档案资料的收集、整理、归档和移交工作。

1.1　工程文件与工程档案的形成

建设工程文件（简称"工程文件"）和工程档案的产生都源于工程项目的建设及其过程，同其他文件、档案的形成一样，有其自身的客观运行规律。

1.1.1　基本建设程序

所有的建设工程项目在建设的全过程中，从立项、征地、勘察、设计、招投标、施工直到竣工验收、交付使用等，各环节、各步骤之间客观存在着不可颠倒的先后顺序。这个先后顺序是国内外建设工程项目实践的经验总结，是在认识到工程建设的客观自然规律和经济规律的基础上，总结出来的建设工程项目的一般建设程序，这个程序被归纳为建设工程项目的基本建设程序。

1.1.1.1　建设工程项目的定义及其组成

1. 建设工程项目的定义

建设工程项目也称建设项目或工程项目，是指经批准按照一个总体设计进行施工，经济上实行统一核算，行政上具有独立组织形式，实行统一管理的工程基本建设单位。它由一个或若干个具有内在联系的工程所组成。例如：建设一定生产能力的工厂，建设一定长度和等级的公路，建设一定规模的医院、学校，建设一定范围的住宅小区等等。

对于建设工程项目定义的理解应注意以下四点：

（1）统一设计。每一个建设项目都需进行总体设计。主要依据城市规划及规划设计条件，根据项目批准文件，如××市发展和改革委员会（简称"发改委"）下发的《关于××市××污水处理厂可行性研究报告的批复》等，组织总体设计，以实现项目决策意图和城市规划整体功能。

（2）统一核算。工程项目投资可能是多元化的，也可能分期进行等等，无论何种情况，工程项目投资应前期统一规划、评估，建设过程中安排投资计划并实施，工程竣工后进行工程决算，实行统一经济核算。

（3）统一管理。工程项目从筹备开始，建设方就应成立工程项目管理机构，统一管理工程建设。特别是大型的工程项目、国家重点工程项目，其管理机构具有独立法人资格，对工程项目的投资、建设和交付使用等实行统一行政管理。

（4）统一整体。通常，一个建设工程项目，由一个或若干个单位工程组成，每一个单位工程均为建设项目的组成部分，或者说尽管有若干个单位工程，但作为一个建设工程项目是统一的整体。每个单位工程彼此紧密相关，统一在一起才能发挥工程项目的整体功能。

建设工程项目按建设性质可分为：新建、扩建、改建、迁建、恢复等工程项目；按建设规模可分为大型、中型和小型工程项目等。

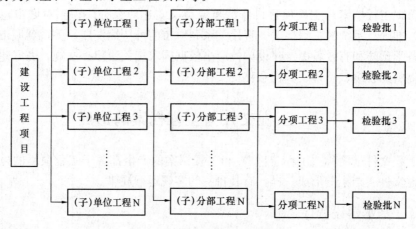

图 1-1　建设工程项目的组成

2. 建设工程项目的组成（如图 1-1）

为使建设工程项目的质量管理有序、验收步骤分明，提高建设工程项目质量验收的科学性、规范性和准确性，一个建设工程项目可分为若干个单位（子单位）工程、分部（子分部）工程、分项工程和检验批。

（1）单位（子单位）工程　单位工程是指具备独立施工条件并能形成独立使用功能的建筑物或构筑物。例如：某市建造一个住宅小区，共 12 幢住宅。该住宅小区项目可划分为 14 个单位工程，即小区室外建筑环境工程、室外安装工程和 12 幢住宅工程。

对于规模较大的单位工程，可将其能形成独立使用功能的部分划分为一个子单位工程。例如：一商住楼，可将 1～2 层的商业房工程和 3 层以上的住宅工程分别划分为子单位工程。

（2）分部（子分部）工程　分部工程是指单位工程中可以独立组织施工的工程。分部工程一般是按专业性质和工程部位等的不同而划分。例如：一般工业与民用建筑单位工程可划分为地基与基础、主体结构、装饰装修、屋面、给水排水及供暖、电气、智能建筑、通风与空调、电梯等若干个分部工程。

当分部工程较大或内容复杂时，可按材料种类、施工特点、施工程序、专业系统及类别，将分部工程划分若干个子分部工程。如主体结构，可以划分混凝土、砌体、钢结构等若干个子分部工程；装饰装修工程可分为地面、门窗、吊顶工程等。

（3）分项工程　分项工程是指按主要工种、材料、施工工艺、设备类型等划分，是分部工程的组成部分，是由一个或若干个检验批组成的基本单元工程。如混凝土分部工程，可以划分为模板、钢筋、混凝土等若干个分项工程。预制楼板分部工程，可分为平板、空心板、模型板等分项工程。

（4）检验批　检验批是可根据施工、质量控制和专业验收的需要，按工程量、楼层、施工段、变形缝进行划分。检验批是工程验收的最小单位，是分项工程乃至整个建设工程质量验收的基础。例如：模板分项工程可以按楼层或施工段等划分成若干个检验批。

1.1.1.2　基本建设程序的概念和划分

1. 基本建设程序的概念

基本建设程序是指建设工程项目在建设的全过程中各项工作应该遵守的先后顺序。

1951 年 3 月，我国由中央财经委员会颁布了《基本建设工作程序暂行办法》，这是我国第一个全国性的基本建设工作管理办法。此后，随着建设工程项目管理实践经验的积累，我国工程项目建设程序管理制度得到了不断发展和完善。1978 年 4 月 22 日，国家计划委员会、国家基本建设委员会和财政部联合发布《关于基本建设程序的若干规定》，指出：基本建设工作涉及的面广，内外协作配合的环节多，必须按计划、有步骤、有秩序地进行，才能达到预期的效果。

2. 基本建设程序的划分

《关于基本建设程序的若干规定》就基本建设程序问题，明确规定"一个项目从计划建设到建成投产，一般要经过下述几个阶段：根据发展国民经济长远规划和布局的要求，编制计划任务书，选定建设地点；经批准后，进行勘察设计；初步设计经过批准，列入国家年度计划后，组织施工；工程按照设计内容建成，进行验收，交付生产使用。"规定虽然已过 30 多年，国家对基本建设程序又作了不少补充和完善，尽管政府投资和企事业单位投资的建设工程项目，立项阶段基本建设程序上还存在差异，但规定的基本内容至今仍在执行。

依据建设工程项目的工作进程、内容和特征，基本建设程序可划分为三大阶段：工程准备阶段、工程实施阶段和工程竣工验收阶段。这三大阶段又可分为若干个程序，它们之间存在着严格的先后次序，可以进行合理的交叉，但不能任意颠倒次序。

（1）工程准备阶段程序

在工程准备阶段，有投资意向的建设单位，需要根据基本建设程序组织一系列工程准备工作。其中：政府投资项目，主要进行项目建议书审查批复、可行性研究审查批复、计划任务书审查批复、初步设计及概算审查批复、项目选址、用地申请及审批、规划许可、施工许可、开工报告批复等；对企业投资项目，主要进行项目核准（或备案）审查、项目选址、用地申请及审批、规划许可、施工许可等。政府主管部门依法对建设单位的工程项目基本建设程序执行情况进行审查。工程准备阶段包括以下一系列程序：

——立项：项目建议书及审批、可行性研究报告及审批、计划任务书（又称设计任务书）的请示及审批（含投资估算）、项目核准（或备案）审查等；

——建设用地：规划选址申请及审批、用地申请及审批、用地规划许可的申报和审批、房屋征收等；

——勘察、测绘、设计：地质（水文）勘察、地形测量、初步设计（含设计概算）、技术设计、施工图设计（含施工图预算）、有关行政主管部门（人防、环保、消防、交通、园林、市政、文物、通讯、保密、河湖、教育、白蚁防治、卫生等）的申请及审批、施工图审查等；

——招标投标：建设单位按照《招标投标法》，组织开展勘察设计、监理、施工单位的招标、投标工作；

——开工审批：列入年度计划的申报及审批、规划许可的申报和审批、施工许可的申报和审批、工程质量和安全监督申报和登记手续等。

（2）工程实施阶段程序

工程实施阶段是将工程"蓝图"变成工程项目实体，是实现投资决策目标的重要阶段。工程开工后，施工单位、监理单位、设计单位、勘察单位、检测单位等工程项目参建单位，依据合同约定，严格履行合同条款，完成合同内全部工作内容。

施工单位应成立项目施工管理机构，根据施工图，编制施工图预算和施工组织设计，做好施工图的会审、定位测量等施工技术和现场准备工作；施工单位要严格按照施工图纸和施工顺序合理组织施工，如需变更，应取得设计单位同意；施工单位要严格按照设计规定的内容和要求及施工验收规范，确保工程质量，完成合同内全部工程量。

工程监理单位在接受工作任务后，应确定项目总监理工程师，成立项目监理机构；做好监理规划和监理实施细则的编制工作；工程施工实施过程中，履行工程监理职责，规范化地开展监理工作，对工程质量、安全、造价、进度等进行全方位的控制，进行信息和工程建设合同的管理，协调施工中有关单位之间的工作关系，即"四控制、两管理、一协调"，确保施工质量、安全、投资和工期等满足建设单位的要求。

（3）工程竣工验收阶段程序

建设工程项目按设计文件所规定的全部内容建设完成（工业项目经负荷试运转和试生产考核，能够生产合格产品；非工业项目符合设计要求，能够正常使用），具备验收条件的，建设单位应依照国家相关规定，及时组织竣工验收。竣工验收阶段包括以下一系列程序：

——工程项目竣工验收前，建设、设计、监理、施工等单位共同对项目进行预验收，并系统整理工程文件，编制竣工图和竣工决算。

——建设单位提请规划、环保、消防、城建档案等有关部门进行专项验收。

——建设单位组织勘察、设计、施工、监理等相关单位进行项目竣工验收。

——建设单位向工程所在地的县级以上地方人民政府建设主管部门进行竣工备案。

严格按照基本建设程序办事，是建设工程项目科学决策和顺利实施的重要保证。这是因为，首先，按照建设程序办事，可以保证建设工程项目的合法地位。所有政府投资的新建、改扩建项目，都要根据国家发展国民经济的长远规划和建设布局，按照项目的隶属关系，由政府主管部门进行立项审查批复（图1-2）；所有企业投资的项目，也都要由政府主管部门进行项目核准（或备案）审查。其次，按照建设程序办事，可以保证建设工程项目的科学决策。计划任务书是确定建设工程项目，编制设计文件的主要依据。项目立项建立在充分调查、认真分析的基础上，这不仅关系到项目的合法性，而且关系到项目投资最终的经济效益。第三，按照建设程序办事，可以保证工程项目的建设得到规范、有序地管理。无论是建设、设计、施工、监理等工程建设主体单位，还是相关行政主管部门，都须依据基本建设程序进行工程项目的建设和管理，所有建设活动应有章可循，有序开展。

1.1.2 工程文件的产生

在工程项目的建设过程中，每个阶段、每个程序、每道工序和参与工程建设的每个单位、部门的工作都要被文字、图表等文件真实地记录下来。首先，这是工程建设活动的客观需要。工程文件的产生有着很强的阶段性、程序性和过程性的特点。它担负着服务工程活动，推动工程进程的任务，前一个程序形成的文件会成为下道程序工作的依据。例如，可行性研究报告经过正式批准后，不仅是编制初步设计的依据，还是以后审核初步设计的依据。如果可行性研究报告没有通过审批，就不能进行下一步的初步设计工作。其次，这也是工程建设者、管理者的主观需求。工程建设过程周期长、工序多，要使工程质量得到有效控制，每个阶段、每个程序、每个工序的工作都要产生大量的文件。工程项目各参建方都应有留存工程文件的意识，为工程质量核查、验收和交付使用后维护提供依据，为日后工程档案奠定基础。

1.1.2.1 工程文件的概念

工程文件是指在工程建设过程中形成的各种形式的信息记录。这一概念包含以下三层含义：

1. 工程文件是在工程建设过程中直接形成的。工程文件具有原始性，它是工程建设活动的真实记录，也是指导和推进工程建设活动的依据，工程文件特别是工程准备阶段多数文件具有责任追溯、法律凭证作用。

2. 工程文件是工程建设过程中的信息记录。工程文件遵循基本建设程序，伴随着工程建设过程的产生而产生的，与工程建设基本同步。它不能经过想象或者艺术加工，不是事后编写或随意收集的资料，那些因为种种原因，在工程结束后再编造出来的"文件"，是不能称为工程文件的。

3. 工程文件是多种形式的。工程文件的表现形式有文字、图表、声像、电子等；它的物质载体可以是纸质、磁介质、感光材料、光介质等。随着社会和科技的进步，还将会有新的表现形式和物质载体被发现和应用于工程文件。

1.1.2.2 工程文件的内容

工程文件是随着基本建设程序的运行而产生的。基本建设程序的三大阶段产生不同的工程文件：工程准备阶段产生工程准备阶段文件；工程实施阶段产生监理文件和施工文件；工程竣工验收阶段产生竣工图和竣工验收文件。所以，建设工程文件的内容包括工程准备阶段文件、监理文件、施工文件、竣工图和竣工验收文件等五部分。

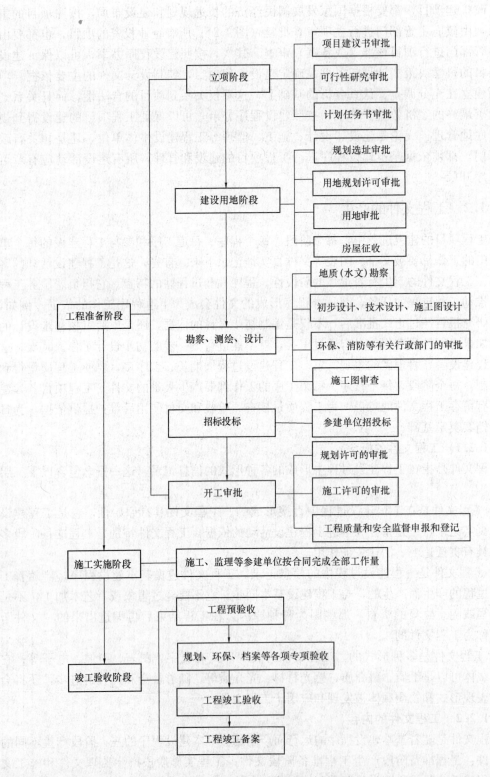

图 1-2　政府投资项目基本建设程序

1. 工程准备阶段文件

工程准备阶段文件是指工程开工以前，在立项、审批、征地、勘察、设计、招标投标等工程准备阶段形成的文件。工程准备阶段文件涉及很多与城市建设有关的行政管理部门和专业单位。

2. 监理文件

监理文件是指工程监理单位在工程设计、施工等监理过程中形成的文件。监理文件是监理单位对工程项目质量、安全、造价、进度等进行相关控制的过程中形成的一整套文件。

3. 施工文件

施工文件是指施工单位在工程施工过程中形成的文件。施工文件是工程项目施工活动的真实记录和反映，其完整性、准确性、系统性，不但直接关系着工程质量的核查、竣工验收和工程决算、审计等，也直接影响着工程今后的运行、维护和改扩建等。

4. 竣工图

竣工图是指工程竣工验收后，真实反映建设工程项目施工结果的图样。竣工图和施工图的本质区别就在于竣工图是与工程实际完全相符的图样。设计单位设计的施工图，在施工过程中，难免会由于原材料、施工技术、地质条件、气候等多种因素的制约而发生变更和修改，这样原设计图就与工程实际不相一致。所以，必须依据工程设计变更、治商记录等图纸变更记录将施工图改绘成竣工图，或重新编制竣工图，使竣工图与竣工后的工程实际完全一致。

5. 竣工验收文件

竣工验收文件是指在建设工程项目竣工验收活动中形成的文件。竣工验收文件包括工程项目竣工验收时形成的文件，工程竣工验收备案过程中形成的文件，以及工程竣工决算文件等。

1.1.3　工程档案的形成

从工程项目前期准备起，就开始产生大量的工程文件，直到工程项目竣工验收交付使用，工程项目建设结束，该工程项目（或者这一阶段）工程文件的形成也基本结束。参加工程建设的各单位及相关责任人，应该加强工程文件的积累和收集工作，及时将工程文件进行分类、整理、立卷，在工程项目竣工验收结束后，将全套工程文件向相关档案管理机构归档，形成完整的工程档案。

1.1.3.1　工程档案的概念

工程档案是指在工程建设活动中直接形成的具有归档保存价值的文字、图表、声像、电子等各种形式的历史记录。这一概念主要有以下几层含义：

1. 工程档案是工程建设活动中直接形成的。工程档案产生于工程建设全过程中，客观记录了工程建设的有关活动、主要过程和建设现状，直接反映工程建设的实际，成为真实记载工程建设活动的历史原始记录。

2. 工程档案记录形式是多样的。工程档案是在工程竣工或一个阶段结束后，由工程文件转化而来的。由于文件的载体及其记录形式是多样的，包括文字、图表、声像、电子等，因此，工程档案的记录形式也是多种多样的。

3. 工程档案是具有保存价值的工程文件。具有保存价值是工程文件转为工程档案的前提条件，工程文件经过价值鉴定，确定其具有归档保存价值才能归档。至于哪些工程文件应该归档，具体归档内容可以参照国家标准《建设工程文件归档整理规范》GB/T 50328—2001和行业标准《建筑工程档案资料管理规程》JGJ/T 185—2009中规定的建设工程文件归档范围，并结合各地实际情况执行。

4. 工程档案是经过整理、立卷、归档的工程文件。立卷归档是工程文件转化为工程档案的标志和条件，工程参建单位必须将各自产生的具有保存价值的工程文件，按照一定的规律和要求整理、立卷，形成一整套有内在联系的工程文件，才能向单位档案部门归档，向城建档案管理机构，及向城建档案馆（城建档案管理处）移交。

一个建设工程项目的完整、齐全的工程档案内容也包括工程准备阶段文件、监理文件、施工文件、竣工图和竣工验收文件等五部分。

1.1.3.2　工程档案相关术语

1. 案卷

案卷是指由互有联系的若干文件组成的档案保管单位。案卷由案卷封面、卷内文件目录、卷内文件、卷内备考表构成。案卷的形式有卷、册、袋、盒等。案卷也是工程档案系统排列、编目和统计的基本单位。

2. 立卷

立卷是指按照一定的原则和方法，将有保存价值的文件分门别类整理成案卷，亦称组卷。工程文件的立卷有利于保护工程文件的完整、安全，保持工程文件之间的有机联系，便于工程文件的长久保管和查找利用。立卷是工程文件向工程档案转化中的一个重要环节。

3. 归档

归档是指文件形成单位完成其工作任务后，将形成的文件整理立卷，然后按规定移交档案管理机构。归档是文件管理的最后环节，又是档案工作的起点。工程文件的归档包括两个方面：一是各参建单位在完成其工作后，将形成的工程文件整理立卷，然后向本单位或建设单位的档案室移交；二是建设单位在收集、汇总已整理立卷的全套工程文件后，向当地城建档案馆移交。

1.1.3.3　工程文件与工程档案的关系

1. 工程文件与工程档案的联系

工程文件记载和反映工程项目建设活动的全部内容和信息，是工程档案的源泉，工程档案是工程文件最重要的归宿。从工程文件到工程档案是一个事物运动过程中的两个阶段，互为依存。工程文件的质量直接影响工程档案的质量，要保证工程档案的完整、准确、系统，就必须加强工程文件的管理和收集、整理及归档工作。

2. 工程文件与工程档案的区别

工程文件是工程档案的源泉，工程档案是工程文件的归宿。但工程档案是由工程文件有条件转化而来的，这个有条件的转化，从根本上揭示了工程文件与工程档案的区别：

第一，保存价值不同。工程文件并不是全部转化为工程档案，只有对工程项目管理维护以及城市建设等方面具有查考利用价值的工程文件才能被保留下来转化为工程档案。一些工程文件随着工程建设的结束，便失去了自身存在的价值，不需要留存了。

第二，形成时间不同。工程文件是伴随着工程建设活动而产生的，基本与工程建设同步；工程档案是在工程竣工或一个建设阶段结束后，才由工程文件转化而来。

第三，存在状态不同。工程文件可以是一份份独立的、零散的文件；工程档案则必须是经过鉴别、整理、组成案卷后归档的工程文件。

第四，发挥作用不同。工程文件的产生有着很强的阶段性、程序性和过程性，它担负着服务工程建设活动、推动工程进程的任务，在工程建设活动中起着指挥、控制、协调的作用。工程档案主要为工程质量验收鉴定提供依据，并为工程项目今后的运行、维护和改扩建服务，为城市建设的发展和研究提供信息服务。

1.2　工程档案的特点

工程档案是城建档案的重要组成部分，也是城建档案馆重点馆藏。工程档案除了具有档案的原始记录性、不可再生性等一般特点之外，还具有自身的特殊性。

1.2.1　形成的多源性

工程档案形成的多源性是指工程项目形成的多源性、形成专业的多源性和形成文件部门的多源性。

工程项目形成的多源性是指从工程项目的形成分析，既有国家投资的工程项目，也有企业、个人、外资等投资的工程项目；既有新建的工程项目，也有改建、扩建、装修、复建的工程项目。

形成专业的多源性是指工程档案涉及的专业极为广泛，既涉及规划、土地、计划、消防、环保、建设、水务等方面专门文件；又涉及房屋建筑、公路、铁路、水利水电、市政公用、机电安装、园林绿化等工程专业。

形成文件部门的多源性是指工程档案形成部门众多，不但包括直接参与建设的建设、施工、监理、设计、勘察等单位，而且还包括规划、财政、国土、环保、建设等行政管理部门。

由此可见，工程档案形成的多源性是客观存在的。

1.2.2　内容的专业性

工程档案形成专业的多源性决定了它的内容的专业性。工程档案真实记载了工程项目建设的全过程，不但汇集了规划、消防、环保等多个与城市建设相关的专业行政管理部门的审批文件和专业文件，还包含了建筑、公路、桥梁、水利水电等多个工程专业的文件和图纸。每个专业形成的文件都是本专业内容的直接反映，有着很强的专业性。由多种专业文件归档形成的工程档案，属于科技档案的一大种类，由国家专业（专门）档案馆——城建档案馆集中保管。

1.2.3　种类的多样性

工程档案种类的多样性，可从两个方面来看：首先从工程的使用功能来划分，工程档案可以分为市政工程类、公用设施类、交通运输类、工业建筑类、民用建筑类等多个大类；其次从工程档案的载体来划分，工程档案可以有纸质、磁介质、感光材料、光盘以及模型、实物等多种载体。

1.2.4 产生的程序性

每一个工程项目的建设都必须遵循基本建设程序，每个程序产生的工程文件都是不可或缺的。建设工程项目都必须先经过工程准备阶段，实施阶段，才可能进入工程竣工验收阶段。工程建设的三个阶段中的每个程序都会形成相应的文字、图表、声像、电子等工程文件，不同的程序产生不同的文件，前一个程序形成的文件将会成为下道程序工作的依据。所以，工程档案的形成有着很强的程序性。

1.2.5 积累的周期性

工程项目从立项到竣工，建设时间有长有短，短则几个月，长则几年，特别是一些大型的工程项目，可能需要十几年甚至更长的时间才能完成，建设过程表现为周期性。工程建设周期越长，文件积累周期的也必然很长，形成的文件数量也会非常庞大。所以，工程文件的积累要保持与工程项目建设进度基本同步，才能收集一套完整、齐全、准确的工程档案。因此，工程档案具有积累的周期性。

1.2.6 项目的成套性

每一个工程项目的建设都有一个完整的建设过程，每一阶段产生的工程文件都是工程建设活动的真实反映，是有延续性的，并且是工程档案的有机组成部分。因此，工程项目所形成的一整套工程档案是不可分割的有机整体，必须全套归档。认识和掌握工程档案的成套性，对工程档案的分类、归档、管理和利用都有着重要的意义。首先，工程档案的成套性，决定了工程档案必须包括工程准备阶段文件、监理文件、施工文件、竣工图和竣工验收文件五部分内容才具备完整性。其次，工程档案的成套性，指导着一个工程项目的全套档案的分类和排列，五大部分文件对号入座。第三，工程档案的成套性，提高了档案管理人员的查档效率。档案管理人员可以根据所找文件的形成阶段，从一个工程项目上百甚至上千卷的档案中，迅速定位所查询的内容。

1.2.7 管理的动态性

工程文件伴随着工程的建设过程而产生，形成处在动态过程中。工程建设总体上、原则上要求按图施工，但是根据实际情况，又是允许有合理变更。即使工程文件归档后，随着工程项目改建、扩建，特别是一些地下管线的变动，工程档案都应当及时补充、完善，以确保与工程项目实际保持一致。因此，工程档案的管理存在着一定的动态性。

1.3 工程档案的种类

建设部 1993 年 8 月 7 日颁布的《城市建设档案分类大纲》，将城市建设档案划分为 18个大类、102 个属类，适用于各大、中城市。其中建设工程档案可划分为以下 10 大类和

57 个属类。

1.3.1　市政工程类

1. 道路、广场　含城市主（次）干道、高架道路、公共广场等。
2. 桥梁　含城市桥梁、立交桥、人行过街天桥等。
3. 涵洞　含管涵、板涵、箱涵、拱涵等各类涵洞。
4. 隧道　含隧道、人行地下通道等。
5. 排水　含城市排水管线、污水处理厂、排水泵站等。
6. 环境卫生　含公厕、垃圾处理站、场等。

1.3.2　公用设施类

1. 给水　含水厂、取水口、增压站及其管线工程等。
2. 供气　含气源厂、储备站、调压站、石油液化气、天然气及其管线工程等。
3. 供热　含供热厂、锅炉房、热力交换站及供热管线工程等。
4. 公共交通　含公交场（站）、轨道交通、停车场、交通设施工程等。
5. 供电　含发电厂、变电所及其管线工程等。
6. 电信　含通信、邮政、广播、微波、有线电视及其管线工程等。

1.3.3　交通运输类

1. 铁路　含铁路线路、客（货）运站工程等。
2. 公路　含公路道路及与公路有关的桥、涵、隧道、挡土墙、收费站、车站等建（构）筑物等。
3. 水运　含港口、码头、船闸、航道工程等。
4. 航运　含机场的跑道、停机坪、机库、航空指挥设施、航站楼等机场建设工程。

1.3.4　工业建筑类（含供人们从事各类生产活动的建筑物和构筑物）

1. 动力工业建筑　含火（水、风）力发电厂、核能发电厂等。
2. 矿业工业建筑　含煤、石油、天然气等矿产资源开发工厂等。
3. 冶金工业建筑　含钢铁厂、电解铝厂、铜材厂等金属冶炼工厂等。
4. 机械工业建筑　含农业机械厂、工业设备厂、运输机械厂等制造机械产品的工厂等。
5. 电子工业建筑　含研制和生产电子元件、器件、仪器、仪表等各种电子设备的工厂等。
6. 石油工业建筑　含油田勘探、开发及石油输送、炼制加工等工厂企业。
7. 化学工业建筑　含硫酸、化肥、农药、橡胶、合成纤维、染料、洗涤剂等化学产品加工厂。
8. 轻工业建筑　含造纸厂、印刷厂、文教体育用品厂、烟草加工厂等工厂。
9. 纺织工业建筑　含棉纺厂、毛纺厂、丝织厂、针织厂等纺织厂。
10. 建材工业建筑　含水泥厂、玻璃厂、陶瓷厂、石材厂等生产建筑材料的工厂。

11. 医药、食品工业建筑　含医药厂、食品加工厂等。

1.3.5　民用建筑类

1. 住宅　含住宅小区、单位住宅（宿舍）及其他住宅。
2. 办公用房　含政府机关、事业、企业等单位办公用房。
3. 文化　含图书馆、博物馆、文化宫、影院、剧院等文化娱乐设施。
4. 教育　含大专院校、中专、中学、技校、小学、幼儿园、托儿所及其他教育机构。
5. 卫生　含医院、防疫站、疗养院等医疗卫生、民政福利工程。
6. 体育　含体育场、馆、游泳池等及其他体育设施工程。
7. 商业、金融、保险　含商业中心、饮食服务、宾馆、招待所、金融、保险工程等。
8. 其他　含其他民用建筑。

1.3.6　名胜古迹、园林绿化类

1. 公园　含城市公园、游乐园、动物园、植物园、风景名胜区等。
2. 绿地、苗圃　含街心花园、公共绿地、街区绿化、苗圃等。
3. 名木古树　含古树、名木等。
4. 纪念性建筑　含烈士陵园、名人墓地、纪念馆等。
5. 名人故居　含历代名人曾经居住过的地方。
6. 名胜古迹　含列入国家、省、市重点保护的文物古迹、寺、庙、碑、塔、祠等。
7. 城市雕塑　含分布在城市的道路、公园、住宅区等建筑群中的各类雕塑。

1.3.7　环境保护类

环境治理　含污染治理、自然保护工程等。

1.3.8　人防、军事工程类

1. 人防工程　含战时可用于防空的地下建（构）筑物等。
2. 军事工程　含用于军事目的的各种建（构）筑物工程等。

1.3.9　水利、防灾类

1. 水利　含水库、水渠、堤坝、河湖整治等工程。
2. 防洪、防汛工程　含防洪堤及防潮海堤的加固、清理河道工程等。
3. 防灾、抗震工程　含为防止地震、飓风、海啸等自然灾害破坏而实施的工程等。

1.3.10　地下管线类

1. 地下管线综合　含各类地下管线综合图等。
2. 给水管线　含地下给水管线总图、综合性资料等。
3. 排水管线　含地下雨水、污水管线总图、综合性资料等。
4. 供气管线　含地下石油液化气、天然气供气管线总图、综合性资料等。
5. 供热管线　含地下供热管线总图、综合性资料等。

6. 供电管线 含地下供电管线总图、综合性资料等。
7. 电信管线 含地下各类通信、有线电视管线总图、综合性资料等。
8. 军事管线 含地下各类与国防军事有关的管线总图、综合性资料等。
9. 工业输送管线 含地下各类工业输送管线总图、综合性资料等。

1.4 工程档案法规

工程档案不但具有档案的一般特点，而且有其特殊性，要科学、规范、高效地管理工程档案，既需要档案法律法规，还须有专门的工程档案法规或包含工程档案管理的相关法律、法规和规章。工程档案管理工作相对文书档案管理工作起步较晚，工程档案法制工作正不断加强，工程档案法规体系日臻完善。

1.4.1 工程档案管理法规体系

工程档案管理法规体系是以《档案法》等法律为核心，由符合《立法法》规定的若干有关工程档案工作的法律、行政法规、地方性法规和规章等所构成的相互联系、相互协调的统一体，分为法律、行政法规、地方法规、规章以及业务标准等五个层次。

1.4.1.1 法律

全国人民代表大会常务委员会通过的城乡规划、档案等法律，工程档案管理必须遵守。

1.《档案法》（中华人民共和国主席令第七十一号）

1987 年 9 月 5 日第六届全国人民代表大会常务委员会第二十二次会议通过，1988 年 1 月 1 日施行。根据 1996 年 7 月 5 日第八届全国人民代表大会常务委员会第二十次会议《关于修改〈中华人民共和国档案法〉的决定》修正，1996 年 7 月 5 日起施行。

2.《城乡规划法》（中华人民共和国主席令第七十四号）

2007 年 10 月 28 日第十届全国人民代表大会常务委员会第三十次会议通过，自 2008 年 1 月 1 日起施行。

3.《建筑法》（中华人民共和国主席令第九十一号）

1997 年 11 月 1 日第八届全国人民代表大会常务委员会第二十八次会议通过。根据 2011 年 4 月 22 日第十一届全国人民代表大会常务委员会第二十次会议《关于修改〈中华人民共和国建筑法〉的决定》修正。

1.4.1.2 行政法规

国务院根据宪法和法律制定的有关工程（包括工程档案）和档案（包括工程档案）管理的法规。

1.《科学技术档案工作条例》（国发〔1980〕302 号）

1980 年 12 月 9 日国务院批准，1980 年 12 月 27 日国家经济委员会、国家基本建设委员会、国家科学技术委员会、国家档案局发布施行。

2.《建设工程质量管理条例》（中华人民共和国国务院令第 279 号）

2000 年 1 月 10 日国务院第 25 次常务会议通过，自发布之日起施行。

1.4.1.3 地方性法规

有关城乡规划、工程（包括工程档案）等管理地方性法规是经省、自治区、直辖市人民代表大会常务委员会制定或较大城市的人民代表大会常务委员会制定的，并报省、自治区人民代表大会常务委员会批准。例如：

1.《江苏省村镇规划建设管理条例》

1994年6月25日江苏省第九届人民代表大会常务委员会第八次会议通过。

2.《江苏省工程建设管理条例》

1996年6月14日江苏省第八届人民代表大会常务委员会第二十一次会议通过，1998年11月1日起施行。根据2002年6月22日江苏省第九届人民代表大会常务委员会第三十次会议《关于修改〈江苏省工程建设管理条例〉的决定》修正。

3.《江苏省档案管理条例》

1998年8月28日江苏省第九届人民代表大会常务委员会第四次会议通过。

4.《江苏省城乡规划条例》

2010年3月26日江苏省第十一届人民代表大会常务委员会第十四次会议通过，2010年7月1日起施行。

5.《苏州市档案条例》

2010年6月25日苏州市第十四届人民代表大会常务委员会第十八次会议制定，2010年7月28日江苏省第十一届人民代表大会常务委员会第十六次会议批准。

1.4.1.4 行政规章

档案（包括工程档案）管理和工程（包括工程档案）管理行政规章包括部门行政规章和政府行政规章。

1. 部门行政规章

国务院各部（如建设部）、委员会、中国人民银行、审计署和具有行政管理职能的直属机构，可以根据法律和国务院的行政法规、决定、命令，在部门的权限内，制定的规章，包括关系工程档案管理的规章。例如：

（1）《城市建设档案归属与流向暂行办法》（档发字〔1997〕20号）

1997年7月29日发布施行。

（2）《城市地下空间开发利用管理规定》（建设部令第108号）

1997年10月27日建设部令第58号发布，2001年11月20日根据《建设部修改〈城市地下空间开发利用管理规定〉的决定》修正。

（3）《城市建设档案管理规定》（建设部令第90号）

1997年12月23日建设部令第61号发布，2001年7月4日重新发布施行。

（4）《房屋建筑工程和市政基础设施工程竣工验收暂行规定》（建设部建建〔2000〕142号）

2000年6月30日建设部发布施行。

（5）《市政基础设施工程技术文件管理规定》（建设部建城〔2002〕221号）

2002年9月28日建设部印发。

（6）《城市地下管线工程档案管理办法》（建设部令第136号）

2004年12月15日经建设部第49次常务会议讨论通过，自2005年5月1日起施行。

2. 政府行政规章

省、自治区、直辖市和较大的市的人民政府根据法律、行政法规和本省、自治区、直辖市的地方性法规拟订，并经该级政府常务会议或者全体会议讨论决定的关系工程档案管理的法律规范形式。例如：

（1）《江苏省城建档案管理办法》（江苏省政府令第 196 号）

2002 年 10 月 11 日江苏省人民政府第 83 次常务会议审议通过。

（2）《天津市城市建设档案管理规定》（天津市人民政府令第 5 号）

2003 年 7 月 29 日经天津市人民政府第四次常务会议通过。

1.4.1.5 业务标准

我国工程档案管理或涉及工程档案管理的业务标准，从全国层面分为国家标准和行业标准。国家标准分为强制性国标（GB）和推荐性国标（GB/T）。国家标准由国家住房和城乡建设部和国家质量监督检验检疫总局联合发布，行业标准由国家住房和城乡建设部发布。

1.《建设工程文件归档整理规范》GB/T 50328—2001

中华人民共和国建设部和国家质量监督检验检疫总局联合发布的国家标准，2002 年 5 月 1 日起施行。

2.《建设工程监理规范》GB 50319—2000

中华人民共和国建设部、国家质量技术监督局联合发布的国家标准，2001 年 5 月 1 日实施。

3.《城市建设档案著录规范》GB/T 50323—2001

中华人民共和国建设部、国家质量技术监督局联合发布的国家标准，2001 年 7 月 1 日实施。

4.《建筑工程施工质量验收统一标准》GB 50300—2013

中华人民共和国住房和城乡建设部、国家质量监督检验检疫总局联合发布的国家标准，2014 年 6 月 1 日施行。

5.《建设电子文件与电子档案管理规范》CJJ/T 117—2007

中华人民共和国建设部发布的行业标准，2008 年 1 月 1 日实施。

6.《建筑工程资料管理规程》JGJ/T 185—2009

中华人民共和国住房和城乡建设部发布的行业标准，2010 年 7 月 1 日施行。

7.《城镇道路工程施工与质量验收规范》CJJ 1—2008

中华人民共和国住房和城乡建设部批准实施的行业标准，2008 年 9 月 1 日施行。

8.《城市桥梁工程施工与质量验收规范》CJJ 2—2008

中华人民共和国住房和城乡建设部批准实施的行业标准，2009 年 7 月 1 日施行。

9.《给水排水管道工程施工及验收规范》GB 50268—2008

中华人民共和国住房和城乡建设部、国家质量监督检验检疫总局联合发布的国家标准，2009 年 5 月 1 日施行。

10.《给水排水构筑物工程施工及验收规范》GB 50141—2008

中华人民共和国住房和城乡建设部、国家质量监督检验检疫总局联合发布的国家标准，2009 年 5 月 1 日施行。

此外，还有各级人民政府及其所属工作部门印发的工程档案管理规范性文件如《镇江市城建档案管理办法》、《扬州市城市地下管线工程档案管理办法》。这类规范性文件一般是法律范畴以外的其他具有约束力的非立法性文件。

1.4.2 工程档案法规制度

工程档案法规体系涉及工程档案管理全过程及各个主要业务工作环节，明确了工程档案管理的程序及有关单位和个人的法律责任，使工程档案管理有法可依、有章可循。工程档案法规体系内容主要包括下列九项工程档案法规制度。

1.4.2.1 查询制度

建设单位、施工单位等单位和个人可持合法有效证件或者证明，到城建档案馆查询相关工程的档案。主要相关法规依据如下：

1.《档案法》第十九条第三款

中华人民共和国公民和组织持有合法证明，可以利用已经开放的档案。

2.《江苏省档案管理条例》第二十七条

中华人民共和国公民和组织凡持合法有效证件或者证明的，可以利用档案馆已开放的档案；利用未开放的档案，应当按照国家有关规定履行审批手续；利用重要或者珍贵档案，档案馆应当将档案的复制件提供查阅。

3.《城市地下管线工程档案管理办法》第四条

建设单位在申请领取建设工程规划许可证前，应当到城建档案管理机构查询施工地段的地下管线工程档案，取得该施工地段地下管线现状资料。

4.《江苏省城建档案管理办法》第二十一条

在城市的道路、管线及其附近地段进行开挖、爆破、钻探等施工活动前，建设单位和施工单位应当到城建档案馆（室）和有关部门查清该地段的地下管线分布情况。

1.4.2.2 登记制度

凡列入城建档案管理机构接收范围的工程档案，建设单位在开工建设前，应到当地城建档案管理机构办理登记手续，签订建设工程档案报送责任书。主要相关法规依据如下：

1.《江苏省档案管理条例》第十四条

城市规划区域内工程项目的建设单位，应当向所在地城市建设档案机构登记并接受其档案检查和验收，按照有关规定及时向城市建设档案机构报送工程建设档案。

2.《江苏省城建档案管理办法》第十二条

各类建设工程均应当编制建设工程档案并进行登记，实行建设工程档案责任制。

1.4.2.3 告知制度

凡列入城建档案管理机构接收范围的工程档案，建设单位在与城建档案管理机构签订建设工程档案报送责任书时，城建档案管理机构应当将工程竣工后需移交的工程档案内容和要求告知建设单位。主要相关法规依据如下：

《城市地下管线工程档案管理办法》第六条

在建设单位办理地下管线工程施工许可手续时，城建档案管理机构应当将工程竣工后需移交的工程档案内容和要求告知建设单位。

1.4.2.4 编制制度

凡列入城建档案管理机构接收范围的工程档案，各参建单位都应当收集、整理、编制工程文件，向相关档案管理机构移交符合归档要求的工程档案。主要相关法规依据如下：

1.《建设工程质量管理条例》第十七条

建设单位应当严格按照国家有关档案管理的规定，及时收集、整理建设项目各环节的文件资料，建立、健全建设项目档案，并在建设工程竣工验收后，及时向建设行政主管部门或者其他有关部门移交建设项目档案。

2.《科学技术档案工作条例》第八条

一个科研课题、一个试制产品、一项工程或其他技术项目，在完成或告一段落以后，必须将所形成的科技文件材料加以系统整理，组成保管单位，填写保管期限，注明密级，由课题负责人、产品试制负责人、工程负责人等审查后，及时归档。

3.《城市建设档案管理规定》第七条

对改建、扩建和重要部位维修的工程，建设单位应当组织设计、施工单位据实修改、补充和完善原建设工程档案。凡结构和平面布置等改变的，应当重新编制建设工程档案，并在工程竣工后三个月内向城建档案馆报送。

4.《江苏省城建档案管理办法》第十二条

各类建设工程均应当编制建设工程档案并进行登记，实行建设工程档案责任制。

5.《城市地下管线工程档案管理办法》第十一条、《市政基础设施工程技术文件管理规定》第六条、《建设工程文件归档整理规范》6.0.1、《国家建委关于编制基本建设工程竣工图的几项暂行规定》第二、五条。

分别规定了各类工程竣工文件和竣工图的编制方法。

1.4.2.5 纳入工程管理制度

凡列入城建档案管理机构接收范围的工程档案，建设、勘察、设计、施工、监理等单位应将工程文件的形成、积累、收集、编制、归档纳入工程建设管理的各个环节，纳入工程建设管理的各项制度中。主要相关法律法规依据如下：

1.《中华人民共和国建筑法》第八条、第四十条、第六十一条

第八条　申请领取施工许可证，应当具备下列条件：

（一）已经办理该建筑工程用地批准手续；

（二）在城市规划区的建筑工程，已经取得规划许可证；

（三）需要拆迁的，其拆迁进度符合施工要求；

（四）已经确定建筑施工企业；

（五）有满足施工需要的施工图纸及技术资料；

（六）有保证工程质量和安全的具体措施；

（七）建设资金已经落实；

（八）法律、行政法规规定的其他条件。

第四十条　建设单位应当向建筑施工企业提供与施工现场相关的地下管线资料，建筑施工企业应当采取措施加以保护。

第六十一条　交付竣工验收的建筑工程，必须符合规定的建筑工程质量标准，有完整的工程技术经济资料和经签署的工程保修书，并具备国家规定的其他竣工条件。

2.《科学技术档案工作条例》第三条、第六条

第三条　科技档案工作是生产管理、技术管理、科研管理的重要组成部分，各工业、交通、基建、科研、农林、军事、地质、测绘、水文、气象、教育、卫生等单位（以下简称各单位），都应当把科技档案工作纳入生产管理工作、技术管理工作、科研管理工作之中，加强领导。

第六条　各单位应当把科技文件材料的形成、积累、整理和归档纳入科技工作程序和科研、生产、基建等计划中，列入有关部门和有关人员的职责范围。

3.《建设工程文件归档整理规范》3.0.1

3.0.1　建设、勘察、设计、施工、监理等单位应将工程文件的形成和积累纳入工程建设管理的各个环节和有关人员的职责范围。

4.《江苏省城建档案管理办法》第十三条

工程项目发包承包和监理等单位在签订建设工程合同时，应当明确收集、编制、移交、建设工程档案的责任、要求等内容。

在工程实施过程中，建设单位、施工单位和监理单位应当明确专人负责档案管理工作。

1.4.2.6　业务指导制度

城建档案管理机构应对工程文件的形成、积累、收集、立卷、归档等业务工作进行监督、检查、指导。主要相关法规依据如下：

1.《科学技术档案工作条例》第十条、第二十六条

第十条　科技档案部门有责任检查和协助科技人员做好科技文件材料的形成、积累、整理和归档的工作。

第二十六条　国家档案局和各级档案管理机关应当加强对科技档案工作的指导、监督和检查。

2.《江苏省档案管理条例》第七条、第十五条

第七条　县级以上地方各级人民政府的其他主管部门，应当按照职责分工，加强对本系统、本专业的档案工作以及所属档案馆（室）进行监督和指导，提供必要的条件，建立健全规章制度，保障档案工作的开展。

第十五条　重大科学技术研究项目建档工作，应当与项目立项、计划进度、成果验收鉴定和评审同步，各类档案按照国家有关规定保存。同级档案管理部门和科技档案机构应当对科技档案工作进行监督、检查和指导。档案不完整或者不准确的，不得验收鉴定。

3.《江苏省城建档案管理办法》第六条、第十九条

第六条　县级以上人民政府建设行政主管部门的城建档案馆（室），是集中管理城建档案的事业机构，负责本行政区域内城建档案的接收、收集、整理、保管和利用等业务工作，并对城建档案的形成、管理等工作进行技术业务指导。

第十九条　城建档案馆（室）应当加强对城建档案的形成、积累、整理、归档和移交工作的指导，确保城建档案的完整、准确。

4.《城市建设档案管理规定》第三条、《城市地下管线工程档案管理办法》第三条、《建设工程文件归档整理规范》3.0.5 等法规相关条文分别规定了城建档案管理机构应对工程文件的收集、立卷、归档等工作进行监督、检查、指导。

1.4.2.7　专项验收制度

凡列入城建档案管理机构接收范围的工程档案，建设单位在组织竣工验收前，应当提请城建档案管理机构对工程档案进行专项验收，工程经验收合格，方可组织竣工验收。主要相关法规依据如下：

1.《建设工程质量管理条例》第十六条

建设单位收到建设工程竣工报告后，应当组织设计、施工、工程监理等有关单位进行竣工验收。

建设工程竣工验收应当具备下列条件：

（一）完成建设工程设计和合同约定的各项内容；

（二）有完整的技术档案和施工管理资料；

（三）有工程使用的主要建筑材料、建筑构配件和设备的进场试验报告；

（四）有勘察、设计、施工、工程监理等单位分别签署的质量合格文件；

（五）有施工单位签署的工程保修书。

建设工程经验收合格的，方可交付使用。

2.《科学技术档案工作条例》第七条

各单位在对每一项科研成果、产品试制、基建工程或其他技术项目进行鉴定、验收的时候，要有科技档案部门参加，对应当归档的科技文件材料加以验收。没有完整、准确、系统的科技文件材料的项目，不能验收。

3.《江苏省档案管理条例》第十四条

城市规划区域内工程项目的建设单位，应当向所在地城市建设档案机构登记并接受其档案检查和验收，按照有关规定及时向城市建设档案机构报送工程建设档案。

4.《城市建设档案管理规定》第八条、第九条

第八条 列入城建档案馆档案接收范围的工程，建设单位在组织竣工验收前，应当提请城建档案管理机构对工程档案进行预验收。预验收合格后，由城建档案管理机构出具工程档案认可文件。

第九条 建设单位在取得工程档案认可文件后，方可组织工程竣工验收。建设行政主管部门在办理竣工验收备案时，应当查验工程档案认可文件。

5.《城市地下管线工程档案管理办法》第九条、《城市地下空间开发利用管理规定》第二十三条、《建设工程文件归档整理规范》3.0.5及7.0.3等法规相关条文分别规定了工程竣工验收前，建设单位应当提请城建档案管理机构对工程档案进行专项验收。

6.《市政基础设施工程施工技术文件管理规定》第十一条

建设单位在组织工程竣工验收前，应提请当地的城建档案管理机构对施工技术文件进行预验收，验收不合格不得组织工程竣工验收。城建档案管理机构在收到施工技术文件七个工作日内提出验收意见，七个工作日内不得出验收意见，视为同意。

1.4.2.8 档案报送制度

建设单位或者个人应当在工程项目竣工验收后，依据法律法规规定，及时向工程项目所在地的城建档案管理机构报送工程档案。主要相关法律法规依据如下：

1.《档案法》第十一条

机关、团体、企业事业单位和其他组织必须按照国家规定，定期向档案馆移交档案。

2.《城乡规划法》第四十五条第二款

建设单位应当在竣工验收后六个月内向城乡规划主管部门报送有关竣工验收资料。

3.《建设工程质量管理条例》（国务院令第 279 号）第十七条

建设单位应当严格按照国家有关档案管理的规定，及时收集、整理建设项目各环节的文件资料，建立健全建设项目档案，并在建设工程竣工验收后，及时向建设行政主管部门或者其他有关部门移交建设项目档案。

4.《江苏省工程建设管理条例》第十条

建设单位或者个人应当在工程项目竣工验收后六个月内，向工程项目所在地的设区的市、县（市）城市建设档案馆（室）报送竣工图及其他工程建设档案资料。

5.《江苏省档案管理条例》第十四条

城市规划区域内工程项目的建设单位，应当向所在地城市建设档案机构登记并接受其档案检查和验收，按照有关规定及时向城市建设档案机构报送工程建设档案。

6.《江苏省城乡规划条例》第四十八条

建设单位或者个人应当在竣工验收后六个月内，向城乡规划主管部门报送建设项目的有关竣工验收资料。

7.《城市建设档案管理规定》（建设部令第 90 号）第六、七、十条，《城市地下管线工程档案管理办法》第七、十、十二、十三条，《江苏省城建档案管理办法》第九、十四、十七条，《城市地下空间开发利用管理规定》第二十三条，《市政基础设施工程技术文件管理规定》第六条。

分别规定了建设单位应按相关规范要求，在工程竣工验收后，及时向当地城建档案管理机构报送工程档案。

1.4.2.9 提供服务制度

城建档案管理机构应当定期公布开放档案的目录，及时地提供工程档案为科研、生产、基建等各项工作服务。主要相关法律法规依据如下：

1.《档案法》第十九条第一、二款

国家档案馆保管的档案，一般应当自形成之日起满三十年向社会开放。经济、科学、技术、文化等类档案向社会开放的期限，可以少于三十年，涉及国家安全或者重大利益以及其他到期不宜开放的档案向社会开放的期限，可以多于三十年，具体期限由国家档案行政管理部门制订，报国务院批准施行。

档案馆应当定期公布开放档案的目录，并为档案的利用创造条件，简化手续，提供方便。

2.《科学技术档案工作条例》第十三条

科技档案部门应当及时地提供科技档案为科研、生产、基建等各项工作服务，并编制必要的检索工具和参考资料。

3.《江苏省档案管理条例》第二十七条

中华人民共和国公民和组织凡持合法有效证件或者证明的，可以利用档案馆已开放的档案；利用未开放的档案，应当按照国家有关规定履行审批手续；利用重要或者珍贵档案，档案馆应当将档案的复制件提供查阅。

4.《江苏省城建档案管理办法》第二十八条、《城市地下管线工程档案管理办法》第十五条。

城建档案管理机构应当建立健全科学的管理制度，依法做好工程档案的利用服务工作。

1.4.3　工程档案法规责任

凡列入城建档案管理机构归档范围的工程档案，都是属于国家所有的档案，工程档案管理相关责任人都有义务和责任保证工程档案的完整、准确、系统和安全。工程档案法规对工程档案工作中的违法行为，应承担的责任和处罚作出了明确规定。

1. 损毁、丢失和擅自提供、抄录、公布、销毁属于国家所有档案

处罚种类有行政处分、警告、罚款、没收违法所得、依法追究刑事责任等，其法律依据如下：

《档案法》第二十四条："有下列行为之一的，由县级以上人民政府档案行政管理部门、有关主管部门对直接负责的主管人员或者其他直接责任人员依法给予行政处分；构成犯罪的，依法追究刑事责任：（一）损毁、丢失属于国家所有档案的；（二）擅自提供、抄录、公布、销毁属于国家所有档案的"；

《江苏省档案管理条例》第二十九条："有下列行为之一的，由县级以上档案管理部门给予警告，可以对单位处以三千元以上三万元以下罚款；对个人处以三百元以上一千元以下罚款；有违法所得的，没收违法所得；构成犯罪的，依法追究刑事责任：（一）损毁、丢失和擅自提供、抄录、公布、销毁属于国家所有档案的"。

2. 涂改、伪造档案

处罚种类有行政处分、警告、罚款、没收违法所得、依法追究刑事责任等，其法律依据如下：

《档案法》第二十四条："有下列行为之一的，由县级以上人民政府档案行政管理部门、有关主管部门对直接负责的主管人员或者其他直接责任人员依法给予行政处分；构成犯罪的，依法追究刑事责任：……（三）涂改、伪造档案的"；

《江苏省档案管理条例》第二十九条："有下列行为之一的，由县级以上档案管理部门给予警告，可以对单位处以三千元以上三万元以下罚款；对个人处以三百元以上一千元以下罚款；有违法所得的，没收违法所得；构成犯罪的，依法追究刑事责任：……（二）涂改、伪造档案的"；

《城市建设档案管理规定》第十三条："违反本规定有下列行为之一的，由建设行政主管部门对直接负责的主管人员或者其他直接责任人员依法给予行政处分；构成犯罪的，由司法机关依法追究刑事责任：……（二）涂改、伪造档案的"。

3. 擅自出卖或者转让档案的、倒卖档案牟利或者将档案卖给、赠送外国人，携运禁止出境的档案或者其复制件出境

处罚种类有行政处分、警告、罚款、没收违法所得、依法追究刑事责任等，其法律依据如下：

（1）《档案法》第二十四条、第二十五条

第二十四条　"有下列行为之一的，由县级以上人民政府档案行政管理部门、有关主管部门对直接负责的主管人员或者其他直接责任人员依法给予行政处分；构成犯罪的，依法追究刑事责任：……（四）违反本法第十六条、第十七条规定，擅自出卖或者转让档案的；（五）倒卖档案牟利或者将档案卖给、赠送外国人的"；

第二十五条 "携运禁止出境的档案或者其复制件出境的，由海关予以没收，可以并处罚款；并将没收的档案或者其复制件移交档案行政管理部门；构成犯罪的，依法追究刑事责任"。

（2）《江苏省档案管理条例》第二十九条："有下列行为之一的，由县级以上档案管理部门给予警告，可以对单位处以三千元以上三万元以下罚款；对个人处以三百元以上一千元以下罚款；有违法所得的，没收违法所得；构成犯罪的，依法追究刑事责任：……（三）倒卖档案牟利或者将档案卖给、赠送给外国人的；（四）违反《中华人民共和国档案法》第十六条、第十七条规定，擅自出卖或者转让档案的"。

4. 不办理建设工程档案登记手续

处罚种类有行政处分、依法追究刑事责任等，其法律依据如下：

《江苏省城建档案管理办法》第三十条："有下列行为之一的，由建设行政主管部门对直接负责的主管人员或者其他直接责任人员依法给予行政处分；构成犯罪的，依法追究刑事责任：（一）违反本办法第十二条规定，不办理建设工程档案登记手续的"。

5. 不按规定归档或者不按期移交档案

处罚种类有行政处分、罚款、依法追究刑事责任等，其法律依据如下：

《档案法》第二十四条："有下列行为之一的，由县级以上人民政府档案行政管理部门、有关主管部门对直接负责的主管人员或者其他直接责任人员依法给予行政处分；构成犯罪的，依法追究刑事责任：……（六）违反本法第十条、第十一条规定，不按规定归档或者不按期移交档案的"。

《城乡规划法》第六十七条："建设单位未在建设工程竣工验收后六个月内向城乡规划主管部门报送有关竣工验收资料的，由所在地城市、县人民政府城乡规划主管部门责令限期补报；逾期不补报的，处一万元以上五万元以下的罚款"。

《建设工程质量管理条例》第五十九条："违反本条例规定，建设工程竣工验收后，建设单位未向建设行政主管部门或者其他有关部门移交建设项目档案的，责令改正，处1万元以上10万元以下的罚款。"

《江苏省档案管理条例》第二十八条："有下列行为之一的，由县级以上档案管理部门、有关主管部门责令其改正；逾期不改的，对单位直接负责的主管人员和其他责任人员依法给予行政处分；构成犯罪的，依法追究刑事责任：……（二）违反本条例第十六条、第十七条规定，不按规定归档或者不按期移交档案的"。

《江苏省工程建设管理条例》第三十一条第二款："建设单位或者个人违反本条例第十条规定，未报送工程建设档案资料的，由县级以上人民政府建设行政主管部门责令限期改正，并处以一万元以上十万元以下的罚款"。

《城市地下管线工程档案管理办法》第十七、十八条：

"第十七条 建设单位违反本办法规定，未移交地下管线工程档案的，由建设主管部门责令改正，处1万元以上10万元以下的罚款；对单位直接负责的主管人员和其他直接责任人员，处单位罚款数额5%以上10%以下的罚款；因建设单位未移交地下管线工程档案，造成施工单位在施工中损坏地下管线的，建设单位依法承担相应的责任"；

"第十八条 地下管线专业管理单位违反本办法规定，未移交地下管线工程档案的，由建设主管部门责令改正，处1万元以下的罚款；因地下管线专业管理单位未移交地下管线工程档案，造成施工单位在施工中损坏地下管线的，地下管线专业管理单位依法承担相应的责任"。

《城市建设档案管理规定》第十三条："违反本规定有下列行为之一的，由建设行政主管部门对直接负责的主管人员或者其他直接责任人员依法给予行政处分；构成犯罪的，由司法机关依法追究刑事责任：（一）无故延期或者不按照规定归档、报送的"。

6. 不按规定补测、补绘建设工程档案

处罚种类有行政处分、赔偿、依法追究刑事责任等，其法律依据如下：

《江苏省城建档案管理办法》第三十条："有下列行为之一的，由建设行政主管部门对直接负责的主管人员或者其他直接责任人员依法给予行政处分；构成犯罪的，依法追究刑事责任：……（二）违反本办法第十五条规定，不按规定补测、补绘建设工程档案的"。

《城市地下管线工程档案管理办法》第十九条、第二十条

第十九条　建设单位和施工单位未按照规定查询和取得施工地段的地下管线资料而擅自组织施工，损坏地下管线给他人造成损失的，依法承担赔偿责任。

第二十条　工程测量单位未按照规定提供准确的地下管线测量成果，致使施工时损坏地下管线给他人造成损失的，依法承担赔偿责任。

7. 明知所保存的档案面临危险而不采取措施造成档案损失

处罚种类有行政处分、依法追究刑事责任等，其法律依据：

《档案法》第二十四条："有下列行为之一的，由县级以上人民政府档案行政管理部门、有关主管部门对直接负责的主管人员或者其他直接责任人员依法给予行政处分；构成犯罪的，依法追究刑事责任：……（七）明知所保存的档案面临危险而不采取措施，造成档案损失的"；

《江苏省档案管理条例》第二十八条："有下列行为之一的，由县级以上档案管理部门、有关主管部门责令其改正；逾期不改的，对单位直接负责的主管人员和其他责任人员依法给予行政处分；构成犯罪的，依法追究刑事责任……（三）档案库房缺乏防护设施，危及档案完整与安全以及明知档案面临危险而不采取措施，造成档案损失的"。

8. 档案工作人员玩忽职守造成档案损失

处罚种类有行政处分、依法追究刑事责任等，其法律依据如下：

《档案法》第二十四条："有下列行为之一的，由县级以上人民政府档案行政管理部门、有关主管部门对直接负责的主管人员或者其他直接责任人员依法给予行政处分；构成犯罪的，依法追究刑事责任：……（八）档案工作人员玩忽职守，造成档案损失的"。

《江苏省档案管理条例》第二十八条："有下列行为之一的，由县级以上档案管理部门、有关主管部门责令其改正；逾期不改的，对单位直接负责的主管人员和其他责任人员依法给予行政处分；构成犯罪的，依法追究刑事责任：……（四）档案工作人员玩忽职守、泄露秘密，造成档案损失的"；

《城市建设档案管理规定》第十三条："违反本规定有下列行为之一的，由建设行政主管部门对直接负责的主管人员或者其他直接责任人员依法给予行政处分；构成犯罪的，由司法机关依法追究刑事责任：……（三）档案工作人员玩忽职守，造成档案损失的"；

《城市地下管线工程档案管理办法》第二十一条："城建档案管理机构因保管不善，致使档案丢失，或者因汇总管线信息资料错误致使在施工中造成损失的，依法承担赔偿责

任；对有关责任人员，依法给予行政处分"。

9. 档案工作没有实行集中统一管理

处罚种类有责令改正、行政处分、依法追究刑事责任等，其法律依据如下：

《江苏省档案管理条例》第二十八条 "有下列行为之一的，由县级以上档案管理部门、有关主管部门责令其改正；逾期不改的，对单位直接负责的主管人员和其他责任人员依法给予行政处分；构成犯罪的，依法追究刑事责任：（一）档案工作没有实行集中统一管理，未按有关规定建立档案的"。

多年来，随着城建档案和工程档案法律法规的实施，工程档案技术规范、业务规程和管理制度等配套的规范标准、政策文件也不断出台，工程档案法规体系逐步健全。工程档案法律法规体系不但规定了工程档案形成单位及相关责任人在工程建设全过程中，应该做好工程档案的登记、预验收和报送等一系列档案管理的责任，而且还明确规定了违反工程档案法规的行为以及受到相应的处罚。工程档案法规体系为规范化、有序化管理工程档案创造了条件，为工程档案管理工作在法制的轨道上科学、持续的发展提供了有力保障。

思 考 题

1. 什么是建设工程项目？如何划分种类？

2. 什么是基本建设程序？如何划分阶段？

3. 什么是工程文件、工程档案？他们相互之间有何关系？

4. 工程档案有什么特点？

5. 工程档案有哪些种类？

6. 什么是工程档案管理法规体系？主要包含哪些工程档案法律法规？

7. 工程档案管理法规规定了工程档案工作中的哪些违法行为及其处罚？

第2章 工程准备阶段文件

内 容 提 要

　　本章重点包括：工程准备阶段工作由立项，建设用地，勘察、测绘、设计，工程招标投标，开工前审批和发生的财务状况等七个主要部分组成以及每一过程形成的相关文件。

　　一个建设工程项目，从计划建设到竣工投产，一般要经过确定建设项目、设计、施工和验收等阶段。工程准备阶段文件是指建设工程项目开工以前，在立项、审批、征地、勘察、设计、招标投标和开工审批等多个程序中形成的文件。工程准备阶段文件形成的主体是建设单位和审批部门，一部分是建设单位和委托的有关单位形成的；另一部分是审批部门形成的。

　　工程准备阶段文件依据工程建设法律、法规制度和基本建设程序产生，不但是组织和管理工程项目的依据，而且是日后工程项目检查、维护合法权益或追究相关人责任的凭证，具有法律效力。因此，应重视工程准备阶段文件的形成，监督其完整性、准确性和原始性，并注意积累和保管，为科学评估工程质量，提供档案资料。

2.1 工程准备阶段文件的形成

　　工程准备阶段文件一般分为：立项文件；建设用地、征地、拆迁文件；勘察、测绘、设计文件；招标投标文件；开工审批文件；财务文件和建设、施工、监理机构及负责人名单等七类文件。

2.1.1 立项文件

　　立项文件主要是指建设单位提出的项目建议书及有关管理机构的审批意见，主要内容为项目建议书、可行性研究报告、管理机构的审批意见和领导批示、专家建议等内容。

2.1.1.1 项目建议书及批复

　　项目建议书（又称立项申请）是根据国民经济发展、国家和地方中长期规划、产业政策、生产力布局、国内外市场、所在地的内外部条件，提出的某一具体项目的建议文件，是对拟建项目提出的框架性的总体设想。由于是在工程项目早期，项目建议书着重从客观上对项目建设的必要性作出分析，并对项目建设的可能性初步作出说明。

1. 项目建议书的编制

项目建议书由政府部门、全国性专业公司以及现有企事业单位或项目筹建单位提出。

其中，跨地区、跨行业的建设工程项目以及对国计民生有重大影响的项目、国内合资建设项目，应由有关部门和地区联合提出；中外合资、合作经营项目，在中外投资者达成意向协议后，再根据国内有关投资政策、产业政策编制项目建议书；大中型和限额以上拟建项目上报项目建议书时，应附初步可行性研究报告。

根据现行规定，凡在一个总体设计或初步设计范围内经济统一核算的主体工程配套工程及附属设施，应编制统一的项目建议书；在一个总体设计范围内，经济上独立核算的各工程项目应分别编制项目建议书；在一个总体设计范围内的分期建设工程项目，也应分别编制项目建议书。

建设工程项目建议书的编制建立在调查研究、市场预测和技术分析基础上，其内容涉及工程项目建设必要性与条件，市场预测，建设地点、规模，产品方案、技术方案、设备方案和工程方案，投资估算及资金筹措，效益分析等。

2. 项目建议书的报批

建设工程项目建议书完成后，按照建设总规模和限额划分的审批权限报批。大中型建设项目，经省、自治区、直辖市，计划单列市发改委及行业归口主管部门初审后，报国家发改委审批。其中 2 亿以上重大项目由国家发改委审核后报国务院审批。小型建设项目按隶属关系，由地方发改委或国务院有关主管部门审批。经审查后，审批部门如同意应下达批复文件，依据建设工程项目建议书，工程项目进入编制可行性研究报告阶段，并可进行选定建设地址、编制规划设计方案、落实建设交通和环保等措施。

2.1.1.2 可行性研究报告

建设工程项目可行性研究报告是建设单位或项目筹建单位组织可行性研究，全面分析工程项目的全部组成部分和可能遇到的各种问题，最终形成的可行性研究书面成果。

1. 可行性研究

建设单位收到项目建议书批复文件后，特别是大中型以上工程项目，工艺技术复杂、涉及面广、协调量大的工程项目应组织对工程项目的可行性研究。可行性研究是在项目建议书调研编制的基础上，通过与项目有关的资料、数据的调查研究，对项目的技术、经济、工程、环境等进行最终论证和分析预测，从而提出项目是否值得投资和如何建设的可行性意见，为项目决策立项审定提供全面的依据。

可行性研究范围包括全面深入地进行市场分析、预测，深入进行项目建设方案设计（如工程选址、项目构成、原材料与燃料供应、公用及辅助工程方案），研究劳动安全卫生与消防，研究项目建成投产及生产运营的组织机构与人力资源配置，制定项目进度计划，对项目所需投资进行详细估算，深化融资分析，深化财务分析，深化风险分析等。对上述研究内容进行综合评价，概述推荐方案，提出优缺点；概述主要对比方案，做出项目可行性研究结论。

2. 可行性研究报告的编制

可行性研究报告应体现预见性、公正性、可靠性和科学性，与项目建议书比较，报告的范围有所扩大，研究深度有所提高。建设工程项目可行性研究报告的编制是在掌握了所需信息资料后进行的。首先编写可行性研究报告的初稿，然后由参与可行性研究的人员进行分析论证，提出修改意见。对于可行性研究报告，要注意前后的一致性，数据的准确性，方法的正确性和内容的全面性等，提出的每一结论，都要有充分依据。经过充分论证后，再对可行性研究报告进行修改，并最后定稿。

3. 项目评估

可行性研究报告编制后可组织项目评估，由第三方（如中介咨询机构）根据国家有关部门颁布的政策、法规、方法、参数和条例等，从项目的国民经济、社会角度出发，对拟建项目建设的必要性、条件、市场、技术、环境、效益等进行全面评价，判断其是否可行。审查可行性研究报告的可靠性、真实性和客观性，为审批项目提供决策依据。项目评估经过是审查分析、调查分析、专家论证等程序，最终出具评估报告。

4. 可行性研究报告的批复

建设工程项目可行性研究报告编制完成及项目评估后，建设单位按审批权限向有审批权的计划管理部门申报或备案。国家投资的建设项目按项目的隶属关系和权限，分别由国家发改委、行业主管部门审批，自筹资金的项目按工程项目的审批权限报有关计划管理部门备案。审查后如原则同意，国家发改委或地方发改委以及行业主管部门应对建设工程项目可行性研究报告予以批复或备案。如正式批复意见应印发文件，对建设工程项目的规模、方案、建设用地、建设工期、投资与效益等提出具体要求，对可行性研究报告提出的指标和内容予以认定，对其特殊情况提出意见，要求建设单位认真执行规定。

建设工程项目可行性研究报告的批复文件就是国家或地方发改委批准的建设工程项目立项文件或计划任务文件，具有法律效力，应按审批意见组织建设，任何部门、单位或个人均不得随意修改和调整变更。如因条件、环境等因素变化，确实需要改变已经批准的可行性研究报告中的内容及指标，要经过原批准或备案部门同意，并正式办理变更手续，才能合法有效。

2.1.1.3 立项过程中形成的其他文件

建设工程项目立项文件除项目建议书和建设工程项目可行性研究报告外还有其他的文件。如会议文件（纪要），上级领导的批示、讲话，专家对重大工程项目的建议文件，编制可行性研究报告时整理的调查材料、阶段调研报告，专项研究成果等。

2.1.2 建设用地文件

建设用地是指建造建筑物、构筑物的土地，是城乡住宅和公共设施用地，工矿用地，能源、交通、水利、通信等基础设施用地，旅游用地，军事用地等。通过付出一定投资和工程手段，为各项建设提供的土地。

建设用地是工程项目建设的基础条件之一，建设用地管理是按照城市规划的总体布局和功能分区要求，科学发展城市，合理布局，有效利用土地的手段。建设用地、征地、房屋征收等工作是工程前期准备阶段必须进行的程序。

2.1.2.1 选址意见书

选址意见书是城市规划行政主管部门依法核发的有关建设项目的选址和布局的法律凭证。按照规定需要有关部门批准或者核准的建设项目，以划拨方式提供国有土地使用权的，建设单位在报送有关部门批准或者核准前，应当向城市规划行政管理部门申请核发选址意见书。

1. 申请一般程序及提供文件

选址意见书申请一般程序为：由建设单位提出申请，报送建设项目选址申请书及城市

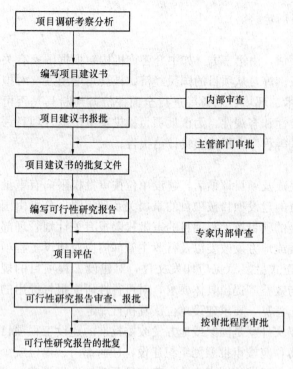

图 2-1 项目立项阶段工作流程及文件形成

规划行政管理部门要求的其他材料；城市规划主管部门进行现场检查，审核有关文件，符合城市规划要求的发给建设项目选址意见书，同时提出规划限定要求；城市规划行政管理部门进行现场调查后对部分不符合规划要求的，提出调整意见或调整选址要求，经重新调整后符合规划要求的发给建设项目选址意见书，并提出规划设计要求；对不符合规划要求的设计项目，由城市规划行政管理部门书面通知建设单位，并告知选址不当的主要因素。

申请选址意见书的建设单位应向城市规划行政管理部门报送下列文件：项目选址申请书；建设项目建议书；可行性研究报告；如属工业项目或对环境有特殊要求项目应加送下列资料：（1）工艺的基本情况，对水、陆运输、能源、市政、公用配套的要求；（2）建成后可能对周边环境带来的影响及对周边地区建设的建设性控制要求；（3）"三废"排放量与排放方式，环保评价书、卫生防疫、消防安全等资料；（4）其他特殊要求。利用原址建设或有选址意向的建设项目，附送 1：500 或 1：1000 地形图或航测图、土地权属证件和房屋产权证件。大、中型建设项目应附有相应资质的规划设计单位作出的选址论证。

2. 核发选址意见书

建设项目选址意见书审查，按建设项目计划审批权限实行分级规划管理。县（市）和地级市计划行政管理部门审批的建设项目，由该县（市）和地级市人民政府城市规划管理部门核发选址意见书。省、自治区计划行政管理部门审批的建设项目，由项目所在地县、市人民政府城市规划主管部门核发选址意见书。国家审批的大中型核限以上的建设项目，由项目所在地县、市人民政府城市规划行政管理部门提出审查意见，报省、自治区、直辖市、计划单列市人民政府规划行政管理部门核发选址意见书，并报国务院城市规划行政管理部门备案。

2.1.2.2 建设用地规划许可证

建设用地规划许可证是建设单位在向土地行政管理部门申请划拨、出让土地前，经城市规划行政管理部门确认建设项目位置、面积和允许建设的范围符合城市规划的法定凭证，是建设单位用地的法律凭证。

1. 申请一般程序及提供文件

凡是在城市规划区内进行建设需要申请用地的，必须持国家批准建设项目的有关文件，向城市规划行政管理部门提出定点申请；城市规划行政管理部门根据用地项目的性质、规模等，按城市规划的要求，初步选定用地项目的具体位置和界线；根据需要征求有关行政管理部门对用地位置和界线的具体意见；城市规划行政管理部门根据城市规划的要求向用地单位提供规划设计条件；审核用地单位提供的规划设计总图；核发建设用地规划许可证。

申请建设工程规划许可证需提供的文件包括：建设工程规划用地许可证申请；建设项目选址意见书；建设项目可行性研究报告（设计任务书）批准文件或其他计划批准文件；表示建设用地位置与环境关系的地形图或航测图，比例为1：500或1：2000；规划设计总图或建筑设计方案；相关行业管理部门对设计方案的意见。

2. 核发建设用地规划许可证

城市规划行政管理部门根据建设单位提交的申请材料，依据城市总体规划、分区规划、详细规划，核定建设工程项目的用地性质、位置、界线是否符合规划，核定无误后颁发建设用地规划许可证。建设用地规划许可证是城市规划行政管理部门对建设工程项目允许使用国有土地的规划文件，具有法律效力。其规定的用地性质、建设内容和界限等，未经原审批部门同意，任何单位和个人不得擅自调整变更，违者必究。

2.1.2.3　建设用地批准文件

建设单位在取得建设用地规划许可证后，按规定要求向县级以上人民政府土地行政管理部门申请建设用地，报经县级以上人民政府批准后，按具体项目分别供地。建设用地管理包括建设用地配置、定额、审批和许可等多方面的管理，是保证依法用地的重要手段。

1. 建设用地报批程序及提供文件

建设用地报批程序与申请建设用地规划许可证基本相同。建设用地取得可以采取出让、租赁或划拨方式，申请提供文件主要包括：申请报告；项目批准文件；规划定点通知书；建设用地规划许可证；规划红线图；项目总平面图；新征土地需提供征地通知、勘界测量报告；使用国有存量土地的需要提供相关土地权源证明；建设单位的营业执照或组织机构代码证或个人有效身份证明等。

2. 划拨土地使用权的取得

划拨土地使用权是指县级以上人民政府土地行政管理部门对建设用地申请进行审核，经县级以上人民政府依法批准，在土地使用者缴纳补偿、安置等费用后，取得的国有土地使用权，或者经县级以上人民政府依法批准后无偿取得的国有土地使用权。无论何种形式，取得划拨土地使用权都要以县级以上人民政府的文件形式发布土地行政管理部门根据工程项目建设进度一次性或分次划拨建设用地，建设单位只有获得划拨土地使用权的有关批准文件才能实施建设。

3. 土地征用手续

我国土地的所有形式包括两种，一是土地的国家所有制；二是土地的农村集体所有制。土地征用是指国家为了社会公共利益的需要，依照法律规定程序和批准权限批准，并依法给予农村集体经济组织及农民补偿后，将农村集体所有土地使用权收归国有的行政行为。一般来说，国家征用土地时，用地单位必须持国务院主管部门或者县级以上地方人民政府的有关批准文件，向县级以上地方人民政府土地行政管理部门提出申请，经县级以上人民政府审查批准后，由土地行政管理部门划拨土地。

4. 国有土地使用证

国有土地使用证是确认土地使用权的法律凭证。建设工程项目竣工后，由城市规划管理部门会同土地、房产行政管理部门核查实际用地情况，无误后，按申请程序和提交的文件，由县级以上土地行政管理部门办理土地登记手续，核发国有土地使用证。

2.1.2.4 房屋征收与补偿文件

房屋征收与补偿是指国有土地上或集体土地上依法征收单位、个人的房屋，对被征收房屋所有权人应当给予公平补偿。在划拨征用国有土地上的建设用地时，房屋征收部门依据法律法规取得房屋征收搬迁许可后，应拟定补偿方案报市、县人民政府并予以公布，征求公众意见；与被征收人就补偿方式、补偿金额和支付期限、用于产权调换房屋的地点和面积、搬迁费、临时安置或者周转用房、停产停业损失、搬迁期限、过渡方式和过渡期限等事项，订立补偿协议。集体土地征收补偿还包括支付土地补偿安置费、青苗和地上附属物补偿费以及多余劳动力安置等。房屋被依法征收的，土地使用权同时收回。

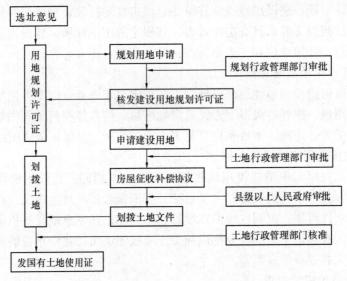

图 2-2 建设用地工作流程及文件形成

2.1.3 勘察、测绘、设计文件

土地划拨征用完成后，工程建设进入到工程勘察、设计工作阶段。地质勘察、工程测绘是工程设计的前提和基础，而工程设计是实施工程建设的条件和依据。因此，无论是勘察、测绘，还是工程设计都是工程前期准备的重要环节，必须重视。

2.1.3.1 地质勘察

工程地质勘察是为了解查明影响工程建筑物的地质因素而进行的地质调查研究工作。所需勘察的地质因素包括地质结构或地质构造，地貌、水文地质条件、土和岩石的物理力学性质，自然（地理）地质现象和天然建筑材料等。为工程设计、施工提供必要的依据及参数。通常，建设单位将地质勘察工作委托专业的勘察设计单位来完成。

1. 工程地质勘察报告

工程地质勘察报告是工程地质勘察工作的总结，根据勘察设计书的要求，考察工程特点及勘察，综合反映和论证勘察地区的地质条件和工程地质问题，作出工程地质的评价，为设计、施工单位提供重要资料和依据。报告书以说明问题为原则，格式不强求一致，内容要重点突出，观点明确，论据充足，评价确切，措施具体。报告除文字部分外，还包括插图、附图、附表及照片。

2. 岩土工程勘察报告

土木工程中涉及岩石、土、地下水的部分为岩土工程。岩土工程勘察主要指工业、民用建筑工程的勘察，其对象主体主要包括房屋楼宇、工业厂房、学校楼舍、医院建筑、市政工程、管线及架空线路、岸边工程、边坡工程、基坑工程、地基处理等。岩土工程勘察报告是根据建设工程的要求，查明、分析、评价建设场地的性质、环境特征和岩土工程条件，综合勘察活动成果编写的报告。

3. 水文地质勘察报告

地质勘察部门为查明区域水文地质条件、开发利用地下水资源或其他专门目的，运用各种勘探手段选取水样、岩样或土样，并进行实验室分析，其成果及图件汇总编写形成水文地质勘察报告。

4. 地震调查

地震调查主要是建设工程项目所在地长期和近期地震情况调查统计；对本地区或区域地质、地貌、地形、水文地质等条件的调查分析；对本地区地震情况做出综合研究评价。地震调查及地震科学数据对于国民经济建设和国家重大工程项目决策具有非常重要的意义，如我国的长江三峡工程、南水北调工程、青藏铁路、西气东输等重大建设项目，以及各项重要设施建设均需要地震危险区划分及深入的地震调查和多项地球物理观测数据等，为建设区域的地震作出安全评估，为项目的决策和实施过程中解决有关问题提供科学依据。

5. 自然条件调查

自然条件调查也是由专业的勘察设计单位实施，对建设工程项目所在地的自然气候、环境现状和生态条件进行调查，分析自然条件对工程项目建设的影响，以及自然资源对工程项目投资的潜力等，综合分析作出评价。根据调查结果，编写自然条件调查报告。

2.1.3.2　工程测量

工程测量是工程建设中所有测绘工作的统称，实际上包括在工程建设勘测、设计、施工和管理阶段所进行的各种测量工作。它是直接为各项建设项目的勘测、设计、施工、安装、竣工、监测以及营运管理等一系列工程工序服务的。工程勘察设计阶段的工程测量有工程控制测量、地形测量和拨地测量，均由测绘部门完成，最终形成相应的测量成果报告。

1. 地形测量

地形测量是指在工程项目建设用地范围内采用平板仪测量方法，按照一定的符号和注记直接绘制成地形图，以实际反映建设工程项目用地范围内的位置、高程和地面形态，以及各建筑物、构筑物等。地形图按一定比例缩小，比例尺一般采用1∶1000或1∶500。

2. 拨地测量

拨地测量是土地行政管理部门对划拨或征用的建设用地，进行位置测量、形状测量和确定四至。将测量过程中形成的成果编写成工程测量报告，既是划拨或征用土地的依据性文件，也是工程设计的基础材料。

拨地测量的依据性文件主要是城市规划管理部门出具的建设用地钉桩通知书和钉桩放线通知书。建设用地钉桩通知书是城市规划行政主管部门根据建设用地规划许可证批准的建设用地范围出具的钉桩依据；钉桩放线通知书是城市规划行政管理部门根据建设工程项目设计提供的图纸下达的钉桩放线依据。

2.1.3.3 工程设计

工程设计是指根据工程建设的要求，为工程项目的建设提供技术依据的设计文件和图纸的整个活动过程，是建设项目周期中的一个重要步骤，是建设项目进行整体规划和具体实施意图的重要过程，是处理技术与经济关系的关键环节，是确定与控制工程造价的重点阶段。设计过程中发生的文件有：规划设计条件、初步设计、技术设计、设计方案审定、施工图设计和施工图审查等。

1. 规划设计条件通知书

规划设计条件是城市规划行政管理部门对工程项目提出的规划设计的要求，也是设计单位进行方案设计的依据。规划设计条件通知书是城市规划行政管理部门对工程项目的内容、技术指标和用地、设计要求等向建设单位发出的通知书，一般规定了用地性质、建筑密度、建筑控制高度、容积率、绿地率、交通出口方位、停车泊位及其他要配套的公共设施等应遵守的条件。

2. 初步设计

初步设计即方案设计是设计单位根据规划设计条件通知书和工程设计任务书的要求，以及设计基础资料等对工程项目进行设计方案和总概算的编制。初步设计是整个设计工作的第一阶段或者说是设计最终成果的前身，相当于一幅图的草图。

初步设计应形成初步设计说明书、初步设计图纸和工程概算等文件。

3. 技术设计

技术设计是设计单位在初步设计的基础上的进一步设计，对于重大项目和特殊项目为满足设计深度要求，进一步解决某些技术问题，或确定某些技术方案而进行的设计。技术设计要求解决结构、各种计算及相互配合的设计，并确定技术经济指标、建设费用和修正总概算，必要时还要进行项目的研制与试验。

技术设计形成的文件有：修改的初步设计说明书、修正的初步设计图纸、修正的概算和专项试验研究材料等。

4. 设计方案的审查

初步设计和技术设计编制的建设工程项目设计方案由建设单位报城市规划行政管理部门审批，规划行政管理部门向工程项目涉及的专业主管部门发送审定设计方案通知书，征求意见，重大项目或技术要求特殊的工程项目还要召开专家论证会，听取多方面专家意见。经与各方协商，基本取得共识后，城市规划行政管理部门签署意见，批准设计方案。

设计方案的审查主要审查是否符合计划任务书、符合规划设计方案、符合环保、节能、安全要求等。

设计方案征求意见，包括征求人防、消防、环保、交通、园林绿化、市政、文物、通信、保密、河湖、教育、建筑节能等管理部门，不同工程项目的专业主管涉及部门有所不同，应视具体情况分别征求相关方面意见。

5. 施工图设计

施工图设计是设计单位按批准的设计方案、设计要求和审批意见，将技术设计进一步具体化，编制出施工对象的全部尺寸、用料、结构、构造以及施工要求的图样。施工图具有图纸齐全、表达准确、要求具体的特点，工程项目进行施工、编制施工图预算和施工组织设计的依据，也是进行技术管理的重要依据。

一套完整的施工图包括建筑施工图、结构施工图、给水排水、采暖通风施工图、电子施工图，还包括了设计计算书等。

6. 施工图审查

施工图审查是建设行政管理部门认定的施工图审查机构按照有关法律、法规，对施工图涉及公共利益、公众安全和工程建设强制性标准内容进行的审查。

施工图设计文件审查主要包括：

（1）建（构）筑物的稳定性、安全性审查，包括地基基础和主体结构是否安全、可靠；

（2）是否符合消防、节能、环保、抗震、卫生、人防等有关强制性标准、规范的规定；

（3）是否达到规定的施工图设计深度的要求；

（4）是否损害公共利益；

（5）其他法律、法规、规章规定必须审查的内容。

施工图设计文件审查合格后，审查人员要在审查同意的文件、图纸上签字，审查机构要在施工图上加盖审查章，并出具审查意见。未经审查批准的施工图设计文件，不得使用。

2.1.4 工程招标投标文件

建设工程招标投标是市场经济活动中的一种竞争方式，是以招标的方式，使投标竞争者分别提出有利条件，而由招标人选择其中最优者，并与其订立合同的一种法律制度。招标投标活动应遵循公开、公正、公平和诚实信用的原则。

建设单位应当通过工程招投标市场对工程项目的勘察、设计、施工、监理以及重要设备、材料等的采购进行招标，招请具备法定资格的承包商进行投标。

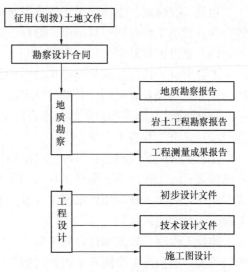

图 2-3　工程勘察设计阶段工作流程及文件形成

2.1.4.1　工程建设招标应具备的条件

依法必须招标的建设工程项目，应当具备下列条件进行施工招标：

1. 招标人已经依法成立；

2. 初步设计及概算应当履行审批手续的，已经批准；

3. 招标范围、招标方式和招标组织形式等应当履行核准手续的，已经核准；

4. 有相应资金或资金来源已经落实；

5. 有招标所需的设计图纸及技术资料。

2.1.4.2 工程招标方式

工程招标方式分为公开招标和邀请招标。

公开招标，也称无限竞争招标，是指招标人以招标公告的方式邀请不特定的法人或者其他组织招标。

邀请招标，也称有限竞争，是指招标人以投标邀请书的方式邀请特定的法人或者其他组织投标。

根据国家法律法规，对于依法必须招标的，应当公开招标，只有符合规定的情形，才能进行邀请招标。

2.1.4.3 工程招投标形成的各类文件

在工程项目的勘察、设计、施工、监理招标投标过程形成下列主要文件：

1. 招标投标文件

（1）由建设单位编制的施工（或勘察、设计、监理）招标文件（招标书、招标邀请书、标底等）；

（2）由投标单位编制的施工（或勘察、设计、监理）投标文件（投标申请书、投标书等）；

（3）由建设单位组织评标、决标形成的文件，以及确定中标单位，编制并签发施工（或勘察、设计、监理）中标通知书。

2. 建设工程合同

建设工程合同，也称建设工程承发包合同，是承包人进行工程建设，发包人支付价款的合同。建设工程合同包括勘察、设计、施工和委托监理合同。

（1）建设工程勘察、设计合同

工程勘察、设计合同是建设单位与中标勘察、设计单位签订完成建设工程项目勘察、设计任务，明确双方权利、义务的具有法律效力的协议。根据《建设工程勘察设计合同条例》，勘察设计合同采用规定的标准合同文本，明确了填写文本内容。

（2）建设工程施工合同

建设工程施工合同是发包方（建设单位或总包单位）和承包方（施工单位）为完成特定的建筑安装工程任务，明确相互权利义务关系的协议。建设工程施工合同是一个规范性文本，除合同文本外，还可根据工程特点对工程施工合同进行补充、完善，双方签订建设工程施工合同协议条款。

建设工程项目施工承包合同签订后，建设单位应将施工合同报建设工程施工合同管理部门备案，填报施工合同备案表并附施工合同副本一份。建设工程施工合同管理部门审查备案表并签署同意备案的意见后，施工合同生效。

（3）建设工程委托监理合同

建设工程委托监理合同是委托人（业主）与监理人签订的，为委托监理人承担监理业务而明确双方权利义务关系的协议。监理合同应按国家印制的示范文本及要求填写签订，并由建设单位报城市建设施工监理管理部门备案，同意备案后监理合同生效。

2.1.5 开工审批文件

建设工程准备阶段，在取得规划、用地批准文件，完成工程勘察设计，选择了施工、监理单位后，建设单位还要办理工程开工应具备的各种审批手续，工程才能正式开工。开工审批文件包括建设工程项目列入年度施工计划，建设工程规划许可证、建设工程施工许可证、投资许可证、工程质量监督手续以及有关财务文件。

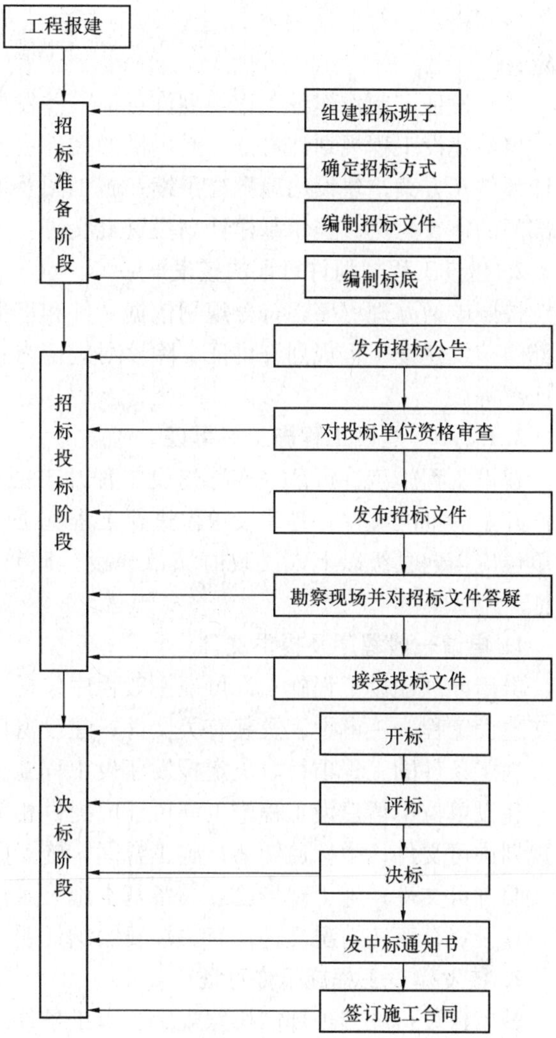

2.1.5.1 施工计划审批文件

建设工程项目的施工计划是经国家及地方建设施工计划管理部门（发改委）审定的，年度施工计划由建设单位申请，建设施工计划管理部门审查下达。

1. 施工计划申报

建设单位根据批准的工程项目进度和各项准备情况编写工程项目施工计划，采用书面请示或申报（登记）表形式向地方建设施工计划管理部门申报。申报应当包括工程项目前期准备情况和项目总体形象进度及年度进度等内容。

2. 施工计划审批

建设施工计划管理部门根据城市工程项目建设计划和基本建设年度计划及资金安排，经审查综合平衡后，凡同意列入年度施工计划的，通常下达施工计划审批通知书，建设单位应按批准的计划组织建设施工。

2.1.5.2 建设工程规划许可证

图 2-4　工程施工招投标工作流程及文件形成

建设工程规划许可证是城市规划行政管理部门依法核发的，确认有关建设工程符合城市规划要求的法律凭证，是建设单位建设工程的法律凭证，是建设活动中接受监督检查时的法定依据。

1. 申请一般程序及提供文件

申请办理建设工程规划许可证一般程序为：

（1）受理：由建设单位填报申报表，并提交有关文件，通常由政府行政服务中心规划窗口接受；

（2）审查：城市规划行政管理部门审查并核查建设、环保、消防、绿化等管理部门对设计的审查意见；

（3）公示：需要公示、听证的建设工程项目，应按章进行；

（4）决定：对申请材料齐全，认定符合法规和标准的，依法作出准予行政许可的规定；

（5）发证：制作建设工程规划许可证，并发放建设单位。

申请建设工程规划许可证，需提供的文件主要包括：建设工程规划许可证申请；规划设计条件及方案；建设用地批准手续；施工图及审图意见；相关部门如环保、地震、人防等部门的审查意见；当年基建计划投资批文等。

2. 建设工程规划许可证的核发

按照申请办理程序，符合规划依据文件和审批条件的建设工程项目，城市规划行政管理部门核发建设工程规划许可证，除填写规定内容外，还需附图，如总平面图、各层建筑平面图等。

2.1.5.3 建设工程施工许可证

建设工程施工许可证（亦称建设工程开工证）是建设工程项目符合法定的开工条件、允许开工的批准文件，是建设单位进行工程施工的法律凭证。当各种施工条件完备时，建设单位应当向县级以上人民政府城市建设行政管理部门办理施工许可手续，领取施工许可证。

1. 申请一般程序及提供文件

申请办理建设工程施工许可证一般程序包括：建设单位向政府行政服务大厅建设窗口递交建设工程开工审批表及其有关文件；建设窗口初审；城市建设行政管理部门审查；对符合规定条件的工程项目，决定核发建设工程施工许可证。

建设单位申请建设工程施工许可证应提供相关文件包括：建设用地批准手续；建设工程规划许可文件；中标通知书；施工合同；施工图审查意见；委托质量监督文件；施工安全文明许可文件；施工现场已经具备基本施工条件，需要拆迁的，其拆迁速度符合施工要求；建设资金落实情况文件；有关规费缴纳证明文件等。

2. 核发建设工程施工许可证

城市建设行政管理部门按照规定和审批条件，审查建设单位申请开工的工程项目符合开工条件，应作出施工许可，并核发建设工程施工许可证。没有开工证的建设工程项目均属违章建筑，不受法律保护。

2.1.5.4 固定资产投资项目投资许可证

固定资产投资是社会固定资产再生产的手段，通过建造和购置固定资产的活动，国民经济不断采用先进技术装备，建立新兴部门，进一步调整经济结构和生产力的地区分布，增强经济实力，改善人民物质文化生活创造条件。全社会固定资产投资总额分为基本建设、更新改造、房地产开发投资和其他固定资产投资四个部分。

固定资产投资项目许可证是资产投资项目需要办理的投资批准文件。由建设单位编制工程项目投资的依据、数额申报表报地方计划管理部门，地方发改委根据建设工程项目实际、国家政策、地方财政情况及资金来源进行审核，如同意即批准颁发投资许可证，取得的投资许可证是建设工程项目的投资合法依据。

2.1.5.5 工程质量监督手续

工程质量监督是建设单位根据国家法规要求和工程项目实际，委托或接受地方工程质量监督机构对建设工程项目进行质量监督。质量监督工作由建设单位申报，办理注册登记手续后，工程质量监督部门签发质量监督通知书，首先向工程参建各方进行工程质量监督工作方案交底，开始实施质量监督行为，并形成相关监督记录，工程竣工验收备案时出具工程质量监督报告。

2.1.5.6　工程安全监督手续

根据相关法律法规和建筑施工安全监督要求，工程项目开工前，建设单位应办理建设工程安全监督手续。建设单位提交建设工程安全监督申报表和相关附件，经文件材料审查和开工安全条件现场复查，确认符合规定要求的，建筑安全监察机构签发建设工程安全监察通知书，并进行安全监督工作方案交底，实施工程项目安全监督工作。

2.1.6　工程财务文件

工程财务文件是建设工程项目建设实施过程中发生的投资与财务支出及其管理各方面的文件。工程准备阶段的财务活动所产生的文件主要有工程投资估算、工程设计概算、施工图预算和施工预算等。

2.1.6.1　工程投资估算

工程投资估算是建设单位或委托工程造价咨询机构对工程项目的建设规模、技术方案、设备方案、工程方案及项目进度计划等进行研究并初步确定的基础上，估算项目总资金（包括建设投资和流动资金），并测算建设期内分年资金需要量的过程。

工程投资估算是投资项目建设前期工作中制定融资方案、进行经济评价的基础，是项目可行性研究报告的关键内容之一，是计划管理部门立项审批的重要内容，也是编制初步设计概算的依据。

2.1.6.2　工程设计概算

工程设计概算是工程设计单位委托工程造价咨询单位根据建设工程项目初步设计（或技术设计）的图纸及有关设计资料编制的工程造价文件。工程设计概算是向国家或地方报批投资的文件，经审批后用以编制固定资产计划，是控制建设项目的依据。

工程设计概算由编制说明和总概算构成，总概算由单位工程综合概算汇总和其他费用组成。工程设计概算的审查由建设管理部门牵头，或由建设单位牵头，设计、监理等单位参加，可聘请有关专家参加对工程设计概算的合理性、真实性进行会审。

2.1.6.3　施工图预算

施工图预算是设计单位或建设单位委托工程造价咨询单位根据施工图设计和预算定额编制的较为详细技术经济文件。施工图预算包括单位工程综合预算和工程项目总预算。工程项目总预算包含若干个单位工程（如车间、教室楼）综合预算；单位工程综合预算包含若干个单项工程（如土建工程、机械设备及安装工程）预算。总预算和综合预算由建筑工程费、安装工程费、设备购置费、工具器具购置费、其他工程费用等五项费用构成。国家投资的大中型工程项目施工图预算审查由计划管理部门负责；国家投资的一般工程和非国家投资的工程项目的施工图预算审查一般由建设单位主管部门或建设单位负责。

施工图预算是建筑企业和建设单位签订承包合同和办理工程结算的依据，也是建筑企业编制计划、实行经济核算和考核经营成果的依据。在工程招投标过程中，是建设单位确定标底和建筑企业投标报价的依据。

2.1.6.4 施工预算

施工预算是施工单位根据施工图纸、施工定额、施工验收规范、标准图案、施工组织设计编制的单位工程（或分部分项工程）较为详细的技术经济文件。

施工预算是建筑施工企业以单位工程为对象，编制的人工、材料、机械台班耗用量及其费用总额，即单位工程计划成本。它是施工企业进行劳动调配、物资技术供应、控制成本开支、进行成本分析和班组经济核算的依据，施工预算的审查由施工单位负责。

2.1.7 建设、施工、监理机构及负责人名单

工程项目建设过程中，主要参与建设施工现场管理的单位应建立管理机构，其构成人员和负责人的变化按规定要求填报工程质量监督机构和建设单位，并纳入档案管理。施工现场管理机构包括工程项目管理机构、工程项目监理管理机构和工程项目施工管理机构。

2.1.7.1 工程项目管理机构

工程项目管理机构也称工程项目经理部，是建设单位（业主）具体负责工程项目建设工作管理机构。工程项目从筹建到竣工、投入使用，一般建设周期较长、工程项目管理机构可能有不同名称，其构成人员及负责人也会变更。为了加强管理，强化责任，因此，工程项目管理机构、人员、负责人名单应及时登记，建立档案，并报相应管理部门备案。

2.1.7.2 工程项目监理机构

工程项目监理机构一般称工程项目监理部，是工程监理单位派驻工程项目现场负责履行委托监理合同的监理机构。工程项目的监理工程师和相关人员是根据工程施工的阶段（如勘察、设计、施工）和专业（如土建、水电）而变化的，特别是大型工程项目的监理，会有多家监理单位。针对上述复杂情况，规定工程项目监理机构、人员、负责人名单及其变更情况，应及时登记，报送建设单位、工程质量监督机构等备查，并列入工程监理文件归档范围。

2.1.7.3 工程项目施工管理机构

工程项目施工管理机构，亦称工程项目施工经理部，是承担工程项目施工现场管理的机构。工程项目，尤其是大型工程、重点工程参加施工企业多，且专业复杂。其施工管理明确由总承包单位负责，总承包单位应将参与施工的自身单位和分包单位的单位名称、资质、组织建制、负责人及其变更情况，分包单位承担的施工项目或专业工程内容进行登记。如工程项目施工由几个总承包单位承包，同样，各总承包单位各自将总包和分包的上述情况详细记录，并及时报送建设单位和工程质量监督机构并列入施工文件归档内容。

2.1.8 工程准备阶段形成主要文件汇总

工程准备阶段形成立项文件、建设用地文件、勘察测绘设计文件、招投标及合同文件、开工审批文件、财务文件和工程相关机构及负责人名单等七类文件，各类主要文件汇总见表2-1。

类　　别	序号	文件名称	文件来源
（一）立项文件	1	项目意见书	建设单位
	2	项目建议书的批复文件	发改委
	3	可行性研究报告及附件	建设单位
	4	可行性研究报告的批复文件	发改委
	5	关于立项有关的会议纪要、领导批示	建设单位
	6	专家建议资料	建设单位
	7	调查资料及项目评估研究资料	建设单位
（二）建设用地文件	1	选址意见书	规划行政管理部门
	2	用地申请报告及用地批准文件	建设单位、国土行政管理部门
	3	房屋征收补偿方案、征收评估、补偿协议等	房屋征收部门
	4	建设用地规划许可证及其附件	规划行政主管部门
	5	划拨建设用地文件	国土行政管理部门
	6	国有土地使用证	国土行政管理部门
（三）勘察、测绘、设计文件	1	工程地质勘察报告	勘察单位
	2	岩土工程勘察报告	勘察单位
	3	水文地质勘察报告、自然条件、地震调查	勘察单位
	4	建设用地钉桩通知书	规划行政管理部门
	5	地形测量和拨地测量成果报告	测绘单位
	6	申报的规划设计条件和规划设计条件通知书	规划行政管理部门
	7	初步设计图纸和说明	设计单位
	8	技术设计图纸和说明	设计单位
	9	审定设计方案通知书及征求意见	有关部门
	10	施工图及其说明	设计单位
	11	设计计算书	设计单位
	12	施工图审查意见	施工图审查机构
（四）招投标文件	1	勘察设计招投标文件	建设单位、勘察设计单位
	2	勘察设计承包合同	建设单位、勘察设计单位
	3	施工招投标文件	建设单位、施工单位
	4	施工承包合同	建设单位、施工单位
	5	建设工程项目施工承包合同备案表	建设行政管理部门
	6	工程监理招投标文件	建设单位、监理单位
	7	工程监理承包合同	建设单位、监理单位
	8	建设工程项目监理承包合同备案表	建设行政管理部门
（五）开工审批文件	1	建设项目列入年度计划的申报文件	建设单位
	2	建设项目列入年度计划的批复文件或年度计划项目表	发改委
	3	规划审批申报表及报送的文件和图纸	建设单位、设计单位

类　　别	序号	文件名称	文件来源
（五）开工审批文件	4	建设工程规划许可证及其附件	规划行政管理部门
	5	建设工程开工审查表	建设行政管理部门
	6	建设工程施工许可证	建设行政管理部门
	7	固定资产投资许可证	发改委
	8	工程质量监督手续	质量监督机构
	9	工程安全监督手续	建筑安全监察机构
（六）财务文件	1	工程投资估算	建设单位
	2	工程设计概算	设计单位
	3	施工图预算	设计单位
	4	施工预算	施工单位
（七）工程相关机构及负责人名单	1	工程项目管理机构（项目经理部）及负责人名单	建设单位
	2	工程项目监理机构（项目监理部）及负责人名单	监理单位
	3	工程项目施工管理机构（施工项目经理部）及负责人名单	施工单位

2.2　工程准备阶段文件的主要内容与要求实例

工程准备阶段文件形成比较复杂，涉及多个层面和若干个管理部门以及相关专业单位。工程准备阶段文件的文本形式多数是国家统一印制的，基本内容标准化、规范化，各主要文件的内容及其编制、审批要求以实例形式说明。

【实例一】

某市在对电厂建设项目立项后，形成如下立项文件：项目意见书；项目建议书审批意见及前期工作通知书；可行性研究报告及附件；关于立项有关的会议纪要、领导讲话；专家建议文件；调查资料及项目评估研究材料。

问题：

（一）该电厂建设项目的立项文件是否齐全？为什么？

（二）请拟定一份能满足存档要求的建设工程立项文件目录。

（三）项目建议书和可行性研究报告有哪些内容？

分析：

（一）对于电厂建设项目，在可行性研究报告出来之后还需进行审批，形成可行性研究报告审批意见文件。而在该建设项目的立项文件中缺少"可行性研究报告审批意见"这一重要文件。

（二）满足存档要求的建设工程立项文件一般包括以下七个方面：

1. 项目建议书；

2. 项目建议书审批意见及前期工作通知书；

3. 可行性研究报告及附件；

4. 可行性研究报告审批意见；

5. 关于立项有关的会议纪要、领导讲话；

6. 专家建议文件；

7. 调查资料及项目评估研究材料。

（三）项目建议书和可行性研究报告的内容

1. 项目建议书主要内容

项目建议书主要内容包括：

（1）总论：包括项目名称、拟建地点、建设内容与规模、建设年限、概算投资；

（2）工程项目建设的必要性和条件；

（3）建设规模与产品方案；

（4）技术方案、设备方案和工程方案；

（5）投资估算及资金筹措；

（6）效益分析；

（7）结论。

2. 可行性研究报告主要内容

各类可行性研究内容侧重点差异较大，其研究报告一般应包括以下内容：

投资必要性。主要根据市场调查及预测的结果，以及有关的产业政策等因素，论证项目投资建设的性质。

技术的可行性。主要从项目实施的技术角度，合理设计技术方案，并进行比选和评价。

财务可行性。主要从项目及投资者的角度，设计合理财务方案；从企业理财的角度，进行资本预算；从企业的财务盈利能力，进行投资决策；并从融资主体（企业）的角度，评价股东投资收益、现金流量计划及债务清偿能力。

组织可行性。制定合理的项目实施进度计划、设计合理组织机构、选择具有经验的管理人员、建立合作关系、制定合适的培训计划等，保证项目顺利执行。

经济可行性。主要是从资源配置的角度衡量项目的价值，评价项目在实现区域经济发展目标、有效资源、增加供应、创造就业、改善环境、提高人民生活等方面的效益。

社会可行性。主要分析项目对社会的影响，包括政治体制、方针政策、经济结构、法律道德、宗教活动、妇女儿童及社会稳定性等。

风险因素及对策。主要是对项目的市场风险、技术风险、财务风险、组织风险、法律风险、经济及社会等因素进行评价、制定规避风险的对策，为项目全过程的风险管理提供依据。

可行性研究报告主要内容是要求以全面、系统的分析为主要方法，经济效益为核心，围绕影响项目因素，运用大量的数据资料论证拟建项目是否可行。对整个可行性研究提出综合分析评价，指出优缺点。为了解结论的需要，往往还需要加上一些附件，如试验数据、论证材料、计算图表、附图等，以增强可行性的说服力。

结论：

该电厂建设项目立项文件不全，缺可行性研究报告审批文件。满足存档要求的建设工程立项文件一般包括七个方面，项目建议书和可行性研究报告的主要内容见上述分析材料。

【实例二】

建设单位或其代理机构在工程项目可行性研究报告或其他立项文件被批准后，必须持工程项目可行性研究报告及城市规划管理部门核发的"一书两证"和土地行政管理部门核发的土地使用权证，银行出具的资信证明等向建设行政管理部门进行报建登记。这一法定建设程序称为工程项目报建。

问题：

（一）城市规划行政管理部门核发的"一书两证"是指什么？

（二）"一书两证"各自的内容是什么？

分析：

（一）"一书两证"是我国城市规划实施管理的基本制度的通称，即城市规划管理部门通过向建设单位建设的工程项目核发建设项目选址意见书、建设用地规划许可证和建设工程规划许可证，根据依法审批的城市规划和有关法律规范，对各项建设用地和各类工程建设进行组织、控制、引导和协调，使其纳入城乡规划轨道。

（二）"一书两证"各自的内容

1. 建设项目选址意见书主要内容

建设项目选址意见书主要内容包括：建设项目的基本情况，建设项目选址规划的主要依据和建设项目与城市环境保护规划、风景名胜及文物古迹保护规划是否协调。

2. 建设用地规划许可证主要内容

建设用地规划许可证主要内容为：用地单位、用地项目名称、用地位置（包括范围界限）、用地面积和附图及附件名称，还有遵守事项等，同时提出规划设计条件。

3. 建设工程规划许可证主要内容

建设工程规划许可证主要内容包括：建设单位名称、建设项目名称、建设位置、建设规模和附图、附件及遵守事项。

结论：

城市规划管理部门核发的"一书两证"是建设项目选址意见书、建设用地规划许可证和建设工程规划许可证，它们各自的内容见上述分析材料。

【实例三】

某市某普通住宅小区（均为多层建筑）建设项目，开发商全权委托市民用设计院进行勘察设计。

问题：

（一）在勘察测绘阶段形成的岩土工程勘察报告和工程测量成果报告各自所包含的内容有哪些？

（二）在工程设计文件中没有"技术设计图纸和说明"，该建设工程项目的设计文件完整吗？为什么？

分析：

（一）岩土工程勘察报告、工程测量成果报告的主要内容

1. 岩土工程勘察报告主要内容

岩土工程勘察是根据建设工程的要求，查明、分析、评价建设场地的地质、环境特征和岩土工程条件，编制勘察报告的活动。

岩土工程勘察报告包括文字、图表，文字部分主要内容如下：

（1）地质地貌概况，包括地质结构、地貌和不良地质现象。

（2）地基岩土分层及其物理力学性质（这部分是岩土工程勘察报告着重论述的问题，是进行工程地质评价的基础）。

（3）地下水简述。

（4）场地稳定性，包括场地所处的地质构造部位，有无活动断层通过，附近有无地震断层；地震基本烈度，地震动峰值加速度；场地所在地貌部位，地形平缓程度，是否临江河湖海，或临近陡崖深谷；场地及其附近有无不良地质现象，其发展趋势如何；地层产状、节理裂隙产状，地基土中有无较弱层或液化砂土；地下水对基础有无不良影响。

（5）其他专门要求。

（6）结论与建议，应简明扼要的评价和建议。

报告除上述文字外，主要附图有：勘探点（钻孔）平面位置图、钻孔工程地质综合柱状图、工程地质剖面图和专门性图等。

主要附表有：岩土试验成果表、原位测试成果表、钻孔抽水试验成果表、桩基力学参数表等。

2. 工程测量成果报告主要内容

工程测量成果报告主要内容为：根据拨地条件，用选定的测量控制点，进行拨地导线测量、距离测量，以及测量成果计算、工作说明、条件坐标、略图、内外作业计算记录手簿等资料，并将拨地测量资料和定线成果展绘在1：1000或1：500的地形图上。

（二）该建设项目形成的勘察、测绘、设计文件中虽然缺少第七项"技术设计图纸和说明"，但仍然是完整的。

其理由是：按照规定设计阶段可根据建设项目的复杂手续而决定，对于一般工程项目只需要进行两阶段设计，即初步设计和施工图设计。初步设计是建设项目设计成果的基础和前身，施工图设计是根据批准的初步设计绘制施工图，其内容深度必须满足施工、安装的要求。只有技术上复杂的工程项目，为了进一步解决初步设计中的重大问题，如工艺流程、建筑结构、设备选型等，才需要根据初步设计和进一步的调查研究资料进行技术设计，从而使建设工程更具体、更完善、技术指标更合理。而该建设项目是普通住宅小区（均为多层建筑），建筑结构并不复杂，建筑设计院认为不需要而没有进行技术设计，也就不会形成"技术设计图纸和说明"文件。因此，该建设项目形成的勘察、测绘、设计文件当然也就是完整的。

结论：

工业、民用建筑在勘察测绘工作阶段形成的岩土工程勘察报告和工程测量成果报告的主要内容见分析材料。

根据实例背景资料，该工程虽然缺少技术设计图纸和说明，但设计文件仍然完整。

【实例四】

某市市委党校综合教学楼由该市市政设计院设计，其中主会场（兼室内篮球场）屋面为网架结构，面积为1000m²。网架结构图纸由该市具有一级资质的专业设计单位设计，并出了设计草图。设计前该设计单位言明：若该网架施工分部工程由本单位中标（该设计单位同时具有一级网架施工资质），则免除设计费。最后，该分部工程的施工由该市另一家具有二级资质的钢结构单位中标，专业设计单位设计也一直没有出正式蓝图。钢结构施工单位向监理项目部在报送施工技术准备文件的同时，提交了分部工程的开工报告，被总监理工程师以不具备施工条件——无施工图为由加以拒绝。

问题：

（一）总监理工程师不同意开工的理由正确吗？该分部工程有设计草图为什么说无施工图？

（二）就该分部工程的设计图纸，怎样才能符合施工条件？

（三）就该分部工程的设计，建设单位和设计单位将形成哪些同样的归档文件？其中哪些文件还要移交一份原件给城建档案馆？

分析：

（一）总监理工程师不同意开工的理由是完全正确的。因为设计草图不能作为施工依据，施工图必须是正式的蓝图，而且要得到原设计单位认可，并经审图部门审核通过。

（二）就本实例背景资料看：网架结构面积有 $1000m^2$。因此，根据相关规定，在该分部工程施工前，施工图必须达到以下四方面要求，监理项目部才能批准进行施工：

首先，要有正式的施工图蓝图及其说明，要有相应的设计计算书；

其次，要经建筑设计单位认可，并履行盖章、签字手续；

再次，要经过市审图部门对施工图及设计计算书（并提供所使用的计算软件）的审核，审核通过后，要在施工图上加盖审图章，并出具对施工图设计文件的审批意见；

最后，还要有图纸会审记录和设计交底记录。

（三）分部工程的设计，建设单位和设计单位形成同样的归档文件有：

1. 施工图及其说明；

2. 设计计算书；

3. 政府有关部门对施工图设计的审批意见；

4. 图纸会审记录。

其中，政府有关部门对施工图设计文件的审批意见和图纸会审记录，还要移交一份原件给城建档案管理馆。

结论：

（一）按照工程设计规范要求，总监理工程师不同意开工理由完全正确。

（二）该工程网架结构分部工程施工图必须达到四个方面要求，才能施工。

（三）分部工程设计形成的归档文件有四个部分，其中施工图审批意见和图纸会审记录要向城建档案管理部门移交一份原件。

【实例五】

某市第一人民医院拟建病房大楼 28 层，高 85m，一层地下室，总投资额为 3500 万元。

问题：

（一）工程前期准备阶段文件的形成涉及哪些部门和单位？

（二）该建设工程项目是否需要进行招标？为什么？

（三）勘察设计、施工和监理单位中标后要签订哪些合同？各自又包括哪些主要内容？

分析：

（一）由于该工程体量大，又是公用事业项目，因此，工程前期准备阶段文件的形成涉及以下部门和单位：除建设单位自身外，涉及建设单位的上级主管部门（卫生局）和有关管理机构如发改委（地方、省乃至国家）、规划局、国土局、环保局、建设局、交通局、房产管理局、园林局、市政局、文物局、人防、消防、通信、保密、河湖、教育等行政管理部门和拆迁、勘察、设计、工程造价、施工图审查、工程招投标、白蚁防治、工程监理、工程施工等专业单位。

（二）根据《工程建设项目招标范围和规模标准规定》，工程建设项目招标范围主要包括以下五个方面：

1. 关系社会公共利益、公众安全的基础设施项目。具体范围包括：煤炭、石油、天然气、电力、新能源等能源项目；铁路、公路、管道、水运、航空以及其他交通运输业等交通运输项目；邮政、电信枢纽、通信、信息网络等邮电通讯项目；防洪、灌溉、排涝、引（供）水、滩涂治理、水土保持、水利枢纽等水利项目；道路、桥梁、地铁和轻轨交通、污水排放及处理、垃圾处理、地下管道、公共停车场等城市设施项目；生态环境保护项目；其他基础设施项目。

2. 关系社会公共利益、公众安全的公用事业项目。具体范围包括：供水、供电、供气、供热等市政工程项目；科技、教育、文化等项目；体育、旅游等项目；卫生、社会福利等项目；商品住宅，包括经济适用住房；其他公用事业项目。

3. 使用国有资金投资项目。具体范围包括：使用各级财政预算资金的项目；使用纳入财政管理的各种政府性专项建设基金的项目；使用国有企业事业单位自有资金，并且国有资产投资者实际拥有控制权的项目。

4. 国家融资项目。具体范围包括：使用国家发行债券所筹资金的项目；使用国家对外借款或者担保所筹资金的项目；使用国家政策性贷款的项目；国家授权投资主体融资的项目；国家特许的融资项目。

5. 使用国际组织或者外国政府资金的项目。具体范围包括：使用世界银行、亚洲开发银行等国际组织贷款资金的项目；使用外国政府及其机构贷款资金的项目；使用国际组织或者外国政府援助资金的项目。

工程建设项目招投标规模标准规定：

对于属于上述规定范围内的各类工程建设项目，包括项目的勘察、设计、施工、监理以及与工程建设有关的重要设备、材料等的采购，达到下列标准之一的，必须进行招标：

第一，施工单项合同估算价在200万元以上的；

第二，重要设备、材料等货物的采购，单项合同估算价在100万元以上的；

第三，勘察、设计、监理等服务的单项合同估算价在50万元以上的；

第四，单项合同估算价低于前三项规定的标准，但项目总投资额在3000万元以上的。

对照上述规定要求，该建设工程项目是关系社会公共利益、公众安全的公用事业项目，且总投资额为3500万元，符合《工程建设项目招投标范围和规模标准规定》的招标范围和规模标准。因此，必须进行招标。

（三）勘察设计、施工和监理单位中标后应分别与建设单位签订工程勘察合同、设计合同、施工合同和监理合同。

1. 工程勘察合同主要内容

工程勘察合同主要内容有：

（1）勘察任务及工程勘察范围；

（2）建设单位向勘察单位提供勘察必备的文件；

（3）勘察单位定期向建设单位提交的勘察成果；

（4）取费标准及付款方式；

（5）双方责任、违约责任和发生纠纷的处理办法。

2. 工程设计合同主要内容

工程设计合同包括下列内容：

（1）设计任务及工程概况；

（2）建设单位向设计单位提供的工程设计必备文件；

（3）设计单位承担的工程设计的内容、进度、质量要求和分期向建设单位移交的设计成果的内容和份数；

（4）设计取费依据、标准、费用及付款方式；

（5）双方责任、违约责任及发生纠纷的处理办法。

3. 施工承包合同主要内容

建设工程施工合同分为建设工程施工合同条件和建设工程施工合同协议条款。建设工程施工合同条件是一个规范性文本，适用于每一个建设工程项目，建设单位和施工单位都应遵守。

建设工程施工合同协议条款是根据工程特点对建设工程施工合同条件进一步的补充、修改和完善。建设工程施工合同协议条款的主要内容为：

（1）工程概况：工程名称、地点、承包范围、工程价款、质量等级、工程竣工日期；

（2）双方权利、义务和一般责任；

（3）施工组织设计编制要求和工期调整处置方法；

（4）工程质量要求和检验与验收办法；

（5）合同价款调整原则与付款方式；

（6）材料设备供应方式及质量标准；

（7）设计变更及处理；

（8）竣工条件与结算方式；

（9）违约责任及处置办法；

（10）争议解决方式；

（11）安全生产，防护措施和其他问题；

（12）建设工程施工承包合同备案。

4. 施工监理合同

施工监理合同分合同标准条件和合同专用条件两部分。施工监理合同标准条件是任何建设工程项目的建设单位和监理单位均要遵守的条款。

施工监理合同专用条款是依据建设工程项目的实际情况对标准条件的补充、完善和具体化。

施工监理合同专用条款的主要内容：

（1）适用的法规和监理依据；

（2）监理业务的范围和内容；

（3）双方的权利和义务；

（4）监理费用的计取与支付、奖励办法；

（5）违约责任及处理办法；

（6）合同争议及解决办法；

（7）双方约定的其他事项；

（8）施工监理合同备案表。

结论：

（一）工程前期准备阶段文件形成涉及多个政府管理部门和多个专业单位。

（二）根据法规、规章，该建设工程项目必须招标。

（三）勘察设计、施工、监理单位中标后应与建设单位签订相应的合同，各自合同包含的内容见分析材料。

【实例六】

某市职工大学化工机电专业教学实验楼设计建筑面积 12000m²，预计造价 6500 万元，计划 2001 年 8 月开工，该工程进入该市建设工程交易中心以总承包方式向社会公开招标。

问题：

（一）招标文件有哪些？有何编制要求？

（二）如何编制标底？投标单位某建筑工程总公司为了能中标，想方设法打听标底，结果受到处罚，你认为这样处理对吗？

（三）招标邀请书、中标通知书的格式及内容有哪些？

分析：

（一）招标文件包括的内容及编制要求

招标文件一般包括：招标邀请，投标人须知，投标表格，合同条件，技术规范，物品清单及投标担保格式等。编制招标文件时，应注意其应包括招标项目的所有实体要求和拟签订合同的主要条款。招标文件是确定招标投标基本步骤与内容的基本文件，是整个招标中最重要的一环，它关系到招标的成败。

（二）招标工程项目编制标底要求及规定

招标项目编制标底的，应根据批准的初步设计、投资概算，依据有关计价办法，参照有关工程定额，结合市场供求状况，综合考虑投资工期和质量等方面的因素合理确定。

根据国家法规、规章，招标工程项目编制标底的，标底编制过程和标底必须保密。案例中某建筑工程总公司想方设法打听标底是违法违规的行为，应当受到处罚。

（三）投标邀请书和中标通知书格式内容

1. 投标邀请书格式及内容

投标邀请书是招标文件的重要内容，是招标人向投标人发出的邀请函件。投标邀请书其格式及内容如下：

投标邀请书

_____（邀请施工单位名称）：

1. _____（建设单位名称）的_____工程，建设地点在_____，结构类型为_____，建设规模为：_____。招标申请已得到招标管理机构批准，现通过邀请招标选定承包单位。

2. 工程质量要求达到国家施工验收规范（优良、合格）标准。计划开工日期为_____年_____月_____日，竣工日期为_____年_____月_____日，工期_____天（日历日）。

3. _____受建设单位的委托作为招标单位，现邀请合格的投标单位，进行密封投标，通过评审择优选出中标单位，来完成本合同工程的施工、竣工和保修。

4. 投标单位的施工资质等级须是_____级以上的施工企业，施工单位如愿意参加投标，可携带营业执照、施工资质等级证书向招标单位领取招标文件。同时缴纳押金_____元。

5. 该工程的发包方式为（包工包料或包工不包料），招标范围为_____。

6. 招标工作安排：

（1）勘察现场时间：联系人：

（2）投标截止日期：地点：

（3）投标截止日期：

（4）开标日期：

招标单位：（盖章）

法定代表人：（签字、盖章）

地址：邮政编码：联系人：

电话：

日期：_____年_____月_____日

2. 中标通知书格式及内容

中标通知书是招标人向中标人发出的中标通知，中标通知书发出后，对招标人和中标人均具有法律效力。中标通知书格式及内容如下：

中标通知书

＿＿＿＿＿＿＿＿＿＿＿＿（建设单位名称）的 ＿＿＿＿＿＿＿＿＿＿＿＿（建设地点）

＿＿＿＿＿＿＿＿＿＿＿工程，结构类型为＿＿＿＿＿＿＿＿＿＿＿日公开开标后，经评标委员会或评标小组评定并报招标管理机构核准，确定＿＿＿＿＿＿＿＿＿＿＿为中标单位，中标标价为人民币 ＿＿＿＿＿＿＿＿＿＿＿元，中标工期自 ＿＿＿＿＿年 ＿＿＿＿＿月＿＿＿＿＿日开工，＿＿＿＿＿年＿＿＿＿＿月＿＿＿＿＿日竣工，工期＿＿＿＿＿天（日历日），工程质量达到国家施工验收规范（优良、合格）标准。

中标单位收到中标通知书后，在＿＿＿＿＿年＿＿＿＿＿月＿＿＿＿＿日时前到＿＿＿＿＿（地点）与建设单位签订承发合同。

建设单位：（盖章）

法定代表人：（签字、盖章）

日期：＿＿＿＿＿年＿＿＿＿＿月＿＿＿＿＿日

招标单位：（盖章）

法定代表人：（签字、盖章）

日期：＿＿＿＿＿年＿＿＿＿＿月＿＿＿＿＿日

招标管理机构：（盖章）

审核人：（签字、盖章）

审核日期：＿＿＿＿＿年＿＿＿＿＿月＿＿＿＿＿日

结论：

（一）招标文件一般包括了招标邀请、招标人须知、投标表格等多项内容，编制时按招标规定和招标项目要求进行。

（二）招标工程项目标底要根据初步设计、投资概算、工程造价、工期、质量要求等因素编制，其过程和结果都应保密。该建筑工程总公司打听标底，干扰正常招标秩序，应受到处罚。

（三）招标邀请书和中标通知书格式及内容见分析材料。

【实例七】

某市某房地产开发公司开发建设一住宅小区，分两期进行，第一期已竣工。第二期共12幢住宅楼在办理工程前期手续，在工程前期准备阶段发生如下事件：

（一）由于工程工期紧，房地产开发公司未办理工程施工许可证，就先行开工，受到查处，并责令停工。

（二）建设主管部门审查该房地产开发公司申请办理工程施工许可证文件时，发现未办理工程质量监督手续，办理条件不完备，不能领取工程施工许可证。

问题：

（一）办理工程施工许可证有何要求？施工许可证包括哪些内容？房地产开发公司未办理施工许可证就开工，受到查处对吗？

（二）工程质量监督手续包括哪些内容？

分析：

（一）办理施工许可证的要求及施工许可证内容

建筑工程开工前，建设单位应当向县级以上人民政府建设行政主管部门申请领取施工许可证，未领取不得开工。办理工程施工许可证应具备规定条件，如办理工程用地批准手续、取得规划许可证、有满足施工需要的施工图及技术资料、有保证工程质量和安全措施等。

工程施工许可证主要内容如下：

1. 工程施工许可证号，发证机关及批准日期；

2. 建设工程项目基本情况：建设单位、项目名称、建设地点、建筑面积、施工单位、监理单位、合同开工与竣工日期；

3. 遵守事项。

根据背景资料，该房地产开发公司未办理工程施工许可证就开工，属违法行为，必须立即停止施工，尽快办理施工许可证。否则由此引起的经济损失由建设单位承担责任，并视违法情节，对建设单位作出相应处罚。

（二）工程质量监督手续是建设工程项目实施工程质量监督时承办的事项，是建设单位申请领取工程施工许可证的前提条件之一。建设单位通过填写工程质量监督登记表，进行注册登记，办理工程质量监督手续。工程质量监督登记主要内容为：

1. 工程概况：工程名称、地址、建筑面积、计划开竣工日期、工程造价等；

2. 参与工程建设的单位：建设单位、施工单位、监理单位、设计单位的基本情况及现场管理机构、负责人名单；

3. 监督项目及具体内容；

4. 监督单位：名称、基本情况。

结论：

（一）建设单位办理工程施工许可证，应具备规定的条件。建设单位不办理工程施工许可证，不得开工，已开工的必须停工。该房地产开发公司不办理工程施工许可证就开工是违法行为，应当受到查处。工程施工许可证内容见分析材料。

（二）办理工程质量监督手续是建设单位申请领取工程施工许可证的必备条件，其手续办理是通过登记审查工程质量监督登记表来进行的，工程质量监督登记表内容见分析材料。

【实例八】

某市红星大酒店建筑面积18000m²，工程前期手续已办理完毕，但档案人员在整理文件时，对工程前期的财务文件理解有些模糊。

问题：

（一）工程设计概算和施工图预算的内容有哪些？

（二）工程建设概算和预算有什么区别？

分析：

（一）工程设计概算和施工图预算的内容

1. 工程设计概算书内容

工程设计概算书包括编制说明和总概算两部分：

（1）编制说明

编制说明内容为：工程概况、编制依据、编制方法、投资分析、主要材料和设备数量、其他有关问题。

（2）总概算

建设工程总概算由单位工程综合概算汇总和其他费用组成。

单位工程综合概算汇总，即单位工程中分部工程概算表汇总，算于直接费。包括主要工程综合概算，辅助和服务性工程综合概算，生活福利设施工程综合概算，室外工程综合概算，场外工程综合概算。

其他费用主要有土地征用费、建设单位管理费、勘察设计费、科研费以及税收和利息、涨价因素、预留费用等。

2. 施工图预算内容

施工图预算内容包括预算说明和预算明细表。

（1）预算说明是编制工程预算所需要的基本数据和依据，如：工程基本情况、使用的预算定额、费用定额、设备和材料的预算价格、工资标准等。

（2）预算明细表分为分部工程、单位工程、建设工程项目预算明细。

首先，计算出分部工程工程量和预算值。以施工图为依据，计算出各分部工程的工程量、使用工程材料的种类和数量、人工用量、机械用量、设备数量等，根据基本定额标准，工程材料的价格，人工工资标准等计算工程预算，一般将计算结果以表格形式列出明细，包括工程的直接费、间接费、计划利润和税金。

其次，计算出单位工程综合预算。将分部工程预算综合汇总后，计算出单位工程分项和总的工程预算。

最后，计算出建设工程项目总预算。综合汇总所有单位工程综合预算和其他费用后形成建设工程项目施工图总预算。

（二）工程建设概算和预算的区别

概算和预算大致有如下区别：

1. 所起的作用不同。概算编制初步设计阶段，并作为向国家和地区报批投资的文件，经审批后编制固定资产计划，是控制建设项目投资的依据；预算编制在施工图设计阶段，它起着建筑产品价格的作为工程价款的标底。

2. 编制依据不同。概算依据概算定额或概算指标进行编制，其内容项目经扩大而简化；预算概括性的原则依据预算定额和综合预算定额进行编制，其项目较详细，较重要。

3. 编制内容不同。概算应包括工程建设的全部内容，如总概算要考虑从筹建开始到竣工验收交付所需的一切费用；预算一般不编制总预算，只编制单位工程预算和综合预算书，它不包括准备阶段的费用、勘察、征地、生产职工培训费用等。

结论：

工程设计概算和施工图预算一般内容见分析材料，工程建设概算和预算有区别，主要表现在作用不同，编制依据不同，内容不同。

思 考 题

1. 工程前期准备阶段文件形成涉及哪些管理部门和专业单位？

2. 城市规划行政管理部门核发的"一书两证"包括哪些方面内容？

3. 建设工程招标文件主要有什么内容？编制有何要求？

4. 以建筑安装工程为例说明施工图设计包括哪方面内容？

5. 施工图设计文件审查哪几个方面？

6. 什么是立项文件？立项文件一般包括哪些内容？

7. 建设工程施工合同协议条款的主要内容有哪些方面？

8. 《建设工程施工许可证》核发有何要求？其主要内容由哪几部分组成？

第3章 工程实施阶段文件

内 容 提 要

本章重点包括：一、工程监理文件的形成、主要内容及其要求，主要了解工程监理概念、工作任务，工程监理文件形成的种类、主要监理文件内容和编制要求。二、施工文件的形成及种类、主要内容和要求，通过不同施工阶段，了解施工文件产生过程、主要文件内容，以及编制规定等。

工程实施阶段的主要任务是经过前期准备，具备开工条件后，组织施工及其监理，将"蓝图"变成工程项目的实体，实现投资决策意图。通过工程实施，在规定的范围、工期、总价、质量内，按设计要求高效率地实现工程项目目标。

工程实施的主体主要是监理企业和施工企业，在监理、施工活动中相应形成监理文件和施工文件，且数量多、专业性强，管理难度大。

3.1 工程监理文件的形成

建设工程监理是指具有相应资质的工程监理企业，接受建设单位（也称为业主）的委托，承担其项目管理工作，并代表建设单位对承包单位的建设行为进行监督管理的专业化服务活动。建设工程监理属于强制推行的制度。

工程监理单位是依法成立并取得建设主管部门颁发的工程监理企业证书从事建设工程监理与相关服务活动的服务机构。工程监理单位应当公平、独立、诚信、科学地开展建设工程监理与相关服务活动，实行总监理工程师负责制。工程监理的主要依据包括工程建设文件、有关法律法规规章和标准规范、勘察设计文件、建设工程监理委托合同和有关的建设工程合同等。本节所讲的工程监理主要是指施工监理，施工监理工作内容是四控制（造价控制、进度控制、质量控制和安全控制）、二管理（合同管理、信息管理）和一协调（协调有关单位关系）等七个方面。监理的实施又可分为事前控制、事中控制和事后控制三个阶段，整个监理过程应时序性、系统性，如图3-1所示。

施工监理文件是在施工监理活动中产生的，贯穿于整个施工过程，根据施工监理文件形成过程及其作用，一般将施工监理文件分为施工监理管理文件、施工监理工作记录、施工监理验收文件。各种监理文件，由于建设单位委托内容和工程的具体情况不同，种类和数量有较大差别。下面仅以建筑安装工程为例说明施工监理文件的名称、形成及过程。

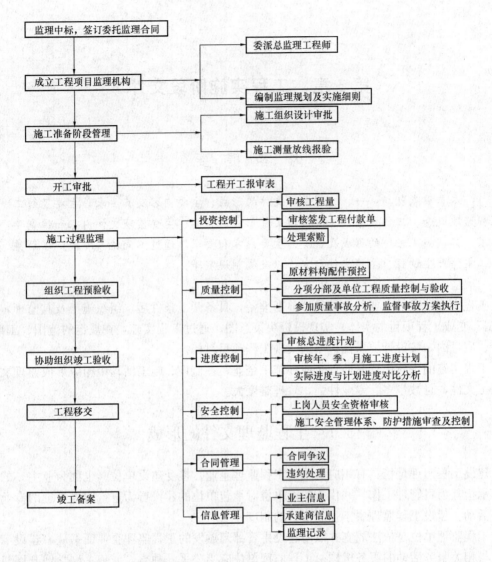

图 3-1　工程施工监理工作流程及主要文件形成过程

3.1.1　施工监理管理文件

施工监理管理文件是监理单位实施工程项目施工监理过程中形成的管理性文件，主要包括监理规划、监理实施细则、监理月报、监理会议纪要、监理工作日志和工作联系单等。

3.1.1.1　监理规划

监理规划应在签订委托监理合同、收到施工合同、施工组织设计和工程设计文件一个月内，由总监理工程师组织编制。根据委托监理合同，在监理大纲又称监理方案（是在监理单位投标时编制的）基础上，结合工程具体情况，广泛收集工程信息和资料而编制完成的。监理规划在总监理工程师签字后由工程监理单位技术负责人审批，应在召开第一次工地会议前报送建设单位。监理规划的内容应有针对性，做到控制目标明确、措施得力有效、工作程序合理、工作制度健全、职责分工明确，是用以指导工程项目监理部全面开展监理工作的指导性文件。

3.1.1.2 监理实施细则

监理实施细则又简称监理细则，其与监理规划的关系可以比作施工图设计与初步设计的关系。按照《建设工程监理规范》GB/T 50319—2013规定，对专业性较强、危险性较大的分部分项工程项目监理机构应编制监理实施细则。应在相应工程施工开始前由专业监理工作师编制，并应报总监理工程师审批实施。

3.1.1.3 监理月报

监理月报是项目监理机构每月向建设单位和本监理单位提交的建设工程监理工作及建设工程实施情况等分析总结报告。其内容应做到数据准确、重点突出、语言简练，并附必要的图表、照片，经总监理工程师签发。报送时间由监理单位和建设单位协商确定，一般在收到施工单位项目经理部报来的工程进度汇总当月已完成的工程量和当月计划完成工程量的工程量表、工程款支付申请表等相关资料后，在最短时间大约为5～7天内提交。

3.1.1.4 监理会议纪要

工程项目监理部主持召开的工地会议主要有监理例会和专题工地会，由项目监理部根据会议记录整理形成的会议纪要。

1. 监理例会

监理例会是参建各方为了相互沟通情况、交流信息、协调处理、研究解决各自在合同履约过程中存在的各方面问题的一种主要协调方式。监理例会一般每周召开一次，由指定的监理人员记录并根据会议记录整理形成监理例会会议纪要，经总监理工程师审阅，由与会各方代表会签，再发至有关参建各方。

2. 专题工地会议

专题工地会议是参建各方和与会议专题相关单位的负责人及专业人员参加的为解决专门问题而召开的会议。也由指定的监理人员记录，并整理形成专题工地会议纪要，经总监理工程师签认，发至与专题会议有关的各方。

3.1.1.5 监理日志

监理日志是项目监理机构每日对建设工程监理工作及施工进度情况所做的记录。自该项目监理工作开始起至项目监理工作结束止，应由专人负责逐日如实记载。

3.1.1.6 工作联系单

工作联系单是项目监理机构与工程建设相关方之间的工作联系方式。

3.1.2 施工监理工作记录

施工监理工作记录是工程项目部及监理工程师在实施施工监理活动中形成的各种记录性文件。监理记录要力求做到全面、客观、准确、及时、有理有据，为解决各种纠纷、费用索赔提供依据，为正确评估工程施工成果和建设工程目标控制提供依据。

施工监理工作记录包括工程进度报审文件、工程质量报审文件、工程造价报审文件和合同管理文件等。

3.1.2.1 工程进度控制报审文件

工程进度控制是指在工程项目各建设阶段编制进度计划，并将该计划付诸实施，在实施过程中经常检查实际进度是否按计划要求进行，如有偏差，则分析产生偏差的原因，采取补救措施，修改原计划，直至竣工、交付使用。

工程施工进度报审是对工程施工进度控制的重要手段、措施，工程进度控制文件主要包括工程开工报审表、工程开工令、施工进度计划报审表、工程暂停令和工程复工报审表等。

1. 工程开工报审表

当现场具备了开工条件且已做好各项施工准备工作后，施工单位应及时填写工程开工报审表，报工程项目监理部审批。监理部按开工条件逐项进行检查，认为已具备开工条件，由总监理工程师签署批准意见，并报建设单位。

2. 工程开工令

建设单位审查同意工程开工，项目监理机构向施工总承包单位发工程开工令，由总监理工程师签字。

3. 施工进度计划报审表

施工承包单位应根据工程施工合同的约定，及时编制施工总进度计划、年进度计划、月进度计划，并按时填写施工进度计划报审表，报工程项目监理部审批。总监理工程师审核签署意见后报建设单位。

4. 工程暂停令和工程复工报审表

总监理工程师根据工程质量和安全隐患等实际情况，按合同约定签发工程暂停令。

无论由何方原因造成工程暂停，在暂停原因消失和问题处理完毕具备复工条件时，施工承包单位应及时填写复工报审表报工程项目监理部审批，总监理工程师审批后报建设单位。

5. 工程复工令

对暂停施工的部位（工序），经查具备复工条件，并经建设单位同意，由总监理工程师签发工程复工令。

3.1.2.2 工程质量控制报审文件

工程质量是指承建工程的使用价值，是工程满足社会需要所必须具备的质量特征，体现在工程的性能、寿命、可靠性、安全性和经济性等五个方面。工程质量控制是指致力于满足工程质量要求，也就是为了保证工程质量满足工程合同、规范标准所采取的一系列措施、方法和手段。

工程质量控制文件主要有：施工组织设计/(专项)施工方案报审表、施工控制测量成果报验表、材料、构配件、设备进场报验、监理通知单、监理通知回复单、工程报验及试验室报审报验表、分部工程施工质量验收报验、见证取样和送检见证人员备案表、见证记录、旁站记录、单位工程竣工报验、监理报告等。

1. 施工组织设计/(单项)施工方案报审表

施工单位制定的施工组织设计方案或对超过一定规模的危险性较大的分部分项工程专项施工方案须填写报审表。总监理工程师应组织专业监理工程师审查施工单位报审的施工方案、符合要求应予签认。

2. 施工控制测量成果报验表

施工单位应按规范填写施工控制测量成果报验表。专业工程师应检查、复核施工单位报送的施工控制测量成果及保护措施，签署意见。专业监理工程师应对施工单位在施工过程中报送的施工测量放线成果进行查验。

3. 工程物资进场报验表

工程物资是指工程材料、构配件、设备等，施工单位应根据有关规定对进场使用的主要工程物资进行检查（主要检查原材料复试，构配件、设备进行检测测试），合格后填写工程物资进场报验表，并附出厂质量证明文件、进场复试报告、商检证等相关资料，报工程项目监理部，监理工程师签署审查意见。

4. 监理通知单

项目监理机构在实施监理过程中，发现施工存在一定问题时应及时向施工承包单位发出的书面通知。监理工程师通知一般由专业监理工程师签发，重要的事项由总监理工程师签发。

5. 监理通知回复单

施工承包单位在接到监理通知单之后，根据通知中提到问题，认真分析，制定措施，及时整改，并把整改的结果写入监理通知回复单，经项目经理签字，项目部盖章后，报项目监理机构复查。项目监理机构应对整改情况及时复查、记录并提出复查意见。

6. 隐蔽工程检验批、分项工程报验及试验室的报验

施工单位应按规范填写报审、报验表、项目监理机构应对上述工程进行验收，对验收合格的应给予签认；对验收不合格的应拒绝签认，同时应要求施工单位在指定的时间内整改并重新报验。

7. 分部工程报验表

施工单位完成分部分项施工，经过自检合格后，填写分部分项工程施工质量验收报验表，并附分部/分项工程施工质量验收记录和相关附件，报工程项目监理部。总监理工程师应组织采用施工现场抽检、核查等方法，对符合要求的分部分项工程予以签证。

8. 见证取样和送检见证人员备案表

施工单位选择见证取样和送检见证人员，在得到建设单位和监理单位认同后，监理单位将有见证取样人员的签字和送检印章的表，向工程质量监督站、检测单位、建设单位和施工单位备案。

9. 见证记录

监理单位即见证人，在施工过程中按照事先编写的见证取样和送检计划进行取样及送检，在试样上做好样品名称、取样部位、取样日期等标识，形成真实记录。

10. 旁站记录

监理人员在实施旁站监理时填写旁站监理记录，并由旁站监理人员及施工单位现场专职人员会签。

11. 单位工程竣工验收报验表

施工承包单位已按工程施工合同约定完成设计文件所要求的施工内容后，填写单位工程竣工报审表，向工程项目监理部提出工程竣工验收申请。监理单位在建设单位组织竣工验收前，应组织工程参建各方进行单位工程竣工预验收，存在问题的，应要求施工单位及时进行整改；合格的，总监理工程师签认。

12. 监理报告

施工中发生质量、安全事故，项目监理机构签发监理通知单，要求整改；情况严重的，签发工程暂停令，并应报告建设单位。施工单位拒不整改或不停止施工时，项目监理机构应及时向有关主管部门报送监理报告。

3.1.2.3 工程造价控制报审文件

工程造价一般是指进行某项工程项目所投资的全部费用。工程造价控制是根据工程设计图纸、设计说明、设计变更、工程洽商记录和国家与地方工程预算定额、取费标准、工期定额，以及施工合同、完成工程量等对工程造价实施的控制。

工程造价控制报审文件主要包括工程变更单、工程计量报审表、工程款支付报申表、工程款支付证书工程费用索赔报审表等。

1. 工程变更单

工程确需变更，由施工单位填写工程变更单，提交工程项目监理部，监理部与建设单位、设计单位会商签署一致意见后方可作为施工依据。由于工程变更涉及工程进度与工期、工程质量和工程量与工程总价等诸多方面，因而归类多有交叉。但分析比较列入工程造价控制文件更妥。

2. 工程计量报审表

施工承包单位报请项目监理部对已完成的合格工程量进行审核，填写工程计量报审表。监理部仅对施工承包单位完成的合格工程量予以计算，不合格工程量不予计量。工程变更文件作为变更工程量计量的重要依据之一。

3. 工程款支付报申表

施工承包单位按工程计量报审表确认的合格工程量、工程费用索赔报审表和根据合同规定应获得款，填写工程款支付申请表，提交工程项目监理部。

4. 工程款支付证书

项目监理部收到施工承包单位工程款支付申请表后，对申请事项进行审核，确定应付款金额后，签署工程款支付证书。建设单位根据项目监理部意见进行付款。

5. 费用索赔报审表

由于不可抗拒因素（战争、自然灾害等）、无法预见的因素（地质、人为因素）和工程变更等非承包单位原因增加的费用，施工承包单位应申请索赔。施工承包单位填写工程费用索赔报审表报工程项目监理部审批。

3.1.2.4 合同管理文件

监理单位在工程建设监理过程中的合同管理，主要是根据监理合同的要求对工程承包合同的签订、履行、变更和解除进行监督、检查，对合同双方的争议进行调解和处理，以保证合同的依法签订和全面履行。

合同管理文件主要包括委托监理合同、工程延期审批表和分包单位资质报审表等。

1. 委托监理合同

建设工程委托监理合同简称监理合同，是指委托人与监理人就委托的工程项目管理内容签订的明确双方权利、义务的协议。为明确监理合同当事人双方的权利和义务的关系，应当以书面形式签订监理合同，而不采用口头形式。一般情况，监理合同采用《建设工程委托监理合同示范文本》，即标准化合同。如果需要对标准条件的某些条款进行补充、修正，允许在专用条件中增加合同双方议定的条款内容。

2. 工程临时/最终延期报审表

根据施工合同，针对施工单位提出的工程延期申请要求延长工期的要求，项目监理部进行分析和计算，最终评估出延期天数并与建设单位协商一致后，由总监理工程师签认。

3. 分包单位资质报审表

建设工程项目施工总承包单位将承包工程分解，分包给具有施工资质和施工能力的单位，这是完成工程施工任务的一般做法。施工总承包单位应将分包单位情况填写分包单位资质报审表，报工程项目监理部审查。总承包单位应提供的报审资料包括分包单位的企业法人营业执照、资质证书、人员资格证明、机具仪器装备情况、业绩等有关资料。

3.1.3 施工监理验收文件

项目监理部参加建设工程项目竣工验收，竣工验收前组织预验收，项目监理部编写工程质量评估报告。竣工验收合格后，施工承包单位向建设单位移交工程。移交工程由监理单位组织，并与建设单位共同签署竣工移交证书。同时，监理单位编写监理工作总结，办理工程监理档案移交。

3.1.3.1 工程质量评估报告

单位工程预验收合格后，编写工程质量评估报告，并应经总监理工程师和监理单位技术负责人审核签字后，报建设单位。

3.1.3.2 竣工移交证书

竣工移交证书是证明工程竣工并向建设单位移交的证明文件。建设工程项目通过竣工验收后，总监理工程师代表监理单位和建设单位代表共同签署竣工移交证书，监理单位、建设单位盖章后，送施工承包单位一份。

3.1.3.3 施工监理工作总结

建设工程项目施工完成并通过了竣工验收，监理工作随之结束，应由总监理工程师组织工程项目监理部人员及时撰写监理工作总结，并提交建设单位。

3.1.4 施工监理形成的主要文件汇总

工程施工监理形成施工监理管理文件、施工监理工作记录和施工监理验收文件等三部分，各部分的主要文件汇总见表3-1。

工程施工监理形成的主要文件汇总表　　　　　　表 3-1

类别	序号	文 件 名 称	文 件 来 源
（一） 施工监理 管理文件	1	监理规划	监理单位
	2	监理实施细则	监理单位
	3	监理月报	监理单位
	4	监理会议纪要	监理单位
	5	监理工作日志	监理单位
	6	工作联系单	监理单位、各参建单位
（二） 施工监理 工作记录	1	工程开工报审表	施工单位、监理单位、建设单位
	2	工程开工令	监理单位
	3	施工进度计划报审表	施工单位、监理单位
	4	工程暂停令和工程复工报审表	监理单位、施工单位、建设单位

类别	序号	文 件 名 称	文 件 来 源
（二） 施工监理 工作记录	5	工程复工令	监理单位
	6	施工组织设计/（专项）施工方案报审表	施工单位、监理单位
	7	施工控制测量成果报验表	施工单位、监理单位
	8	材料、构配件、设备进场报验单	施工单位、监理单位
	9	监理通知	监理单位
	10	监理通知回复单	施工单位
	11	（隐蔽工程、检验批、分项工程）报审、报验表	施工单位、监理单位
	12	分项/分部工程施工质量验收报验	施工单位、监理单位
	13	见证取样和送检见证人员备案表	监理单位
	14	见证记录	监理单位
	15	旁站监理记录	监理单位
	16	单位工程竣工验收报审表	施工单位、监理单位
	17	监理报告	监理单位
	18	工程变更单	施工单位、设计单位、监理单位、建设单位
	19	工程计量报审表	施工单位、监理单位
	20	工程款支付申请表	施工单位、监理单位
	21	工程款支付证书	监理单位
	22	工程费用索赔报审表	施工单位、监理单位、建设单位
	23	工程延期审批表	施工单位、监理单位
	24	分包单位资质报审表	施工单位
（三） 施工监理 验收文件	1	工程质量评估报告	监理单位
	2	竣工移交证书	监理单位、建设单位
	3	监理工作总结	监理单位

3.2 工程监理文件的主要内容与要求实例

工程监理文件基本是在施工过程中形成的，其内容涉及监理管理和进度控制、质量控制、造价控制等监理工作记录。各主要类型监理文件的内容及其编制要求以实例形式分述。

【实例一】

某监理公司承接某市商业大厦工程，框架结构 6 层（其中地下室 1 层），总建筑面积 10000m²。该监理公司中标后，编写建设工程监理文件，在项目开工前，监理公司仅向业主提交了监理规划。

问题：

（一）何谓建设工程监理工作文件？文件之间有何关系？

（二）监理单位于开工前仅向业主提交了监理规划是否可行？为什么？

（三）监理规划和监理实施细则各包括哪些内容？

分析：

（一）建设工程监理工作文件是指监理大纲、监理规划和监理实施细则。监理大纲是业主进行监理招标时，监理单位为承揽监理业务而编写的监理方案性文件，监理大纲与监理规划、监理实施细则三者之间存在明显的依据性关系：在编写监理规划时，一定要严格根据监理大纲的有关内容来编写；在制定监理实施细则时，一定要在监理规划的指导下进行。

（二）对专业性较强、危险性较大的分部分项项目，项目监理部应编制监理实施细则。监理实施细则应符合监理规划的总要求，并应结合工程项目的专业特点，做到详细具体，具有可操作性。本工程体量较大，且有一层地下室，结构较复杂危险性较大，应当编制如土方工程施工、模板分项工程施工等质量监理实施细则。

（三）监理规划一般包括了工程项目概况，监理工作范围、内容、目标，监理工作依据，项目监理机构的组织形式、人员配备及进退场计划、监理人员岗位职责，监理工作制度，工程质量控制，工程造价控制，工程进度控制，安全生产管理的监理工作，合同与信息管理，组织协调，监理工作设施等十二个方面。

监理实施细则包括专业工程特点，监理工作流程，监理工作要点，监理工作方法及措施等。

结论：

本工程的监理活动是比较复杂的、技术要求较强、危险性较大。因此，只编写监理规划是不够的，应当针对专业工程编制监理实施细则。建设工程监理工作文件包括监理大纲、监理规划和监理实施细则，三者之间具有依据性关系。监理规划和监理实施细则的内容详见上述分析。

【实例二】

某新建家具商城工程共 5 层，总建筑面积为 6860m²，2008 年 1 月 28 日开工，土建总工期为 10 个月，业主要求施工单位确保在当年 11 月底竣工。业主在 4 月 15 日收到工程监理部提交的 3 月份监理月报后，提出了批评意见，认为内容过于简单只有工程进度及施工安全，不够完整，并且对提交时间也提出质疑。

问题：

（一）监理月报的基本内容有哪些？

（二）监理月报报送时间有何规定？业主的批评正确吗？

分析：

（一）监理月报的基本内容包括：本月工程实施情况（包括工程进度、工程质量、施工单位安全生产管理等情况），本月监理工作情况（包括工程进度控制、质量控制、安全生产管理、工程计量与工程款支付、合同其他事项的管理等工作情况），本月施工存在问题及处理情况，下月监理工作重点等。工程项目监理部还可根据工程特点增加图表、图片等内容。对照监理月报基本内容，本案例中监理单位提交的 3 月份监理月报只有两项内容，过于简单了。

（二）监理月报的报送时间一般由监理单位和业主协商确定，但也有统一规定的，如江苏省住建厅规定，监理月报每月月底提出，报告期为上月 26 日至本月 25 日。根据安全背景材料，业主 4 月 15 日才收到 3 月份监理月报，报送时间滞后，业主提出批评是正确的。

结论：

监理月报基本内容有 4 个方面，第一份监理月报内容应更全面性，并适当增加内容。根据案例背景材料，综上分析，监理单位提交的 3 月份监理月报确实过于简单，不能够完整反映当月的工程实施情况和监理工作情况。监理月报的报送时间也滞后了，不便于业主及时了解工程施工信息。因此，业主对监理单位的批评是正确的。

【实例三】

某监理公司经招标承担某市技工学院教学大楼的施工监理任务。工程开工后，工程项目监理部召开了一次重要监理例会，监理员小王负责记录并整理形成监理会议纪要。总监理工程师审阅后，认为纪要主要内容不全，特别是例会上某些重要问题未达到统一意见，各方的主要观点也未能完整记述，要求小王根据会议记录，重新整理纪要并要求与会各方代表会签。

问题：

（一）监理例会会议纪要有哪些内容？

（二）总监理师工程师退回会议纪要，要求重新整理对吗？理由是什么？

分析：

（一）监理例会会议纪要的主要内容包括会议地点及时间，会议主持人，与会人员姓名、单位、职务，会议主要内容，决议事项及其负责落实的单位、负责人与时限要求，其他事项。会议纪要内容必须真实准确、简明扼要。

（二）监理会议纪要要素及主要内容应当全面，如果例会中对重大问题，重要事项有分歧意见时，应将各方的主要观点、特别是相互对立的意见记入"其他事项"中。总监理工程师不但指出纪要内容不全，而且关注会议的重要问题的讨论及其各方意见，但纪要未能如实反映，总监理工程师应当要求退回重新整理。

结论：

监理会议纪要的主要内容有五个方面，针对监理会议纪要存在的问题，特别是重要事项归纳不全，总监理工程师退回纪要并要求重新整理是对的，理由是充分的。

【实例四】

某商场建设工程，独立基础、框架结构、现浇板、层高 4.3m、共两层（局部三层），总建筑面积 24000m²。施工方案中，分三个区、六个流水段，流水作业施工。监理人员在巡回检查到第二流水段二层结平支模作业时，检查发现有 40% 的柱横截面为 480mm×480mm，而设计图纸上标明为 500mm×500mm。为此，专业监理工程师向施工单位发放了"工程联系单"，其内容如下：

致××建筑公司 106 项目部：

贵部在第二流水段二层结平支模作业中有部分柱的横截面为 480mm×480mm，而设计图纸上标明为 500mm×500mm，请及时予以整改。

××监理公司某商场工程项目监理部

2008 年 5 月 9 日

问题：

（一）该专业监理工程师就此问题要求施工单位及时予以整改是否正确？为什么？

（二）专业监理工程师就此问题向施工单位发放"工作联系单"是否有错？如果有错，那么错在哪里？

分析：

（一）该专业监理工程师就此问题要求施工单位及时予以整改是正确的。因为按相关工程施工规范，柱截面内部尺寸的允许误差为$+8mm$、$-5mm$，而所发现的问题是误差达到$-20mm$，远远超过规范要求。

（二）专业监理工程师就此问题向施工单位发放"工作联系单"是错误的。错误有以下两个方面：

第一是形式上的错误。这是属于质量方面的问题，应当向施工单位发"监理通知单"，而不是发"工作联系单"。

第二是内容上的错误。由于发的是"工作联系单"，而不是"监理工程师通知单（质量类）"，以致对施工单位既没有提出要求回复时间，也没有提出要求整改完成时间，造成工程监理资料的不闭合。

结论：

专业监理工程师就背景材料中提出的问题要求施工单位整改是正确的，但发放"工作联系单"是不对的，应向施工单位发"监理通知单"。

【实例五】

某市第一建筑工程公司承建市工业展览馆，经过准备，施工单位认为达到了开工条件，填写工程开工报审表。项目监理部检查后，认为施工现场准备还不具备开工条件，要求抓紧时间完成开工前的各项准备工作。

问题：

（一）开工应具备哪些条件？项目监理部意见正确吗？

（二）工程开工报审表包含哪些主要内容？

分析：

（一）工程开工在符合法定要求的前提下，应具备的条件主要有：设计交底和图纸会审已完成，施工组织设计已由总监理工程师签认，施工单位现场质量、安全生产管理体系已建立，管理人员已到位，施工机械具备使用条件，主要工程材料已落实；进场道路、水、电、通信等已满足开工要求。项目监理部检查后，认定工程不具备开工条件，不签发工程开工报审表是正确的。

（二）工程开工报审表分为三部分，第一部分是施工单位的申请，内容为已具备的开工条件、计划开工日期等。第二部分是监理单位的审核意见，主要内容为总监理工程师的审核结论和监理工程师的审核意见。第三部分是建设单位审批意见，主要内容为建设单位代表的审查意见及结论。

结论：

工程开工应具备一定条件，工程项目监理部接到施工单位报送的工程开工报审表后，应逐项检查，如认定已具备开工条件时，由总监理工程师在工程开工报审表上签署意见，并报建设单位。如认定不具备开工条件，应要求再进行准备后重新申请。工程项目监理部检查认定施工现场准备不具备开工条件，不同意开工是正确的。

【实例六】

某市经济开发区新建道路工程全长 3740m，工期 8 个月，由该市路桥有限责任公司承建、该市某市政甲级监理公司监理。由于遇到雨季，工程进度受到影响，建设单位和监理单位对此十分关心。监理单位认真审查工程进度计划报审表，认为虽有月度计划，但如何完成的说明不清楚，措施不力。

问题：

（一）施工进度计划报审表由谁填报？有哪些类型？

（二）月度进度计划报审表何时报送？主要内容有哪些？

分析：

（一）施工进度计划报审表由施工单位填写。施工单位根据建设工程施工合同的约定，编制施工总进度计划，阶段性进度计划，如年进度计划、季度进度计划和月进度计划，并及时填写施工进度计划报审表，报工程项目监理部审批。

（二）月度进度计划报审表施工单位应提前 5 日提出，一般为每月 25 日申报。月度进度计划报审表分为两部分，第一部分为施工单位申报的内容，包括月度的起止时间，工程总进度计划、工程月进度计划。另有附件：上期进度计划完成情况及分析，本期进度计划的示意图表、说明，本期进度计划完成分部/分项工程工程量，本期进度期间投入的人员、材料（包括甲供材）、设备计划，完成本月工程量所采取的其他措施，如雨季施工采取的办法等。第二部分为监理单位的审查意见。监理工程师根据工程的基本条件及施工队伍条件，全面分析施工单位施工进度计划的合理性、可行性、可操作性，提出审查意见，再由总监理工程师签署审批结论。

结论：

工程月进度计划由施工单位填写，一般为每月 25 日申报。月进度计划报审表只报月度计划是不全面的，应当对上月完成情况进行分析，对本月进度计划的完成进行说明，特别是根据案例背景材料，应针对雨季施工，提出解决影响进度问题的办法，明确完成月度计划的措施。因此，监理单位审查月进度计划报审表后对施工单位应当提出批评，要求按规定全面并有针对性填报。

【实例七】

某工程监理公司监理某市化工控股公司办公楼建设工程项目，施工单位接受业主的要求，准备对屋面防水施工作某些变更。施工单位仅向工程项目监理部口头报告，遭到监理公司批评，要求及时按规定办理变更手续。

问题：

（一）工程变更有何要求？

（二）工程变更提交何种文件？包括哪些内容？

分析：

（一）一个工程项目的建设，会受到设计、施工、技术等诸多方面的影响，有主观方面因素，也有客观条件的制约，整个工程一点没有变更，完全"照图施工"是很少的，只不过是变更多少、大小而已。不论什么原因，工程确需变更要办理和完善变更手续，得到批准后，施工单位才能按变更的内容和要求进行施工。

（二）工程变更由变更提出单位填写，本案例由施工单位填报工程变更单，变更单分为两个部分，第一部分变更申请，由施工单位填写变更原因，变更内容事项，并附变更内容及变更图、说明等。第二部分签认，要求施工单位和建设单位、设计单位和项目监理部取得一致意见并会签。

结论：

工程变更必须规范手续，由施工单位填报工程变更单，与建设单位、设计单位和监理单位取得一致意见批准后，方可实施变更。施工单位仅向监理单位口头报告工程变更，这不符合工程施工规范要求，理应受到批评。

【实例八】

苏南某市商业步行街建设工程项目，总建筑面积为 25 万余 m^2，地下 2 层，地面 3～6 层，局部商住楼为 31 层，全框架结构，由该市某甲级监理公司监理。开工前，在总监理工程师主持下编制了该工程项目的监理规划，并附有本工程旁站监理方案（本工程旁站监理方案同时送市质监站、施工单位各一份）。在工程监理过程中，总监理工程师抽查了该工程项目 B8 地块 A 区 1 层结平第 3 段混凝土浇筑的旁站监理记录，发现旁站监理记录不全：没有当天混凝土浇筑做试块的温度记录、留置试块的组数，没有混凝土浇筑的起讫时间，没有施工企业现场质检人员的签字。

问题：

（一）就房屋建筑工程而言，制定旁站监理方案时如何确定具体旁站监理内容？

（二）旁站监理一般按什么程序实施？

（三）混凝土浇筑过程的旁站监理具体内容有哪些？

（四）旁站记录包括哪些主要内容？

分析：

（一）制定旁站监理方案主要是结合工程的具体专业确定工程的关键部位、关键工序，同时征求建设单位的意见，从而确定具体旁站监理内容。就房屋建筑工程而言，其关键部位、关键工序包括以下两类内容：

1. 基础工程类。土方回填，混凝土灌注桩浇筑，地下连续墙、土钉墙、后浇带及其他结构混凝土、防水混凝土浇筑，卷材防水层细部构造处理，钢结构安装等。

2. 主体结构工程类。梁柱节点钢筋隐蔽过程，混凝土浇筑，预应力张拉，装配式结构安装，网架结构安装，索膜安装等。

（二）旁站监理一般按下列程序实施：

1. 监理企业制定旁站监理方案，明确旁站监理的范围、内容、程序和旁站监理人员职责，并编入监理规划。旁站监理方案同时送建设单位、施工单位和工程所在地的建设行政主管部门或其委托的工程质量监督机构各一份。

2. 施工企业根据监理企业制定的旁站监理方案，在需要实施旁站监理的关键部位、关键工序进行施工前 24 小时，书面通知监理企业派驻工地的项目监理部。

3. 项目监理部安排旁站监理人员按照旁站监理方案实施旁站监理。

（三）混凝土浇筑过程的旁站监理内容具体有以下几方面：

1. 人员设备准备情况；

2. 检查商品混凝土配合比单、坍落度抽测，每台班不少于两次；

3. 混凝土见证取样（按检验批划分及试块留置方案分标养、同条件及拆模三种形式留设）；

4. 混凝土下料情况，梁柱节点钢筋隐蔽情况；

5. 混凝土振捣情况；

6. 混凝土浇筑过程中的钢筋、模板维护情况；

7. 结平板面混凝土收光情况，板面标高、板厚、钢筋保护层厚度抽测；

8. 安全情况、天气情况及新鲜混凝土保护措施；

9. 异常情况。

旁站记录中除清楚反映以上内容外，还应当清楚记录混凝土浇筑做试块日的温度、留置试块的组数；混凝土坍落度检查的次数及数据；混凝土浇筑的起讫时间等，并要有施工企业现场质检人员的签字。

（四）旁站记录内容主要有：

1. 工程地点；

2. 编号；

3. 旁站监理的关键部位、关键工序；

4. 旁站开始和结束时间；

5. 旁站施工情况；

6. 发现的问题及处理意见。

旁站记录表要求旁站监理人员签字，并注明签字日期。

结论：

旁站方案的制定主要是确定工程的关键部位和关键工序，并征求业主的意见。旁站要按规定程序进行，旁站监理及记录表的内容详见上述分析。

【实例九】

××市华通工程监理有限公司监理公寓楼广通大厦，由于建设单位供材不能及时进场，拖延了一定时间，施工进度受到影响，施工单位提出工程延期申请。

问题：

（一）可能导致工程延期有哪些原因？

（二）针对施工单位的工程延期申请，监理单位如何处置？

（三）工程延期审批文件包括哪些内容？填写有何要求？

分析：

（一）可能导致工程延期的原因：

1. 监理工程师发出工程变更指令导致工程量增加；

2. 施工合同中规定的任何可能造成工程延期的原因，如延期交图、工程暂停及不利的外界条件等；

3. 异常恶劣的气候条件；

4. 由建设单位造成的任何延误、干扰或障碍等，如按施工合同材料未及时进场、未及时付款等；

5. 施工合同规定，承包单位自身外的原因。

（二）针对实例的背景材料，施工方提出最终延期申请后，专业监理工程师对施工单位提出的工程最终延期报审表，首先审核在延期事件发生后，承包单位在合同规定的有效期内是否以书面形式向专业监理工程师提出延期意向通知；其次审查施工单位在合同规定有效期内向专业监理工程师提交的延期依据及延长工期的计算；第三，专业监理工程师对提交的延期报告应及时进行调查核实，与监理同期纪录进行核对、计算，并将审查情况报告总监理工程师。总监理工程师审查认定工期延误事件情况属实，符合本工程施工合同规定，延误在施工关键环节，延期申请有效合理。在与建设单位、施工单位协商，宜与费用索赔一并考虑处理后，审核同意延期。

（三）施工单位填写工程最终延期报审表。其内容由四部分组成，第一部分工程名称、编号（即签发的审批表的编号）。第二部分是施工单位报项目监理部，提出延期原因及日历天。第三部分是项目监理部审核意见，在标准表式中将空白处填写清楚，如同意延长工期，在前"□"内划"√"，注明延期天数和延期日期。反之，则在不同意延长工期前"□"内划"√"。总监理工程师签认。第四部分建设单位审批意见，填写审批结论，建设单位代表签字。

结论：

工程延期审批是监理工作合同管理的重要内容，应依据相关法规、工程施工合同，审查延期理由、依据是否充分，并协商后作出处置意见。根据实例背景总监理工程师审核同意工程最终延期，报审表内容及填写要求见上述分析材料。

【实例十】

某工程监理公司监理某市四星级宾馆客房酒楼，在组织工程预验收并确认合格后，按要求项目监理部要编写工程质量评估报告。监理工程师王××将编写的工程质量评估报告送总监理工程师审阅，总监理工程师认为报告不全面，特别工程质量控制表述深度不够，要求修改加工。

问题：

（一）工程质量评估报告编写有哪些要求？

（二）工程质量评估报告包括的主要内容？总监理工程师要求修改加工工程质量评估报告对吗？

分析：

（一）工程质量评估报告是监理单位对所监理的工程项目建设质量综合评估文件，是建设单位组织工程竣工验收以及对工程作出最终评价的重要依据。要求全面、客观、公正进行概括记述，实事求是作出评估，并为施工单位、设计单位和建设单位所基本认同。

（二）工程质量评估报告主要包括以下内容：

1. 工程概况和特点；

2. 工程预验收情况介绍（验收的时间、地点、参加验收的单位及相关人员）；

3. 工程质量目标和质量控制依据；

4. 工程实施概况；

5. 工程质量控制，工程质量控制重点和制定的措施；

6. 工程参建各方责任主体的质量行为，包括建设单位质量控制、设计单位质量控制、承包单位的质量控制、监理单位的质量控制；

7. 施工质量概况，主要有设计文件，施工组织设计及施工技术措施，原材料、成品半成品，辅助材料；

8. 施工质量过程控制，外观质量，工程实体质量检验，使用安全及使用功能检测；

9. 施工中发生的质量事故和主要质量问题、原因分析及处理结果；

10. 工程质量的综合评价。

由于工程质量控制及质量评价是工程质量评估报告的重要内容之一，而该工程质量评估报告在这方面有严重缺陷，应当修改加工。

结论：

工程质量评估报告编写要求较高，要求全面、客观、公正地对工程质量作出综合评估，报告包括的主要内容有十个方面，重点是质量控制及目标的实现。根据背景材料，该工程项目监理部提交的工程质量评估报告内容既不全面而重点又不深入，应当修改加工，直至符合要求。

【实例十一】

某市体育馆由该市的第二建安公司承建，建胜工程监理公司（甲级资质）监理，在审核工程量时意见不一，与施工单位发生分歧。

问题：

（一）工程计量报审使用何种文件？包括哪些主要内容？

（二）变更工程量中包含哪些方面？

分析：

（一）承包施工单位报请工程项目监理部对已完成的合格工程量进行审核使用工程计量报审表。工程计量报审表包括两部分，第一部分是施工承包单位的申请，主要内容有什么施工时间段的合格工程量，其中分为合同类工程量和变更工程量两个类别。另外附件有计算书和说明、变更通知单、设计变更等其他依据文件材料。第二部分是工程项目监理部审查内容，监理工程师和总监理工程师分别签证。工程项目监理机构一般应在收到报审表之日起 7 个工作日内予以计量。计量根据合同依据设计图纸进行核实已完工程量，仅对合格工程量予以计量，不合格工程量不予计量。

（二）变更工程量中包含设计变更、建设单位变更和合同工程量清单之外增加或扣减的工程量，监理工程师应将变更通知单作为变更工程量计量的重要依据之一。

结论：

计量是控制项目投资支出的关键环节，也是约束承包商履行合同义务的手段。监理工程师对施工承包单位提交的工程计量报审表应按设计图表和施工承包单位提供的有效附件进行认真审查，并在规定时间内给予回复。工程计量如发生分歧，应依据计量文件和有关规定，协商一致。

【实例十二】

某住宅商品房已通过竣工验收，监理工作即将结束，监理公司按要求准备办理竣工移交证书。监理工程师还布置监理员小赵拟写监理工作总结提纲，并进行业务辅导。

问题：

（一）监理工作总结的内容有哪些？

（二）竣工移交证书是何种文件，包括哪些内容？

分析：

（一）监理工作总结的内容一般应包括以下六方面内容：

1. 工程概况；

2. 监理组织机构、监理人员和投入的监理设施；

3. 监理合同的履行情况：主要包括投资、进度、质量等目标控制情况、委托监理合同纠纷的处理情况等；

4. 监理工作成效：主要包括投资、进度、质量等目标实际完成情况、安全生产与文明施工情况和合理化建议产生的实际效果情况等；

5. 施工过程中出现的问题及其处理情况和建议；

6. 工程照片（需要时）。

监理工作总结应在监理工作结束时提交业主。

（二）竣工移交证书是证明工程竣工并向建设单位移交的证明文件，其内容为工程项目已按施工合同要求完成，并验收合格，移交建设单位管理。可附有关单位工程竣工验收记录。

结论：

监理工作总结内容一般包括六个方面，是监理单位对履行委托监理合同情况及监理工作情况的综合性报告，应在监理工作结束时提交业主。竣工移交证明书是证明工程竣工并向业主移交证明文件。

【实例十三】

工程监理员小张，从建筑工程学院毕业到某监理公司工作时间较短，对工程施工监理现场各类用表不熟悉，有时还出现差错。

问题：

（一）工程施工阶段监理现场用表是否统一？

（二）工程施工阶段有哪些监理现场用表？

分析：

（一）工程施工阶段监理现场用表应依据《安全生产法》、《建筑法》、《工程质量管理条例》、《建设工程监理规范》GB/T 50319—2013、《建筑工程施工质量验收统一标准》GB 50300—2013 等法律、法规和规范来制定。《建设工程监理规范》和《建设工程资料管理规程》JGJ/T 185—2009 提供了施工阶段监理工作基本表式，各省可能结合本地实际，制定了统一的工程施工阶段监理现场用表。如江苏省自 2014 年 3 月 1 日起，规定在全省境内新开工工程实施监理的，均必须统一使用《江苏省建设工程监理现场用表》（第五版）。

（二）以《江苏省建设工程监理现场用表》（第五版）为例，监理现场用表分为 A（工程监理用表，17 种）、B（施工单位用表，20 种）、C（通用表，3 种）三大类，共计 40 种用表。具体用表如下：

《江苏省建设工程监理现场用表》（第五版）

A 类表

A.0.1 总监理工程师任命书

A.0.2 监理日志

A.0.3 监理规划

结论：

《建设工程监理规范》GB/T 50319—2013 提供了施工阶段监理工作的基本表式，各省可规定统一的施工阶段监理现场用表，并明确填表要求。

3.3 施工文件的形成

施工文件是施工单位在施工过程中形成的文件，是反映工程项目建设质量和工程管理质量状况的重要依据之一，是工程项目创优评优的重要参考资料，也是单位工程在日后维修、扩建、改造的重要档案材料。施工文件数量众多，其内容可分为建筑安装工程和市政基础设施两大类，每类因涉及的专业不同产生相应的专业文件，如建筑安装工程可分为土建工程和水、暖、电、空调、智能、电梯等专业工程，以及室外工程；市政基础设施工程又分为土建工程和道路、广场、桥梁、隧道、地铁、排水、地下管线等专业工程，以及设备安装工程。为便于说明，主要根据形成文件性质，依据《建设工程文件归档整理规范》GB/T 50328—2001 和《建筑工程资料管理规程》JGJ/T 185—2009 并参照通常分类方法，将施工文件适当归类，分为施工管理文件、施工技术文件、施工物资文件、设计变更文件、施工测量记录、施工试验记录、施工记录、检查记录、安全与功能性试验记录、施工质量验收记录等。

工程项目的施工是按施工规范及管理程序组织实施的，施工文件产生于施工过程中，与施工各环节同步，并依据相关规定或约定进行报验、报审。工程施工实施基本流程及主要文件形成见图3-2。

3.3.1 施工管理文件

施工管理文件是施工单位在工程项目施工过程中形成的管理类的文件，包括工程概况表、项目大事记、施工日志、施工现场质量管理检查记录、工程质量事故处理报告、施工总结等。

3.3.1.1 工程概况表

工程概况表是施工单位对承包的工程项目的基本情况和主要技术指标的简要描述而设计的专门表格，建设安装工程和市政基础设施工程的工程概况表基本构成有所不同。

3.3.1.2 项目大事记

项目大事记是施工单位在工程项目施工过程中所发生的对施工有一定影响，特别是对工程质量、安全和企业形象有关键意义的大事整理形成的记录。项目大事采用按时间顺序记述，记录要素由大事时间（年、月、日）和大事记述即发生的事项（如开工、竣工验收）组成。施工承包单位应明确专人负责记录，施工项目部负责人检查。

3.3.1.3 施工日志

施工日志是施工过程中的重要记录。施工单位指定专人，以单位工程为对象从工程开工起至工程竣工止，逐日记载施工情况。记录过程保持内容真实、连续和完整。

3.3.1.4 分包单位资质报审表（见第三章第一节）

3.3.1.5 见证取样和送检管理记录

施工见证取样和送检是施工过程及质量管理的重要工作，形成的文件主要有：

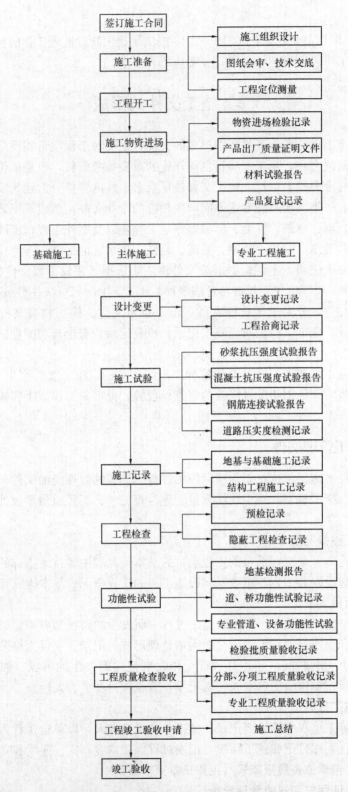

图 3-2　工程施工基本流程及主要文件形成

1. 见证取样和送检见证人备案书（见第三章3.1）；

2. 见证记录（见第三章3.1）；

3. 见证试验检测汇总表。

施工单位将规定的应进行见证取样的每一试验项目及其应送试总次数、有见证试验次数、不合格次数等进行汇总，并纳入工程档案。

3.3.1.6　施工现场质量管理检查记录

施工现场质量管理检查记录是施工单位检查建立施工质量责任制度和现场管理制度的专项记录，并报工程项目总监理工程师检查。

关于施工项目应建立的质量责任制度及现场管理制度，建设部1996年9月18日专门印发了《工程项目施工质量管理责任制》。其中明确了15项质量管理责任制度：工程报建制度，投标前评审制度，工程项目质量总承包负责制度，技术交底制度，材料进场检验制度，样板引路制度，施工挂牌制度，过程三检制度，质量否决制度，成品保护制度，质量文件记录制度，工程质量验收制度（原为工程质量等级评定，核定制度），竣工服务承诺制度，培训上岗制度，工程质量事故报告及调查制度。施工单位应根据自己的具体情况和管理的需要进行取舍，建立起项目上的各项管理制度。

3.3.1.7　工程质量事故处理报告

凡工程发生重大质量问题，施工单位应按规定履行及时向工程监理、建设单位以及上级主管部门报告的制度，并负责严格保护现场、抢救人员和财物、做好事故的文字、声像记录。施工单位、监理单位和建设单位共同负责尽快组织事故调查，分析原因，评估损失，制定处理方案（意见），并填写工程质量事故调（勘）记录，编制工程质量事故处理报告。

3.3.1.8　监理工程师通知回复单（见第三章第一节）

3.3.1.9　施工总结

施工总结是施工单位在施工完成或某一阶段完成，就施工管理、施工技术、施工质量和施工的经验、教训等方面进行全面总结。施工总结可分为阶段性总结、专题总结和综合性总结。综合性总结，在工程竣工验收前，由工程项目经理负责组织编写。

3.3.2　施工技术文件

施工技术文件是施工单位在施工过程中产生的各种反映施工技术工作的文件，是用以指导、规范和科学化施工的文件。施工技术文件包括施工组织设计、施工方案、技术交底、图纸会审等。

3.3.2.1　施工组织设计

施工单位在正式施工前编制单位工程组织设计，经施工单位技术部门审核，由总工程师审批后填写工程技术文件报审表，报项目监理部审核。施工组织设计编制的依据是设计文件、施工图纸、施工现场条件、资源供应情况等，用以指导其施工全过程各项施工活动的技术、经济、组织、协调和控制的综合性文件。

3.3.2.2　危险性较大分部分项工程施工方案专家论证表

施工单位对达到一定规模的危险性较大的分部分项工程编制专项施工方案，并附具安全验算结果，经施工单位技术负责人、总监理工程师签字后实施。其中对涉及深基坑、地下暗挖工程、高大模板工程的专项施工方案，施工单位还应当组织专家进行论证、审查。

在这一过程中形成危险性较大分部分项工程方案专家论证表，列出专家一览表，写明专家论证意见，专家签字。

3.3.2.3 技术交底记录

施工技术交底记录是建设单位（或设计单位）组织对施工组织设计、专项施工方案、分项工程施工技术、"四新"（新材料、新产品、新技术、新工艺）使用等技术交底和设计变更技术交底。技术交底包括交底提要和交底内容，根据交底内容，由施工单位总工程师、技术部门负责人、项目技术负责人、有关技术质量人员及施工人员分别负责，施工单位指派专人记录和整理，并由交底人和被交底人签字确认。

3.3.2.4 图纸会审

工程开工前，由建设单位组织设计、监理和施工单位技术负责人及有关人员参加。设计单位对各专业问题及监理、施工单位各自提出的图纸问题的意见进行交底，施工单位负责将专业交底的内容按专业汇总、整理，形成图纸会审记录。图纸会审记录应由建设、设计、监理、施工单位的项目相关负责人签字确认，一经各方签认即成为设计文件的一部分，是现场施工的依据。

3.3.3 设计变更文件

3.3.3.1 设计交底记录

设计交底是设计专业人员在施工前对施工图，包括变更后的施工图等设计文件的形成依据、设计思想、原则、要求、设计意图、采用的技术规范和标准以及施工注意事项等向相关单位和人员交底。设计交底会一般由建设单位召集，监理、设计、施工等单位参加，与会人员对施工图提出问题，通过讨论，由施工单位整理汇总形成设计交底记录，经与会各单位相关人员签认后实施。设计交底记录也可作为图纸会审记录或第一次设计变更。

3.3.3.2 设计变更通知单

工程设计变更是对施工图纸的补充和修改，是现场施工的依据。不论是何原因需要设计变更，都要由设计单位发出工程设计变更通知单，内容详实，必要时应附图，并逐条注明应修改图纸的图号，不可将不同专业的设计变更办理在同一份变更上。设计变更通知单应由设计专业负责人、监理及建设单位和施工单位相关负责人签认。

3.3.3.3 工程洽商记录

工程洽商一般是由施工单位提出的，有技术洽商和经济洽商之分，技术洽商是分专业办理，内容详实，必要时附图，如涉及设计变更时应由设计单位出具设计变更通知单。经济洽商是施工单位与建设单位之间就某些修改、变更达成的经济条款，是工程结算的依据之一。工程洽商记录由提出方填写，建设、监理和施工单位相关负责人签字认可。

3.3.4 工程材料、构配件、设备文件

建筑材料、成品、半成品、构配件、器具、设备等是施工的主要物质材料。工程材料、构配件、设备文件是反映工程所使用物资质量和性能指标是否满足设计和规范要求的各种证明文件和相关配套文件的统称。工程材料、构配件、设备文件包括工程物资出厂质量证明文件（产品合格证、质量认证书、检验报告、产品生产许可证、特定产品核准证和进口物资商检证、中文版质量证明、安装使用、维修说明书），检验及试验报告，新技术、

新材料、新产品出具的鉴定证书，进场报验，工程物资取样送检，复试试验报告等。

3.3.4.1 工程材料、构配件、设备报审表

工程材料、构配件、设备进场后，施工单位应进行外观、数量及质量证明文件的检查，自检合格后填写工程材料、构配件、设备进场报审表，报送工程项目监理部审验。施工单位和监理单位应约定涉及结构安全、使用功能、建筑外观、环保要求的主要物资的进场报审范围和要求。

工程材料、构配件、设备报审须附资料应根据具体情况，如合同、规范、施工方案要求等，由施工单位和物资供应单位预先协商确定。

工程材料、构配件、设备进场报审应有时限要求，施工单位和监理单位均须按照施工合同的约定完成各自的报送和审批工作。

3.3.4.2 产品质量证明文件和材料试验报告

工程材料、构配件出厂时相关质量文件是指产品质量证明文件和材料试验报告。

1. 产品质量证明文件

产品质量证明文件包括原材料、成品、半成品等物资的出厂合格证、质量证明书、商检证等文件。

原材料指砂、石、水泥、砖、钢材（筋）、防水材料、隔热材料、防腐材料、保温材料、轻骨料等物资。

成品指钢筋混凝土构件、预制钢构件、木构件等。

半成品指预拌混凝土、石灰搅拌料等。

另外，幕墙工程、装饰装修工程等使用的材料，以及给水排水、采暖、燃气、电气、通风、空调、智能建筑、电梯等工程所使用的物资都属于产品范围。

产品质量证明由生产厂家出具，在进货时应随产品一起移交施工单位。

2. 材料试验报告

材料试验报告是物资材料供应单位提供的材料性能检查试验结论。主要有施工现场使用的原材料、成品、半成品材料性能试验，材料污染物含量检测等，应委托有资质的检测和试验单位进行。供货单位应将材料试验报告与产品（工程物资）一同移交施工单位。

涉及消防、安全、卫生、环保、节能的材料、设备的检测报告需要有法定机构出具的有效证明文件。

3.3.4.3 工程材料、构配件、设备进场检验记录

工程物资进场后，应由建设、监理单位会同施工单位对进场物资进行检查验收，填写工程物资（材料、构配件）进场检验记录。按规定应进场复试的工程物资，必须在进场检查验收合格后取样复试。

3.3.4.4 工程材料、构配件、设备复试记录（报告）

工程材料、构配件、设备进场检查验收合格后，按规定进行复试是对各种原材料、构配件质量检查的一个重要环节。工程材料、构配件、设备复试记录（报告）是对进场的材料、产品等按规范规定进行抽样试验的试验记录（报告）。工程材料、构配件、设备复试由建设单位委托有产品试验资质的试验单位进行，并由其出具工程材料、构配件、设备复试记录（报告）。

1. 应复试并出具试验报告的工程物资主要包括：水泥、砖（砌块）、砂、碎（卵）

石、钢筋（材）、钢材机械性能、石灰、防水卷材、防水涂料、混凝土掺合料、混凝土外加剂、沥青材料、防腐绝缘材料、保温材料、给排水管材、电气材料、门窗材料、饰面材料、土工材料、节能工程材料以及其他产品的试验报告。

2. 委托专门检测单位测试的产品主要包括：预应力产品及张拉用具、装饰装修产品、钢结构、木结构、砌体结构、混凝土结构、幕墙结构及用料、室内材料污染物含量、接地电阻、热工性能性检测等。委托的测试单位应将委托测试形成的产品复试报告（记录），按合同规定及时移交建设单位。

3.3.4.5 施工试验室报审表

施工单位报请项目监理部对施工单位在现场设立试验室的情况进行审查的用表。分两种情况：

1. 某些专业工程要求施工单位必须在施工现场设立试验室的，施工单位应报写企业试验室资质证书、试验室管理制度、计划在工地现场做试验的项目清单、现场配备的试验人员、工地现场配备的试验设备清单等。

2. 施工单位在现场设立的混凝土、砂浆试件的标准养护室，应报审材料为：标准养护室的管理制度及标准养护的保证条件等。

3.3.5 施工测量文件

施工测量文件是在工程施工过程中形成的定位、尺寸、标高、位置和沉降量等记录的总称。施工测量应该由具备资格的测量单位及人员完成，所形成的测量记录应满足设计要求和规范规定，还要求对施工测量记录进行复核检查，监理工程师及有关人员应查验签字。

施工测量文件主要包括工程定位测量记录、基槽验线记录、楼层平面放线记录、楼层标高抄测记录、建筑物垂直度和标高测量记录、沉降观测记录、地下管线竣工测量报告、施工控制测量成果报审表等。

3.3.5.1 工程定位测量记录

施工测量单位应依据测绘部门提供的放线成果、红线桩及场地控制网（或建筑物控制网），测定建筑物位置、主控轴线及尺寸、建筑物±0.000绝对高程，填写工程定位测量记录，报监理单位审核。建设单位还要报请城市规划部门或受委托的具有相应资质的测绘部门验线。

3.3.5.2 基槽验线记录

基槽验线通常是指对建设工程的基槽轴线、放坡边线尺寸进行的复验。根据主控轴线和基槽底平面图，检验建筑物基底外轮廓线、集水坑、电梯井坑、垫层底标高、防水、基坑支护、基槽断面尺寸和坡度等，看其是否符合设计要求，施工单位填写基槽验线记录，报监理单位审核。

3.3.5.3 楼层平面放线记录

楼层平面放线是对轴线竖向投测控制线、各层墙柱轴线、墙柱边线、门窗洞口位置线、垂直度偏差等测量，施工单位应在完成楼层平面放线后，填写楼层平面放线记录，报监理单位审核。

3.3.5.4　楼层标高抄测记录

楼层标高抄测主要指楼层＋0.5m（或＋1.0m）水平控制线、皮数杆等抄测，施工单位在完成楼层标高抄测后，填写楼层标高抄测记录，并报监理单位审核。

3.3.5.5　建筑物垂直度、标高观测记录

施工单位在结构工程施工和竣工时，对建筑物垂直度和标高、全高进行实测，并检查整理，填写建筑物垂直度、标高测量记录，报监理单位审核。对超过允许偏差且影响结构性能部位，应由施工单位提出技术处理方案，并经建设单位、监理单位认可后进行处理。

3.3.5.6　沉降观测记录

根据设计要求和规范规定，凡需进行沉降观测的建设工程，应委托有资质的测量单位负责施工过程中及竣工后的沉降观测工作。按观测方案，设置沉降观测点，绘制沉降观测点布置图，定期进行沉降观测记录，并应附沉降观测点的沉降量与时间、荷载关系曲线图和沉降观测分析报告。

3.3.5.7　地下管线工程竣工测量报告

地下管线工程竣工测量是测绘单位在地下管线工程管线沟槽覆土前对铺设的管线进行实际测量，地下管线工程竣工后应全部进行平面位置和高程测量，测量形成的成果记录经整理后编写测量报告。

3.3.5.8　工程竣工测量记录

建设工程竣工测量是指工程竣工后为获得建筑物、构筑物的平面位置、高程等文件而进行的测量。建设单位应委托具有竣工测量资质的测绘单位按城市统一坐标系统、统一高程系统、统一的地形图分幅编号进行竣工测量。测量成果必须是实测成果，且精度、质量达到国家有关规范、标准及有关技术规定的要求。

3.3.5.9　施工控制测量成果报审表

施工单位报请项目监理部对施工控制测量成果及保护措施进行审查的用表。专业监理工程师应按标准规范要求，对控制网布设、测点保护、仪器精度、观测规范、记录清晰等方面进行检查、审核。

3.3.6　施工试验文件

施工试验是根据设计要求和规范规定，对施工材料、施工质量进行的试验。试验应记录原始数据，得出计算结果和试验结论，并出具相应的试验报告及检测报告等施工试验文件。

3.3.6.1　回填土试验

回填土包括素土、灰土、砂和砂石等，用于地（路）面、地基、桩基、基槽管沟、基坑、填方和场地平整等回填。

1. 土工击实试验报告

回填土方前施工单位委托试验单位测定回填土的最大干密度和最优含水率，确定最小干密度控制值，由试验单位出具土工击实试验报告。

2. 回填土试验报告

施工单位回填土施工，按要求绘制回填土取样平面示意图，分段分层（步）取样，由

试验单位测试土的干密度和含水量，并整理形成回填土压实度试验报告。

3.3.6.2　砌筑砂浆试验

砌筑砂浆是指砖石砌体所用的水泥砂浆和水泥混合砂浆，目前砌筑砂浆一般是由施工单位在施工现场按照试验室给出的配合比现场配制搅拌使用。

1. 试配申请和配合比通知单

砌筑砂浆的配合比应经试配确认，施工单位从现场抽取原材料试样，委托试验室试配，由试验室通过试配来确定砂浆的配合比。施工中要严格按照试验室的配合比通知单搅拌，如果水泥、砂、掺合料等组成材料有变更应重新试配。

2. 抗压强度试验报告

施工单位按砂浆配合比通知单所明确的材料用量，在建设现场分批制作试块送试验室进行试验，试验结果经整理填写形成砂浆抗压强度试验报告。特别强调作为强度评定的试块，必须是标准养护28天的试块。

3. 砂浆试块强度统计评定记录

施工单位以单位工程为对象，按同一类型、同一强度等级砂浆为一检验批进行统计、评定，整理汇总，形成记录文件。

3.3.6.3　混凝土试验

混凝土是广泛应用的结构材料，为保证混凝土的强度和质量指标，必须按规范和设计要求进行混凝土配合比的设计和对原材料进行优化选择。由于混凝土的质量涉及结构安全，因此对于其质量控制与文件管理应特别重视。

1. 配合比通知单

混凝土配合比通知单是试验单位在混凝土施工前，根据设计强度等级、技术要求、施工部位和原材料等情况，按施工单位提供的混凝土配合比申请单上的要素，试验选取最佳配合比，填写签发的通知。施工单位应严格按此配合比计量施工，不得随意修改。

2. 抗压强度试验报告

检查混凝土质量应做抗压强度试验，试验单位接到在施工现场制作的混凝土试块，在标准条件下养护28天，按标准试验方法测得混凝土立方体抗压强度，并编制试验报告交建设单位。

3. 混凝土试块抗压强度统计、评定记录

单位工程中由强度相同、试验龄期相同以及生产工艺条件和配合比基本相同的混凝土组成一个验收批。施工单位以单位工程为对象，对同一验收批混凝土试块抗压强度试验报告进行整理、统计和评定，形成记录文件。

混凝土试块强度检验评定应以同批试件的全部强度代表值，按《混凝土强度检验评定标准》GBJ 50107—2010进行检验评定，其方法分为统计方法评定和非统计方法评定。

4. 抗渗试验报告

抗渗混凝土应进行抗渗专项试验，按规定实行见证取样和送检。检测单位根据抗渗等级和强度等级对混凝土进行抗渗试验，对照规范标准，检查是否符合等级要求并整理试验记录，出具试验结论。

5. 结构实体混凝土强度检测报告。

涉及混凝土结构安全的重要部位应进行结构实体强度检验，实行见证检测。按照规范标准和工程合同约定，由相应资质等级的试验单位承担检验并出具检测报告。

3.3.6.4 钢筋（构件）试验

钢筋、钢构件是工程建设的重要材料之一，为保证材料的质量，应对其进行试验和检测，整理形成相应的试验和检测报告。

1. 钢筋连接试验报告

钢筋连接试验是指用于焊接、机械连接的钢筋进行的试验。钢筋焊接一般有电阻点焊、闪光对焊、电弧焊、电渣压力焊、埋弧压力焊和气压焊等六种焊接方法，钢筋机械连接包括锥螺纹连接、套筒挤压接头和镦粗直螺纹钢筋接头等。施工前应对每批进场的钢筋按焊接、连接类型和验收批的划分进行质量验收，并现场取样复试，主要进行钢筋的抗拉强度和弯曲试验。试验单位对试验数据进行整理，形成试验结论，出具试验报告。

2. 钢构件超声波射线探伤报告

承受拉力或压力且要求与母材等强度的连接的钢构件，应按国家规范规定，由具有相应资质的检测单位进行抽样检测，做超声波探伤和 X 射线探伤，形成钢构件探伤记录，出具超声波探伤报告和射线探伤报告。

3.3.6.5 建筑装饰装修工程施工检测记录

建筑装饰装修工程检测地面回填土应有回填土压实度检测报告，使用的砂浆和混凝土应有配合比试验报告和强度检测报告等。

外墙饰面砖粘贴前和施工过程中，应在相同基层上做样板件，由检测单位对样板件的饰面砖粘结强度进行检测，编写饰面砖粘结强度试验报告，检测方法和结果判定应符合规范标准的规定。

3.3.6.6 道路压实度检测报告

道路压实度指道路路基、基层和路面的压实度。道路施工时，由施工单位组织道路压实检测，整理检测记录形成检测汇总表；由试验单位对道路基层压实度和强度，对路面弯沉进行试验，出具相应的试验报告。设计、监理等单位参加检测工作，并对检测文件签证。

3.3.7 施工记录文件

施工记录主要是施工单位对工程重要和特殊部位的施工情况记录及工程发生异常情况或意外事故的记载，监理、设计等单位要做好相关签证工作。

3.3.7.1 地基处理记录

施工单位应依据地基处理技术规范和勘察、设计单位提出的处理意见进行地基处理，并填写地基处理记录，一般包括地基处理方案、地基处理试验记录和地基处理检查记录。地基处理方案是经验槽后，由勘察设计单位提出，施工单位记录并形成书面处理方案。灰土、砂、砂石和三合土地基，应做干土质量密度或贯入度试验。重锤夯实地基应有试验报告及最后下沉量和总下沉量记录。地基处理检查记录是施工单位会同监理、勘察、设计单位、建设单位对地基处理检查、验收的记录，当地基处理范围大，内容较多，用文字描述困难时，应附简图示意。

3.3.7.2 地基钎探记录

地基钎探是检验浅土层（如基槽）的均匀性，确定基槽的容许承载力及检验填土质量。工程开槽挖至设计标高后，凡可以钎探的都应进行钎探，且钎探必须采用轻便触探方法。地基钎探必须作记录，包括钎探布置平面图和钎探记录。

3.3.7.3 基坑支护水平位移监测记录

在基坑开挖和支护结构使用期间，应以设计指标及要求为依据进行过程监测，如设计无要求，应按规范规定对支护结构进行水平位移监测，形成水平位移监测记录。

3.3.7.4 桩基施工记录

桩基主要包括预制桩和灌注桩，桩基施工应由有相应资质的专业施工单位施工，按规定认真做好施工记录。主要包括检查验收记录、试桩或检测报告、桩施工记录、补桩记录、桩的节点处理记录等。

3.3.7.5 混凝土施工记录

承重结构的混凝土、防水混凝土和有特殊要求的混凝土浇筑形成多种施工及检查记录。

1. 混凝土浇筑申请书

混凝土浇筑前由施工单位检查施工各项准备，如钢筋、模板、水电预埋件、材料、设备及其他准备，自检合格后，填写申请书，报请监理单位核查批准后方可浇筑混凝土。

2. 混凝土开盘鉴定

混凝土施工前应做开盘鉴定，不同配合比的混凝土都要有开盘鉴定。要有施工单位、搅拌单位的主管技术部门和监理单位参加鉴定，做试配的试验室也应派人参加，混凝土开盘鉴定一般在施工现场浇筑点进行，施工单位负责填写鉴定记录及鉴定结论。

3. 混凝土拆模申请表

在拆除现浇混凝土结构板、梁、悬臂构件等底模和柱墙前，由施工单位填写拆模申请并附同条件混凝土强度等级报告，报项目专业负责人审批后再报监理单位审核，同意后方可拆模。

4. 混凝土搅拌、养护测温记录

在冬季混凝土施工时，应进行搅拌和养护，由施工单位填写混凝土搅拌和养护的测温记录。混凝土冬季施工养护测温应附测温点布置图，包括测温点的部位、深度等。

5. 大体积混凝土养护测温记录

大体积混凝土施工应进行测温，由施工单位填写养护测温记录，并附测温点布置图和温度曲线分析图。当实测结果不满足温控指标要求时，应调整保温养护措施。

3.3.7.6 构件吊装记录

预制混凝土构件，大型钢、木构件吊装应由施工单位填写构件吊装记录，如在吊装过程中出现问题，应在备注栏中加以说明。

3.3.7.7 焊接材料烘焙记录

按照规范和工艺文件等规定须进行烘焙的焊接材料应在使用前进行烘焙，并填写烘焙记录。

3.3.7.8 钢结构工程施工记录

钢结构工程主要包括钢柱、吊车梁、钢屋架、钢固定式楼梯、钢固定式平台及钢制护栏等的制作和安装。钢结构主要受力构件安装应检查垂直度、侧向弯曲等安装偏差，主体结构在形成空间刚度单元并连接固定后，应检查整体垂直度和整体平面弯曲度的安装偏差，以及钢网架结构总拼完成后、屋面工程完成后应检查挠度值和其他安装偏差，并做相关施工记录。

3.3.7.9 木结构工程施工记录

木结构工程施工过程中应检查木桁架、梁和柱等构件的制作、安装,屋架安装允许偏差和屋盖横向支撑的完整性等,并做施工记录。

3.3.7.10 幕墙工程施工记录

幕墙工程是建筑安装工程外装修的一种形式,安装技术要求高。施工过程中应对幕墙注胶的宽度、厚度、连续性、均匀性、密实度和幕墙的变形、气密性、水密性、抗风压、植筋拉拔等进行检查,形成施工检查记录。

3.3.7.11 预应力工程施工记录

预应力是在工程结构构件承受荷载之前,对构件中的钢筋施加预应力,能提高构件的刚度,推迟裂缝出现的时间,增加构件的耐久性。预应力工程施工记录主要包括预应力筋张拉记录和有粘结力预应力结构灌浆记录。

1. 预应力筋张拉记录

预应力筋张拉是指冷拉钢筋的施工作业,施工单位应对预应力施工部位、预应力筋规格及抗拉强度和每根预应力的张拉实测值进行记录。

2. 有粘结预应力结构灌浆记录

有粘结预应力结构是指预应力混凝土构件、预制件、现场预应力构件。后张法有粘结预应力筋张拉后应灌浆,并做灌浆记录。

3.3.7.12 防水工程试水检查记录

对于有防水要求的房间、屋面等工程,均应有防水层及装修后的蓄水检查记录。不同的工程项目要按规范要求采取不同的检查方法。

3.3.7.13 道路工程施工记录

道路施工除了地基与基槽处理与验收记录外,主要是道路的路基、基层床、面层等施工记录。道路工程路面检查还要形成路面平整度检查记录和路面粗糙度检查记录。

3.3.7.14 桥梁施工记录

桥梁的施工主要是基础、桥墩、桥梁、桥面的施工,形成桥墩基础施工记录、桩基施工记录、混凝土浇筑记录、钢筋混凝土大型预制构件、钢结构等吊装记录、预应力张拉记录、沥青混凝土面层施工记录等。

3.3.7.15 地下管道工程施工及检查记录

地下管道工程包括给水、排水、燃气、热力、电力、电信等埋置于地面以下的管道铺设及安装。施工中主要形成井点、沟槽开挖和回填、各种管道接口、焊接记录以及管架设备的安装记录等。

3.3.8 工程检查文件

工程检查是指在施工过程中对各专业、各工序、各环节的工程质量进行控制检查,主要形成预检记录、隐蔽工程检查记录和交接检查记录。

3.3.8.1 预检记录

预检是施工在进行下一道工序或下一分项工程前对已完成的上一道工序或上一分项工程的完成情况和施工质量的预先检查,并形成相关重要工序(分项工程)的预检记录。预检记录由施工单位填写并保存。

建筑安装工程常见预检项目及内容汇总见表 3-2。

常见预检项目及内容汇总表 表 3-2

序号	预检项目	预检内容
1	模板	检查几何尺寸、轴线、标高、预埋件及预留孔位置、模板牢固性、接缝严密性、起拱情况、清扫口留置、模内清理、脱模剂涂刷、止水要求等；节点做法，放样检查
2	设备基础	检查设备基础的位置、高程、几何尺寸、预留孔、预埋件以及混凝土的强度等
3	预制构件安装	检查预制构件型号、外观，以及构件的锚固、支点的搁置长度、高程、垂直偏差等
4	结构施工缝	检查留置方法、位置、接搓处理等
5	管道预留孔、预埋套管	检查预留孔（套管）的尺寸、位置、标高及预埋件的规格、型式等
6	机电各系统的明装管道（包括进入吊顶内）、设备安装	检查位置、标高、坡度、材质、防腐、接口方式、支架形式、固定方式等
7	电气明配管（包括进入吊顶内）	检查导管的品种、规格、位置、连接、弯扁度、弯曲半径、跨接地线、焊接质量、固定、防腐、外观处理等
8	明装线槽、桥架、母线（包括能进入吊顶内）	检查材料的品种、规格、位置、连接、接地、防腐、固定方法、固定间距等
9	明装等电位联结	检查连接导线的品种、规格、连接配件、连接方法等
10	屋顶明装避雷带	检查材料的品种、规格、连接方法、焊接质量、固定、防腐情况等
11	变配电装置	检查配电箱、柜基础槽钢的规格、安装位置、水平与垂直度、接地的连接质量；配电箱、柜的水平与垂直度；高低压电源进出口方向、电缆位置等
12	机电表面器具（包括开关、插座、灯具、风口、卫生器具等）	检查位置、标高、规格、型号、外观效果等
13	智能管理工作机柜、设备安装	检查机柜、设备和前置的设备型号、安装是否安全、正确、质量是否合格等
14	电梯、扶梯、自动人行道安装	检查机房尺寸、设备基础尺寸、预埋件埋设、电梯安装等

3.3.8.2 隐蔽工程检查记录

隐蔽工程项目是指上道工序工作成果将被下道工序工作成果所覆盖，完成后无法检查并关系到结构的性能和使用功能的重要部位。隐蔽工程检查（又被称为"隐检"）是指对隐蔽工程在隐蔽前进行的检查，其验收记录是工程交验的重要依据。

隐蔽工程检查包括地基基础工程与主体结构工程隐检、建筑装饰装修工程隐检、屋面工程隐检、给水、排水及采暖工程隐检、电子工程隐检、通风与空洞、电梯工程隐检、智能建筑工程隐检、市政工程隐检等。隐检由施工单位组织并负责整理隐蔽工程检查记录，如符合规范和要求，相关检查人员签字，建设单位、监理单位等参加检查。

建筑安装工程常规隐蔽工程检查项目及主要内容汇总见表 3-3。

序号	隐检项目	隐 检 主 要 内 容
（一）	地基基础工程与主体结构工程	
1	土方工程	基槽、房心回填前检查基底清理、基底标高等
2	支护工程	检查锚杆、土钉的品种、规格、数量、位置、插入长度、钻孔直径、深度和角度等。检查地下连续墙的成槽宽度、深度、垂直度、钢筋笼规格、位置、槽底清理、沉渣厚度等
3	桩基工程	检查成孔、清孔情况、沉渣厚度、钢筋笼规格、尺寸
4	地下防水工程	检查混凝土变形缝、施工缝、穿墙套管、埋设件等形式或构造，防水层基层处理和防水材料规格、厚度、铺设方式、阴阳角处理、搭接处理等，以及人防、地下车库等出入口止水做法
5	结构工程（基础、主体）	检查用于绑扎的钢筋品种、规格、数量、位置、锚固和接头位置、搭接长度、保护层厚度和除锈、除污情况、钢筋代用变更及胡子筋处理等。检查钢筋连接型式、连接种类、接头位置、数量及焊条、焊剂、焊口形式、焊缝长度、厚度及表面清碴和连接质量等
6	预应力工程	检查预留孔道的规格、数量、位置、形状、端部预埋垫板；预应力筋下斜长度、切断方法、竖向位置偏差、固定、护套的完整性；锚具、夹具、连接点组装等
7	钢结构工程	检查地脚螺栓规格、数量、位置、埋设方法、坚固等
8	外墙保温工程	检查内外节点的连接方法、保温构造等
（二）	装饰装修工程	
1	地面工程	检查各基层（垫层、找平层、隔离层、防水层、填充层、地龙骨）材料品种、规格、铺设厚度、方式、坡度、标高、表面情况、密封处理、粘结情况等
2	抹灰工程	具有加强措施的抹灰应检查其加强构造的材料规格、铺设、固定、搭接等
3	门窗工程	检查预埋件和锚固件、螺栓等的规格、数量、位置、间距、埋设方式、与框的连接方式、防腐处理、缝隙的嵌填、密封材料的粘结等
4	吊顶工程	检查吊顶龙骨及吊件材质、规格、间距、连接方式、固定方法、表面防火、防腐处理、外观情况、接缝和边缝情况、填充和吸声材料的品种、规格、铺设、固定情况等
5	轻质隔墙工程	检查预埋件、连接件、拉结筋的规格、位置、数量、连接方式、与周边墙体及顶棚的连接、龙骨连接、间距、防火、防腐处理、填充材料设置等
6	饰面板（砖）工程	检查预埋件、后置埋件、连接件规格、数量、位置、连接方式、防腐处理等。有防水构造的部位应检查找平层、防水层的构造做法，同地面工程检查

序号	隐 检 项 目	隐 检 主 要 内 容
7	幕墙工程	检查构件之间以及构件与主体结构的连接节点的安装及防腐处理；幕墙四周、幕墙与主体结构之间节点的处理、封口的安装；幕墙伸缩缝、沉降缝、防震缝及墙面转角节点的安装；幕墙防雷接地节点的安装等
8	细部工程	检查预埋件、后置埋件和连接件的规格、数量、位置、连接方式、防腐处理等
(三)	屋面工程	屋面工程主要检查基层、找平层、保温层、防水层、隔离层材料的品种、规格、厚度以及铺设方法、搭接、接缝处理、粘结情况；及附加层、檐沟、泛水、变形缝做法等
(四)	给水、排水及采暖工程	
1	直埋于地下或结构中，暗敷设于沟槽、管井，不进入吊顶内的给水、排水、雨水、采暖、消防管道和相关设备，以及有防水要求的套管	检查管材、管件、阀门、设备的材质与型号、安装位置、标高、坡度；防水套管的定位及尺寸；管道连接做法及质量；附件使用，支架固定，以及是否已按照设计要求及施工规范规定完成强度、严密性、冲洗等试验
2	有绝热、防腐要求的给水、排水、采暖、消防、喷淋管道和相关设备	检查绝热方式、绝热材料的材质与规格、绝热管道与支吊架之间的防结露措施、防腐处理材料及做法等
3	埋地的采暖、热水管道，在保温层、保护层完成后，所在部位进行回填之前的隐检	检查安装位置、标高、坡度；支架做法；保温层、保护层设置等
(五)	电气工程	
1	埋于结构内的各种电线导管	检查导管的品种、规格、位置、弯扁度、弯曲半径、连接、跨接地线、防腐、管盒固定、管口处理、敷设情况、保护层、需焊接部位的焊接质量等
2	利用结构钢筋做的避雷引下线	检查轴线位置、钢筋数量、规格、搭接长度、焊接质量与接地极、避雷网、均压环等连接点的焊接情况等
3	等电位及均压环暗埋	检查使用材料的品种、规格、安装位置、连接方法、连接质量、保护层厚度等
4	接地极装置埋设	检查接地极的位置、间距、数量、材质、埋深、接地极的连接方法、连接质量、防腐情况等
5	金属门窗、幕墙与避雷引下线的连接	检查连接材料的品种、规格、连接的位置和数量、连接方法和质量等
6	不进入吊顶内的电线导管	检查导管的品种、规格、位置、弯扁度、弯曲半径、连接、跨接地线、防腐、需焊接部位的焊接质量、管盒固定、管口处理、固定方法、固定间距等
7	不进入吊顶内的线槽	检查材料品种、规格、位置、连接、接地、防腐、固定方法、固定间距与其他管线的位置关系等
8	直埋电缆	检查电缆的品种、规格、埋设方法、埋深、弯曲半径、标桩埋设情况等
9	不进入的电缆沟敷设电缆	检查电缆的品种、规格、弯曲半径、固定方法、固定间距、标识情况等

序号	隐检项目	隐 检 主 要 内 容
(六)	通风与空调工程	
1	敷设于竖井内、不进入吊顶内的风道（包括各类附件、部件、设备等）	检查风道的标高、材质、接头、接口严密性、附件、部件安装位置、支、吊、托架安装、固定、活动部件是否灵活可靠、方向正确、风道分支、变径处理是否符合要求、是否按照设计要求及施工规范规定完成风管的漏光、漏风检测、空调水管道的强度严密性、冲洗等试验
2	有绝热、防腐要求的风管、空调水管及设备	检查绝热形式与做法、绝热材料的材质和规格、防腐处理材料及做法；绝热管道与支吊架之间应垫以绝热衬垫或经防腐处理的木衬垫，其厚度应与绝热层厚度相同，表面平整，衬垫接合面的空隙应填实
(七)	电梯工程	检查电梯承重梁、起重吊环埋设；电梯钢丝绳头灌注；电梯井道内导轨、层门的支架、螺栓埋设等
(八)	智能建筑工程	
1	埋在结构内的各种电线导管	检查导管的品种、规格、位置、弯扁度、弯曲半径、连接、跨接地线、防腐、需焊接部位的焊接质量、管盒固定、管口处理、敷设情况、保护层等
2	不能进入吊顶内的电线导管	检查导管的品种、规格、位置、弯扁度、弯曲半径、连接、跨接地线、防腐、需焊接部位的焊接质量、管盒固定、管口处理、固定方法、固定间距等
3	不能进入吊顶内的线槽	检查其品种、规格、位置、连接、接地、防腐、固定方法、固定间距等
4	直埋电缆	检查电缆的品种、规格、埋设方法、埋深、弯曲半径、标桩埋设情况等
5	不进入的电缆沟敷设电缆	检查电缆的品种、规格、弯曲半径、固定方法、固定间距、标识情况等

3.3.8.3　交接检查记录

交接检查是不同工序之间或不同专业施工单位之间工程交接时应进行的检查。移交单位、接收单位和见证单位共同对移交工程进行验收，并对质量情况、遗留问题、工序要求、注意事项、成品保护等进行检查并据实记录。移交的施工单位负责整理填写交接检查记录，参加交接检查的各方相关人员签字并各保存一份。

3.3.9　功能性试验文件

根据设计要求和规范的规定，对工程结构及安全有影响的物资、施工工艺、工程性能、系统运转等应进行功能性试验，对试验原始数据进行分析计算，并得出试验结论。功能性试验文件由试验单位汇总并整理，经建设、监理、施工单位检验并签署意见。

3.3.9.1　支护工程功能试验报告

主要是锚杆应按设计要求进行现场抽样试验，整理出具锁定力（抗拔力）功能试验报告。

3.3.9.2　桩基检测报告

为确保桩基工程质量须按设计要求和相关规范对桩基检测，检测单位进行桩基的完整性和承载力检测，通常采取动载荷、静载荷试验。试验后出具桩基检测报告。

3.3.9.3 地基承载力检验报告

地基必须有一定强度，有一定的承载力，以保证建筑物具有足够的稳定性和耐久性。地基承载力按设计要求进行检验，出具承载力检验报告。

3.3.9.4 设备（系统）试运行试验

给水、排水、热水、采暖、通风、制冷、水处理、消防等系统设备、设施安装完毕后均要进行试运转、调试，并形成相应的试验文件。设备（系统）试运行试验记录由施工单位填写，建设、监理等单位见证。

1. 设备单机试运转记录

设备单机试运转是指在工程项目中安装的各种设备、设施的试运行。如电气设备的变压器、高压开关柜、高压电机；给水、供电、供气的加压设备；通风与空调系统的各类水泵、风机、冷水机组、冷却塔、空调机组、新风机组等设备在安装完毕后，应按要求进行单机运转，并做好记录，形成检查结论。

2. 系统试运转调试记录

水处理系统、采暖系统、通风系统、制冷、净化空调等系统应在完成各项设备的单机试运转后进行系统试运转及调试。根据系统试运转及调试情况，整理记录，并以规程规范为依据，得出调试结论。

3. 强度、严密性试验记录

气柜、容器、箱罐等设备安装后，按设计和规范要求进行强度、严密性试验，形成试验记录，并整理得出试验结论。

3.3.9.5 电气功能性试验

电气功能性试验主要是进行电气接地电阻测试和电气绝缘电阻测试，其测试记录由施工单位填写，建设（监理）单位参与检查。

1. 电气接地电阻测试记录

接地电阻测试主要包括设备、系统的防雷接地、保护接地、工作接地、防静电接地以及设计有要求的接地电阻测试，对测试的数据进行整理形成记录，须测试计算得出测试结论，并附电气防雷接地装置隐检与平面示意图及说明。

2. 电气绝缘电阻测试记录

绝缘电阻测试主要包括电子设备和动力、照明线路及其他必须摇测绝缘电阻的测试、配管及管内穿线分项质量验收前和单位质量竣工验收前，应分别按系统回路进行测试，不得遗漏。测试形成记录，检测阻值数据与测试结论齐全。

3.3.9.6 智能建筑工程功能性试验检测

智能建筑系统是指信息传输网络、设备自动控制、消防与安全防范、声频与视频应用、综合布线和系统集成等技术系统。智能建筑工程功能性检测主要是对信号传输的使用功能、运行的可靠性、安全性进行试验检查，如综合布线系统性检测应包括电缆系统电子性能检测和光纤系统性能检测，填写综合布线系统性能测试记录。有线电视系统功能性检测，填写视频系统末端测试记录。检测工作由具有相应资质的专门检测单位负责，填写相关记录，出具检测报告。

3.3.9.7 电梯功能性试验记录

电梯安装完毕后，应按规范要求进行安全与功能性试验，并做好记录。

1. 电梯的功能性试验记录

（1）电梯电子安全装置检验记录

电梯安装应进行电梯的电子接地电阻测试和电子绝缘电阻测试，调试运行时，由安装单位对电梯的电子安全装置进行检查确认，并填写检验记录，建设、监理单位共同参加检查并签字。

（2）电梯整机功能检验记录

电梯调试结束后，在交付使用前，由安装单位对电梯的整机运行性能进行检查试验，并整理检验记录，按照规范和安装要求填写检验结论。

（3）电梯主要功能检验记录

电梯主要功能检验包括基站、照明、通风、断电等启动、关闭、运行装置的检验，按照规范标准要求，检查反映各功能的内容，填写检验记录及结论。

（4）电梯负荷运行试验记录

电梯调试时，安装单位对电梯的运行负荷和试验曲线、平衡系统进行检查试验，绘制电梯负荷运行试验曲线，整理形成电梯负荷运行试验记录，建设、监理单位参与检查并见证。

（5）电梯噪声测试记录

电梯具备了运行条件，应对电梯轿厢内、机房、轿厢门、层站门的运行噪声进行测试，填写测试记录，按照规范标准确认是否合格。

2. 自动扶梯、自动人行道功能性检验记录

（1）自动扶梯、自动人行道安全装置检验记录

自动扶梯、自动人行道安装后，应对其安全装置进行全面检验，按照规范标准要求逐项检查，形成记录，填写检查结果，确认是否合格。

（2）自动扶梯、自动人行道整机性能、运行试验记录

自动扶梯、自动人行道安装单位根据厂商提供的功能进行运行的质量和安全检查，并做好试验记录。将试验的数据与规范标准、设计要求相比是否相符，得出检查结论。建设、监理单位参加检查，并签证。

3.3.9.8 道路弯沉值试验记录

路面弯沉是汽车车辆荷载作用下路表面产生的垂直变形值，它不仅能反映路面的强度，同时也能在某种程度上反映道路整体结构的耐久性。道路弯沉值检验适用于路面、基础及土基，主要测定道路的弯沉状况。施工单位或委托检测机构进行检测，并做好记录。

3.3.9.9 桥梁功能性试验报告

根据设计要求对桥梁工程进行动、静荷载和栏杆防撞等功能性试验，委托具有检测试验资质的单位，按照既定的试验方案和试验内容进行试验，出具试验报告，作出试验结论。

3.3.9.10 管道功能性试验

给水、排水、燃气、热力等管道工程应进行功能性试验，检查其结构安全及安装质量，分单项和系统试验，实施管道强度、严密性试验，由施工单位负责整理试验记录。

1. 管道强度严密性试验记录

室内外输送各种介质的承压管道如生活冷热水管道、采暖管道、消防管道等，在安装

完毕后，进行隐蔽之前，须进行强度严密性试验，试验以设计和规范规定为依据，实测数据，整理记录。

2. 供水管道水压试验记录

按规范及设计要求，供水管道在安装后，应进行水压试验，试验方法有注水法和放水法两种，可任选其一种。试验记录应齐全，结论可靠。

3. 供热管道水压试验及热运行记录

供热管道除了也应进行水压试验外，还要对供热管网进行热运行，运行达到设计参数后开始计算热运行时间。运行期间，检查管网各处及其部件和设备工作状态，如都正常，运行合格。供热管道水压试验及热运行期间，做好数据记录，整理形成结论。

4. 排水管道闭水试验记录

污水、雨污水合流管道完工后须分段进行管道闭水试验，按照规范要求做好试验记录，并整理形成检查意见。

5. 燃气管道强度试验及严密性试验

燃气管道为输送煤气、液化石油气、天然气的承压管道，为确保燃气使用安全，管道及设备须进行强度严密性试验，并做好试验记录，整理形成试验结果。

3.3.9.11　节能、保温检测报告

建筑工程应按照节能要求与标准，对建筑物所使用的材料、构配件、设备、采暖、通风空调、照明等涉及节能、保温的项目进行检测。应委托有相应资质的检测单位进行节能、保温检测，记录检测数据，出具检测报告。

3.3.9.12　室内空气有害物质检测报告

室内空气中有害物质如甲醛、苯超标就会影响居住人的工作和健康。建设工程特别是民用建筑工程竣工后，应委托通过国家 CMA 认证的专门检测单位对室内空气质量进行检测。检测应按国家标准如《民用建筑工程室内环境污染控制规范》GB 50325—2001（2006版）进行，根据检测数据，出具检测报告。

3.3.10　工程质量检查验收文件

检查验收是保证建设工程质量的重要措施。建设工程项目中的单位工程完工，以及单位工程中的部位工程或配套专业系统工程完工，都要进行工程质量检查验收。根据国家规范，工程质量检查验收是在施工单位自行质量检查评定的基础上，参与建设活动的有关单位共同对检验批、分项、分部、单位工程的质量进行抽样复验，依据相关标准以书面形式对工程质量达到合格与否做出确认。

建设工程质量检查验收过程中形成的主要文件有：检验批质量验收记录、分项工程质量验收记录、分部（子分部）工程质量验收记录。

3.3.10.1　检验批质量验收记录

检验批是工程验收的最小单位，是分项工程乃至整个建筑工程质量验收的基础。检验批可根据施工及质量控制和专业验收需要按楼层、施工段、变形缝等进行划分。检验批质量验收应由监理工程师或建设单位项目技术负责人组织施工单位专业质量检查员进行验收，质量合格的检验批的主控项目和一般项目的质量经抽样检验合格，且具有完整的施工操作依据、质量检查记录。检验批质量验收过程中形成的记录由施工单位专业质量检查员填写，施工单位对检查结果进行评定，监理工程师应做出验收是否符合要求的结论，并对此承担责任。

3.3.10.2　分项工程质量验收记录

分项工程应按主要工种、材料、施工工艺、设备等进行划分，如模板、钢筋、混凝土分项工程是按工种进行划分的，它是由一个或若干个检验批组成。分项工程质量验收，实际是对多个检验批验收的统计与汇总。分项工程质量验收合格是要求分项工程所含的检验批均应符合合格质量的规定，所含的检验批的质量验收记录齐全完整。分项工程验收应由监理工程师组织施工单位项目技术质量负责人等进行验收并签认。分项工程质量验收记录是由施工单位根据检验批质量验收记录和分项工程质量验收结果整理而成的。

3.3.10.3　分部（子分部）工程质量验收记录

分部（子分部）工程应按专业性质、建筑部位确定，建筑与结构工程划分为地基与基础、主体结构、建筑装饰装修、建筑节能和建筑屋面等5个分部。其中，地基与基础分部包括了房屋相对标高±0.000以下地基的基础，地下防水及基坑支护工程。建筑设备安装工程划分为建筑给水排水及采暖、建筑电气、智能建筑、通风与空调及电梯等5个分部。市政桥梁工程可分为基础、墩台、支座、梁板、拱部与拱上结构、桥面系统等。

当分部工程较大或复杂时，可按材料种类、施工特点、施工程序、专业系统及类别等划分为若干个子分部工程。

分部工程的验收在其所含各分项工程验收的基础上进行，分部工程的各分项工程必须已验收合格且相应的质量控制文件完整，这是验收的基本条件。另外，由于各分项工程性质不尽相同，因此作为分部工程不能简单地组合加以验收，要求涉及安全及使用功能的地基基础、主体结构和有关安全及重要使用功能的设备安装，分部工程应进行相关见证取样试验或抽样检测。还要在前几项检查基础上，对已完工的分部工程观感质量采用目测、触摸和简单测量等方法进行验收。

分部（子分部）工程质量验收由总监理工程师（建设单位项目负责人）组织施工单位项目负责人和技术、质量负责人等进行验收。由于地基与基础分部、主体结构分部和幕墙子分部、节能分部技术要求严格，技术性强，关系到整个工程的安全和使用功能，还要求涉及这些分部工程的勘察、设计单位工程项目负责人一同参加工程质量验收并签证。

分部（子分部）工程质量验收记录是由施工单位根据分项工程验收结果进行汇总，并如实填写质量控制资料、安全和功能检验报告，以及观感质量验收的情况。监理总工程师应填写验收意见，给出合格或不合格的结论。

3.3.10.4　建筑节能分部、分项工程质量验收记录

建筑节能分部工程的质量验收，应在检验批、分项工程全部验收合格的基础上，进行建筑节能构造实体检验，外窗气密性现场检测、现场热工性能检测以及系统节能性能检测和系统联合试运转与调试，确认建筑节能工程质量达到验收条件后方可进行。

节能分部工程验收应由总监理工程师（或建设单位项目负责人）主持，施工单位项目经理、项目技术负责人和相关专业的质量检查员、施工员参加，施工单位的质量或技术负责人应参加，设计单位节能设计人员应参加。

建筑节能分部工程质量验收记录，由施工总承包单位根据分项工程验收结论和相关实体检测结果进行汇总，对各分项验收结论，专业监理工程师签认，参加验收单位人员最后

作出验收结论，专业承包单位、施工总承包单位、设计单位、监理或建设单位项目经理或负责人均应签字。

3.3.11 施工形成的主要文件汇总

施工过程中形成的各种文件分为施工管理、施工技术、施工物资、设计变更、施工测量、施工试验记录、施工记录、工程检查记录、安全与功能性试验记录和施工质量验收记录等十个部分，由于施工进度与造价文件、施工单位工程竣工验收文件与第三章第一节监理文件和第四章工程竣工验收文件相重复，未列入其中。各详细施工文件参见《建筑工程资料管理规程》JGJ/T 185—2009 和《建设工程文件归档整理规范》GB/T 50328—2001。主要施工文件汇总见表3-4。

施工形成的主要文件汇总表　　　　　　　　表3-4

类　别	序号	文 件 名 称	形 成 单 位
（一）施工管理文件	1	工程概况表	施工单位
	2	项目大事记	施工单位
	3	施工日志	施工单位
	4	分包单位资质报审表	施工单位、监理单位
	5	见证取样和选检管理记录	施工单位
	6	施工现场质量管理检查记录	施工单位
	7	工程质量事故处理报告	施工单位
	8	监理工程师通知回复单	施工单位
	9	施工总结	施工单位
（二）施工技术文件	1	施工组织设计	施工单位
	2	危险性较大分部分项工程施工方案专家论证表	施工单位
	3	技术交底记录	施工单位
	4	图纸会审	施工单位
（三）设计变更文件	1	设计交底记录	施工单位
	2	设计变更通知	设计单位
	3	工程洽商记录	施工单位
（四）施工工程材料、构配件、设备文件	1	工程材料、构配件、设备报审表	施工单位
	2	产品质量证明书和检测报告	采购单位
	3	工程材料、构配件、设备进场检验记录	施工单位
	4	工程材料、构配件、设备复试记录（报告）	检测单位
	5	施工试验室报审表	施工单位
（五）施工测量文件	1	工程定位测量记录	施工单位
	2	基槽验线记录	施工单位
	3	楼层平面放线记录	施工单位
	4	楼层标高抄测记录	施工单位
	5	建筑物垂直度、标高观测记录	施工单位
	6	沉降观测记录	测量单位
	7	地下管线工程竣工测量报告	测量单位
	8	工程竣工测量记录	测量单位
	9	施工控制测量成果报审表	施工单位

类　别	序号	文　件　名　称	形　成　单　位
（六）施工试验文件	1	回填土试验	检测单位
	2	砌筑砂浆试验	检测单位
	3	混凝土试验	检测单位
	4	钢筋(构件)试验	检测单位
	5	建筑装饰装修施工检测记录	检测单位
	6	道路压实度检测报告	检测单位
（七）施工记录文件	1	地基处理记录	施工单位
	2	地基钎探记录	施工单位
	3	基坑支护水平位移检测记录	施工单位
	4	桩基施工记录	施工单位
	5	混凝土施工记录	施工单位
	6	构件吊装记录	施工单位
	7	焊接材料烘焙记录	施工单位
	8	钢结构工程施工记录	施工单位
	9	木结构工程施工记录	施工单位
	10	幕墙工程施工记录	施工单位
	11	预应力工程施工记录	施工单位
	12	防水工程试水检查记录	施工单位
	13	道路工程施工记录	施工单位
	14	桥梁施工记录	施工单位
	15	地下管道工程施工及检查记录	施工单位
（八）工程检查记录文件	1	预检记录	施工单位
	2	隐蔽工程检查记录	施工单位
	3	交接检查记录	施工单位
（九）安全与功能性试验记录文件	1	支护工程功能试验报告	检测单位
	2	桩基检测报告	检测单位
	3	地基(地基加固)承载力检测报告	检测单位
	4	设备(系统)试运行检验	检测单位
	5	电气功能性试验	检测单位
	6	智能建筑工程功能性试验检测	检测单位
	7	电梯功能性试验记录	检测单位
	8	道路弯沉值试验记录	检测单位
	9	桥梁功能性试验报告	检测单位
	10	管道功能性试验报告	检测单位
	11	节能保温检测报告	检测单位
	12	室内空气有害物质检测报告	检测单位

类　别	序号	文　件　名　称	形　成　单　位
（十）施工质量检查验收记录文件	1	检验批质量验收记录	施工单位
	2	分项工程质量验收记录	施工单位
	3	分部（子分部）工程质量验收记录	施工单位
	4	建筑节能分部工程质量验收记录	施工单位

3.4　施工文件的主要内容与要求实例

施工文件真实地记载和反映了施工过程及施工质量，施工文件形成复杂，内容涉及众多方面，并有其具体的规定要求。不同的施工文件，特别是常用的施工文件的主要内容及编制要求还以实例形式介绍。

【实例一】

2004 年 3 月，某市消防支队新建一座汽车修理所营房，总建筑面积 2380m²，全框架结构，共 4 层。由该市东风建筑工程公司承建，东南监理公司监理。建设单位领取施工许可证后，施工单位在合同约定的开工日期前三天向项目监理部提出如期开工的开工报告，并同时报来该工程施工组织设计等相关资料。监理工程师在审查施工组织设计及相关附件时，发现如下事件：

事件（一）：施工用的塔吊有安装方案，但未提供其有关技术资料。

事件（二）：在提供的特殊工种人员一览表中有电工、电焊工、架子工等，操作证复印件只有电工和电焊工的，且电工操作证件有效期截止日期为 2003 年 12 月 31 日。

问题：

（一）开工前施工单位向项目监理部主要应报送哪些资料？施工单位向项目监理部申报施工组织设计有什么规定？

（二）一般情况下，施工组织设计包括哪些内容并有哪些附件？

（三）针对上述事件应当如何处理？

分析：

（一）根据规范要求，开工前施工单位向项目监理部主要应报送以下资料：

1．施工组织设计；

2．定位、放线测量记录（必须有设计或规划部门签字）；

3．进场材料（需要复试的材料要有复试报告）；

4．有必须报验首道工序的（如土方开挖）专项施工方案；

5．施工用大型机械（如塔吊）的有关技术资料、安装方案等。

施工单位向项目监理部申报施工组织设计有如下规定：

1．要有施工企业技术负责人签字、企业技术部门盖章；

2．要在开工前七天报审。

（二）施工组织设计主要内容包括：工程概况、施工部署、施工方案（主要项目施工方法）、施工进度计划及施工进度表、施工平面布置图、施工准备工作计划、季节性施工方案、质量与安全文明施工各项保证措施等内容。

一般情况下，施工组织设计中主要有如下附件：

1. 施工项目部人员一览表及相关证件的复印件；

2. 特殊工种人员一览表及相关证件的复印件；

3. 进场材料、设备（包括名称、数量、规格、性能等）一览表。

（三）针对上述事件应当作如下处理：

1. 要求施工单位补充塔吊的有关技术资料。

2. 由于电工操作证件已过有效期，并缺架子工的操作证件，因此，要求施工单位补充架子工和电工的有效操作证复印件，如果提供不出，则要求更换具有有效操作证件的架子工和电工。

结论：

开工前施工单位应向项目监理部报送五个方面的文件资料，并且要有施工单位技术部门盖章，技术负责人签字，于开工前七天报审。施工组织设计主要内容有十个方面，附件一般包括三个方面。针对存在问题应要求施工单位补充相关资料，如不能提供，就须更换。

【实例二】

某市化工园建设科研生产实验楼，框架 6 层，建筑面积 $5462m^2$，工程施工过程中发生了重要变更，设计单位派设计人员向施工单位技术交底。

问题：

（一）技术交底的相关规定和要求有哪些？

（二）技术交底记录应有哪些内容？

分析：

（一）技术交底是施工中有关技术问题的要点与要求的重要说明，一般规定要求：

1. 技术交底记录通常应包括施工组织设计交底、专项施工方案技术交底、分项工程施工技术交底、"四新"（新材料、新产品、新技术、新工艺）技术交底和设计变更技术交底等。各项交底应有文字记录，交底双方签认应齐全。

2. 重点和大型工程施工组织设计交底应由施工企业的技术负责人把主要设计要求、施工措施以及重要事项对项目主要管理人员进行交底。其他工程施工组织设计交底应由项目技术负责人进行交底。

3. 专项施工方案技术交底应由项目专业技术负责人负责，根据专项施工方案对专业工长进行交底。

4. 分项工程施工技术交底应由专业工长对专业施工班组（或专业分包）进行交底。

5. "四新"技术交底应由项目技术负责人组织有关专业人员编制。

6. 设计变更技术交底应由项目技术部门根据变更要求，并结合具体施工步骤、措施及注意事项等对专业工长进行交底。

（二）技术交底记录除了工程名称、交底提要、交底日期等基本内容外，重点填写交底内容，交底人、接受交底人和审核人均要签字确认。

结论：

由于技术交底涉及交底人与被交底人双方责任，因此应当明确相关规定与要求，技术交底一般有六个方面的规定与要求。技术交底记录主要内容是填写交底内容，对于技术问题，特别是容易出现的失误，应提出预见性措施。

【实例三】

某市地税大楼框架 17 层，建筑面积 18950m²，工程由该市具有甲级勘察设计资质的建筑勘察设计股份有限公司设计，在施工过程由于建设单位的要求和设计等原因，多次发生设计变更。

事件（一）：建设单位认为施工时间紧，对提出的设计变更，要求施工单位按照其意图直接变更并施工。

事件（二）：在设计单位下达的设计变更通知单中，缺必要的附图。

事件（三）：施工单位对于一些专业设计变更的施工技术的某些要求提出异议。

问题：

（一）设计需要变更的原因有哪些？建设单位提出设计变更后施工单位可以直接按其意图施工吗？应有哪些规定？

（二）设计单位下达设计变更通知有何规定与要求？设计变更通知单包括哪些内容？

（三）如何让施工单位了解专业设计变更的内容及施工技术？

分析：

（一）在施工前或施工过程中，由于遇到不能预见的情况、环境或为了降低成本，或原设计的各种原因引起的设计图纸、设计文件的修改、补充，而造成的工程修改、返工、报废等都是发生设计变更的原因。

按照规范规定，建设单位提出设计变更，必须经设计单位同意，不能直接下达给施工单位。

（二）设计单位下达的设计变更通知，应内容详实，必要时应附图，并逐条注明应修改图纸的图号。设计变更通知单应由设计专业负责人以及建设（监理）和施工单位的相关负责人签认。

设计变更通知单的内容包括工程名称、专业名称、设计单位名称、变更项目、变更理由、变更通知时间、变更内容和建设（监理）、设计、施工单位的签字栏等。

（三）对于专业设计变更，应进行工程洽商，不同专业的洽商应分别办理，所形成的工程洽商记录也应分专业处理，内容详实，必要时应附图。设计专业负责人、建设（监理）和施工单位相关负责人签认。

结论：

造成设计变更的原因是多方面的，但设计变更必须符合规范标准。建设单位提出设计变更，必须经设计单位同意，设计单位应及时下达设计变更通知单，必要时应附图。如施工单位对专业设计变更不完全清楚时，应进行工程洽商，交接专业施工的技术要求和施工方法等。

【实例四】

某市国贸商场工程项目于 2008 年 3 月开工，地上 28 层、地下 2 层，层高 4.3m。由该市第一建筑公司（一级资质）承建、某监理公司（甲级资质）监理。开工前后发生如下事件。

事件（一）：开工前施工总承包单位报给项目监理部该工程的施工组织设计、施工项目经理部组成人员名单及其上岗资格证书等有关资料，监理工程师审查认为资料不全，缺少项目经理的《建筑施工企业项目负责人安全生产考核合格证书》。

事件（二）：开工报告中所附的工程定位测量记录只有施工单位相关人员的签字，监理工程师审查认为资料手续不全。

事件（三）：由施工单位报给项目监理部的土方开挖专项施工方案，有施工单位的公章和施工单位技术负责人的签字，监理工程师审查认为资料不完整。

问题：

（一）施工项目经理部组成人员中有哪些人员应附安全生产方面的上岗资格证书？

（二）工程定位测量记录文件哪些内容编制有何要求？监理工程师审查认为文件资料手续不全是否正确？

（三）根据所给背景资料，施工单位报给项目监理部的土方开挖专项施工方案还需要什么资料？

分析：

（一）施工项目经理部组成人员主要有项目部经理、项目工程师（技术负责人）、施工员、质检员、安全员、预算员、材料员、资料员等组成，其中对项目部经理和安全员有安全生产方面的上岗资格要求。

项目部经理除附有与工程等级要求的项目经理执业资格证外，还要有建筑施工企业项目负责人安全生产考核合格证书（B证）复印件。

安全员应附有建筑施工企业专职安全生产管理人员安全生产考核合格证书（C证）复印件。

（二）工程定位测量过程中形成工程定位测量记录，主要内容分为四部分：

1. 基本情况，包括工程名称、委托单位、图纸编号、施测日期、平面坐标依据、使用仪器、允许误差、仪器校验日期；

2. 定位抄测示意图；

3. 复测结果；

4. 相关人员签字。

工程定位测量完成后，一般应由建设单位报请城市规划部门审查批准。

按规定要求，从背景资料分析，工程定位测量记录只有施工单位相关人员的签字是不行的，应有建设（监理）和测量单位专业负责人及施测人员签字。

（三）根据所给背景资料，可见该工程有两层地下室，土方开挖深度远远超过5m，根据《建设工程安全生产管理条例》的有关规定，施工单位除对深基坑要制定专项施工方案外，还要组织专家进行论证、审查。因此，施工单位报给项目监理部的土方开挖专项施工方案还需附有关专家对此土方开挖专项施工方案肯定的书面论证、审查意见。

结论：

施工项目经理部经理和安全员要附有相应的安全生产考核合格证书。

工程定位测量记录内容分为四部分。监理工程师审查认为工程定位测量资料手续不全是正确的，定位测量记录除了施工单位相关人员签字外，应有建设（监理）和测量单位的签字。根据相关规定，该工程地下室施工，施工单位除了对深基坑要制定专项施工方案外，还需附有关专家肯定的书面论证审查意见。

【实例五】

某市朝阳宾馆新建宾馆楼，地面共 10 层，建筑面积近 10000m²，全框架结构，于 2007 年 5 月开工，该市某特级施工企业总承包，某甲级工程监理公司负责监理。

问题：

（一）由于工程体量大，且全框架结构，监理企业特别重视混凝土的施工与质量控制。试问对混凝土的质量有何要求？混凝土（试块）抗压强度试验报告包括哪些内容？

（二）混凝土的文件资料有哪些规定与要求？

分析：

（一）混凝土是由胶凝材料、水、骨料，必要时掺入一定数量的化学外加剂和矿物质混合料，按适当比例配合，经过均匀搅拌，密度成型和养护硬化而成的人造石材。混凝土是广泛应用的结构材料，由于其质量涉及结构安全，故对于混凝土的质量控制与文件资料管理应特别重视。影响混凝土质量的因素众多，原材料、施工条件、环境温度、施工工艺、养护等均可能造成混凝土质量的下降。强度等级是混凝土最重要的质量指标之一。判定混凝土强度等级的基本方法大致是：按照规定制作标准养护试块以进行检验批强度验收，并辅之以结构实体检验等。此外，为了施工的需要，还要制作一定数量的同条件养护试块，以便在施工过程中随时判断混凝土构件强度的增长。

混凝土（试块）抗压强度试验报告主要内容分为四部分，第一部分基本情况：工程名称、部位、委托单位；原材料：水泥、砂、石、添加剂、掺和料等名称、品种、产地；配合比、设计强度等级，试块龄期、养护方法。第二部分试验内容：试验结果，按试验日期、龄期、试件边长、受压面积、荷载、平均抗压强度等列表；达到设计强度等级。第三部分检查或复试：给出结论。第四部分：签证单位和人员：试验单位及批准人、审核人、试验人分别签字。

（二）混凝土文件资料应符合下列规定要求：

1. 应有混凝土使用的各种原材料如水泥、外加剂、粗细骨料、掺合料等的质量证明文件和按规定进行的进场复试报告。

2. 现场搅拌混凝土应有配合比申请单和配合比通知单。预拌混凝土应有试验室签发的配合比通知单。

3. 应有按规定留置的龄期为 28 天的标准养护试块和一定数量的同条件养护试块的抗压强度试验报告。冬期施工掺防冻剂的混凝土应按照《混凝土外加在用技术规范》GB 50119—2003 的要求，有受冻临界强度试块和转常温试块的抗压强度试验报告。

4. 按照《混凝土结构工程施工质量验收规范》GB 50204—2002 规定，应有 C20 以上每个强度等级的结构实体强度检验报告。

5. 抗渗混凝土、特种混凝土除应具备上述资料外应有专项试验报告。

6. 应有单位工程《混凝土试块抗压强度统计、评定记录》。统计、评定方法及合格标准应符合有关标准的规定。

7. 抗压强度试块、抗渗性能试块的留置数量及必试项目应符合有关标准的规定。

8. 承重结构的混凝土抗压强度试块，应按规定实行有见证取样和送检。

9. 结构混凝土出现不合格检验批的，或未按规定留置试块的，应有结构处理的相关资料；需要检测的，应有相应资质检测机构检测报告，并有设计单位出具的认可文件。

10. 潮湿环境、直接与水接触的混凝土工程和外部有供碱环境并处于潮湿环境的混凝土工程，应预防混凝土碱集料反应，并按有关规定执行，有相关检测报告。

结论：

混凝土是最为广泛使用的建筑材料之一，按照规定制作标准养护试块进行混凝土抗压强度试验，当有特殊要求时，还需做抗冻、抗渗等试验。根据规范规定，混凝土文件资料有上述分析的十个方面要求。

【实例六】

某市在特大城市建设中，新建一条贯穿该市南北的主干道，全长15000m，其中包括一座跨越运河的钢梁结构的大桥和一座跨越国道的钢筋混凝土立交桥。工程由该市市政建设总公司承建，某交通甲级监理公司监理。根据有关规定：施工中用于工程的原材料、成品、半成品、构配件及设备必须有出厂合格证、出厂检（试）验报告及复试报告。在施工过程中，监理工程师对第二批进场的用于下水道的混凝土管质量及相关资料提出异议，要求复试，复试结果为不合格，监理工程师提出的处理意见是按《市政基础设施工程施工技术文件管理规定》中有关原材料、成品、半成品、构配件及设备的一般规定办理好。

问题：

（一）施工中用于工程的原材料、成品、半成品、构配件及设备主要有哪些？

（二）建设部《市政基础设施工程施工技术文件管理规定》中有关原材料、成品、半成品、构配件及设备技术文件的一般规定是什么？

分析：

（一）根据规范和施工情况，施工中用于工程的原材料、成品、半成品、构配件及设备主要有以下二十个方面：

1. 水泥；

2. 钢材（钢筋、钢板、型钢）；

3. 沥青；

4. 涂料；

5. 焊接材料；

6. 砌块（砖、料石、预制块等）；

7. 砂、石；

8. 混凝土外加剂、掺合剂；

9. 防水材料及粘接材料；

10. 防腐、保温材料；

11. 石灰；

12. 水泥、石灰、粉煤灰混合料；

13. 沥青混合料；

14. 商品混凝土；

15. 管材、管件、设备、配件；

16. 预应力混凝土张拉材料；

17. 混凝土预制构件；

18. 钢结构构件；

19. 各种地下管线的各类井室的井圈、井盖、踏步等；

20. 支座、变形装置、止水带等。

（二）建设部《市政基础设施工程施工技术文件管理规定》（建城〔2002〕221 号）中有关原材料、成品、半成品、构配件及设备技术文件的一般规定有八条：

1. 必须有出厂质量合格证书和出厂检（试）验报告。

2. 合格证书、检（试）验报告为复印件的必须加盖供货单位印章方为有效，并注明使用工程名称、规格、数量、进场日期、经办人签名及原件存放地点。

3. 凡使用新技术、新工艺、新材料、新设备的，应有法定单位鉴定证明和生产许可证。产品要有质量标准、使用说明和工艺要求。使用前应按其质量标准进行检（试）验。

4. 进入施工现场的原材料、成品、半成品、构配件，在使用前必须按现行国家有关标准的规定抽取试样，交由具有相应资质的检测、试验机构进行复试，复试结果合格方可使用。

5. 对按国家规定只提供技术参数的测试报告，应由使用单位的技术负责人依据有关技术标准对技术参数进行判别并签字认可。

6. 进场材料凡是复试不合格的，应按原标准规定的要求再次进行复试，再次复试的结果合格方可认为该批材料合格，两次报告必须同时归入施工技术文件。

7. 必须按有关规定实行有见证取样和送样制度，其记录、汇总表纳入施工技术文件。

8. 总含碱量有要求的地区，应对混凝土使用的水泥、砂、外加剂、掺合料等的含碱量进行检测，并按规定要求将报告纳入施工技术文件。

结论：

施工中用于工程的原材料、成品、半成品、构配件及设备主要有二十个方面，有关质量检验及技术文件的要求有八条规定。

【实例七】

某市综合大学学生公寓 5 层，砖混结构，建筑面积 4580m²，工程于 2005 年 6 月开始基础施工，进行地基基槽验线。

问题：

（一）为什么要进行地基基槽验线？

（二）基槽验线记录的内容有哪些？

分析：

（一）基槽验线主要是检查基底控制轴线、垫层地标高，基槽开挖的断面尺寸、坡度等各项指标是否符合设计要求以及工程的施工测量方案是否可行，保证建筑物结构安全。

（二）基槽验线记录内容有工程名称、验线日期、验线依据及内容、基槽平面和剖面简图、检查意见以及施工测量单位、施工单位和建设（监理）单位有关人员签认。

结论：

地基基槽验线目的是检查基槽相关方面是否符合设计要求，保证建筑物结构安全。基槽验线记录的内容详见分析。

【实例八】

某住宅工程，层高 2.82m，共 6 层，建筑面积为 5288m²。由于地基较软，设计采用静力压桩。由此而形成的监理验收文件有以下 7 个方面：

1. 桩的结构图及设计变更通知单；

2. 材料的出场合格证和试、化验报告；

3. 焊件和焊接记录及焊件试验报告；

4. 桩体质量检验记录；

5. 混凝土试件强度试验报告；

6. 压桩施工记录；

7. 桩位平面图。

问题：

（一）作为一名施工单位的资料员，在上述监理验收文件中，有哪些应由施工单位报送提供的？

（二）桩基施工记录有哪些内容？

分析：

（一）按照建设程序和分工，桩的结构图及设计变更通知单应由设计单位提供；桩体质量检验应由具有相应资质的检测单位检测，并出具桩体质量检验记录。除这两个方面文件外，其余文件均是施工单位提供。

（二）桩基施工记录及检查包括孔位、孔径、桩体垂直度、桩顶标高、桩位偏差、桩顶完整性和接桩质量等内容。

结论：

（一）在上述监理验收文件中，由施工单位报送提供的有：

1. 材料的出场合格证和试、化验报告；

2. 焊件和焊接记录及焊件试验报告；

3. 混凝土试件强度试验报告；

4. 压桩施工记录；

5. 桩位平面图。

（二）桩基施工记录主要包括七个方面内容，详细内容见上述分析。

【实例九】

某高层住宅工程为全框架结构，共28层，梁钢筋采用闪光对焊连接。当施工到三层结平时，施工单位资料员于下午6点向项目监理部报送了三层结平梁板Ⅱ区混凝土浇筑报审表，申请浇筑时间为当天晚上8点。同时报来的还有钢筋连接、安装分项工程该部位的《工序质量报验单》。这时发生如下事件：

事件（一）：监理工程师查看《分项工程（工序）检验批质量验收记录》时发现"主控项目"中填写内容为"符合规范要求"，检查人一栏盖有质检员的质检专用章；监理工程师到现场进行钢筋连接、安装分项检验批检查时，有施工员、资料员和安全员在场，结果发现钢筋连接、安装都存在不符合规范要求的地方，要求整改。

事件（二）：梁钢筋接头的试验报告显示，在试验时，有一组（三根）直径为25mm的钢筋接头中，有两根脆断，需要重新复试，为此，施工单位立即用直径为25mm的短钢筋重新加工，被监理工程师阻止。

问题：

（一）根据所给背景资料，资料员在该工程部位的施工文件报验上存在什么问题？对混凝土浇筑报审表的报送时间有什么要求？

（二）分项工程检验批质量验收要求是什么？分项工程检验批质量验收记录表有哪些内容？应当怎样填写？

（三）对上述事件（二），施工单位的做法为什么被监理工程师阻止？施工单位应当怎样处理？对复试结果又应当怎样处理？

分析：

（一）根据所给背景资料，资料员在钢筋连接、安装分项工程的工序质量报验单申报不及时或未按程序——待钢筋连接、安装分项经监理工程师验收通知后，再报送混凝土浇筑报审表；混凝土浇筑申请表报送时间不符合有关规定。

混凝土浇筑申请表报送时间要求：白天提前1小时、晚上（下班后）和双休日提前4小时报送项目监理部。

（二）分项工程检验批质量验收要求是：首先应班组自检合格；然后由专职质检员根据本分项文件材料相应条款在下道工序施工前进行验收，验收合格填写验收记录；最后由施工单位资料员将验收记录附在工序质量报验单后面，报送监理工程师（建设单位项目专业技术人）并确认。

检验批质量验收记录表主要内容由三个部分组成，第一部分基本情况，包括工程名称、分项工程名称、验收部位；施工单位、分包单位及项目经理；施工执行标准名称及编号。第二部分验收内容，分主控项目和一般项目填写以及施工单位检查评定结果。第三部分验收结论。

分项工程检验批质量验收记录表填写要求：

1. 对于"主控项目"的质量情况应简要说明该项目实际达到的质量状况，填写质保书编号和试验报告编号，避免填写"符合规范要求"、"符合质量要求"等空洞无物的笼统结论。

2. 对于"一般项目"的质量情况应填写具体数据，若无数据则填写实际情况。

3. 施工单位检查评定结果栏目由项目专业质量检查员填写；监理（建设）单位验收结论栏由监理工程师（未实行监理的工程由建设单位项目专业技术负责人）在核查资料、现场实测旁站后填写。

4. 如果分项目工程检验批的主控项目检测数据（如混凝土、砂浆强度）不能及时按验收批提供时，可先根据该检验批的检验结果以及施工现场的质量情况，先进行验收，但其强度应大于验收批规定的最低强度要求，检测数据提供后再对其强度进行验收。

（三）根据背景资料分析，对上述事件（二），施工单位的做法被监理工程师阻止是因为：这是弄虚作假的行为，不能反映该部位直径为25mm钢筋闪光对焊接头检验批的真实情况。

施工单位应当到现场切割用于该部位的直径为25mm钢筋闪光对焊接头两组（六根），并由监理人员见证取样、封样、送样，委托检测单位重新测试。

对于复试的结果处理是：若复试合格，且其他方面经监理工程师验收都已符合混凝土浇筑条件，则总监理工程师再上报质监站，并在混凝土浇筑报审表上签字同意混凝土浇筑；若复试不合格，则该部位必须返工，不得进入下一道工序——混凝土浇筑。

结论：

（一）资料员在资料报验上存在申报不及时或未按程序申报的问题；混凝土浇筑申请表白天提前 1 小时报送，晚上下班后和双休日应提前 4 小时报送项目监理部。

（二）分项工程检验批质量验收要求是班组自检合格——专职质检员在下道工序施工前验收——资料员将相关资料报监理工程师，分项质量检验批质量验收记录表应按规范及以上分析填写。

（三）施工单位弄虚作假，监理工程师应当阻止。施工单位须重新见证取样，重新测试，测试结果处理按上述分析处理。

【实例十】

某施工单位档案资料员参加岗位培训学习，由于实践经验不足，对有些施工及施工文件之间关系产生困惑。

问题：

（一）"隐检"与"检验批验收"是何关系？

（二）"预检"与"隐检"有何区别？

（三）如何编制隐蔽工程检查记录和预检记录？

分析：

（一）隐蔽工程检查以往被称为"隐检"，按照《建筑工程施工质量验收统一标准》的规定，实际上应当属于隐蔽工程验收，即属于"验收"的范畴。但是长期以来，人们将此习惯称为"隐检"，为了尊重习惯，一般将"隐检"列入施工记录类工程文件。

弄清"隐检"与"检验批验收"的关系是重要的。有人以为这两者是一回事，更多人则认为是完全不同的两件事。认识不同，容易造成在这个问题上工程文件管理混乱。

就其实质而言，"隐检"与"检验批验收"都是对受检对象的一种"验收"。必须说明的是在国家验收规范中，"验收"与"检查"在概念上明显不同。例如，"验收"不能由施工单位自己单方面进行，必须有施工单位之外的监理或建设单位参加，是一种具有公正性的确认或认可，而"检查"则可以仅由施工单位自己单方面进行。

但是，建筑工程的验收要求比较复杂。"隐检"与"检验批验收"虽然都属于验收的范畴，但两者针对的对象、所起的作用有所不同。检验批验收是所有验收的最基本层次，即分项、分部、单位工程等所有其他层次的验收都是建立在检验批验收基础上的，工程的所有部位、工序都应归入某个检验批验收，不应遗漏。而隐蔽工程验收则仅仅针对将被隐蔽的工程部位作出验收。施工中隐蔽工程虽然很多，但一个建筑工程，毕竟还有大量非隐蔽部位。因此，两者并不相同，"隐检"与"检验批验收"应分别进行。

在施工中，"隐检"验收与"检验批验收"的关系，可以有"之前"、"之后"和"等同"三种不同情况：

第一种情况，在"检验批验收"之前进行的"隐检"：这种情况主要针对某些工作量相对较小的部位或施工做法、处理措施等。如抹灰的不同基层交接部位加强措施、桩孔的沉渣厚度、基槽槽底的清理、胡子筋处理、被隐蔽的重要节点做法、被隐蔽的螺栓紧固、被隐蔽的预埋件防腐阻燃处理等。

这些工作量相对较小的部位或施工做法、处理措施，不宜作为一个"检验批"来验收，施工中将其列为"隐蔽工程验收"。

第二种情况，在"检验批验收"之后进行的"隐检"：这种情况主要针对某些工作量相对较大的工程部位，如分部、子分部工程等。这些工作量相对较大的工程部位往往作为一个整体，需要同时进行隐蔽，这时可能有若干个检验批已经验收合格。按照国家验收规范规定，这些工程部位在整体隐蔽之前，需作"隐蔽工程验收"。如整个地基基础的隐蔽验收、主体结构验收（进入装饰装修施工将隐蔽主体结构）等，显然是在检验批验收之后进行。

第三种情况，与"检验批验收"内容相同的"隐蔽工程验收"：当"隐蔽工程验收"针对的部位已经被列为"检验批"进行验收时，"隐蔽工程验收"就与"检验批验收"具有同样的验收内容，此时"隐蔽工程验收"可以与"检验批验收"合并进行。亦即按照"检验批验收"的要求进行即可，使用"检验批验收单"来代替"隐蔽工程验收单"，不必再重复进行"隐蔽工程验收"。这种情况，见于钢筋安装的验收，屋面保温层验收，各种防水层、找平层验收等。

分清上述三种情况，弄清"隐蔽工程验收"与"检验批验收"的关系，有利于做好施工技术文件的管理。

（二）预检记录是对施工中重要工序进行的预先质量控制检查记录。由于预检属于施工过程中的工序控制，国家验收规范未对预检作出统一要求，应由施工单位根据工程的具体情况自行决定。

施工过程中的"预检"与"隐检"有本质不同，无论是实际操作还是文件管理，都不应将两者混淆起来。"隐检"的要求已经在前面作了介绍，以下简述"隐检"与"预检"的区别。

所谓"预检"，是施工中施工作业之前施工单位自己内部对重要工序作业条件进行的一种质量预控检查。通常由施工单位的质量检查员和工长进行检查，由项目技术负责人审批即可，不需要甲方或监理认可。例如对标高、轴线的检查，对钢筋的除锈、明装管道位置（暗装管道应当进行隐蔽验收）、模板清理、预留孔洞的检查等。

应当注意，预检是"检"而不是"验"，这一点与"隐检"不同，因为"隐检"是"验"而不是"检"。"隐检"是"隐蔽工程验收"，需要各方共同检查签认。

"预检"与"隐检"的主要区别：

预检是"检查"不是"验收"，隐检则是"隐蔽工程验收"；

预检不需要各方共同签认，隐检需要各方共同签认；

预检是内部的检查认可，隐检是外部的验收确认；

预检是对作业条件的检查，隐检是对作业成果的验收；

预检时间在施工作业之前，隐检时间在施工作业之后。

（三）隐蔽工程检查记录由施工单位填报，主要内容包括：工程名称、隐检项目、隐检部位、隐检日期、隐检依据、隐检内容、检查意见和复查结论等。建设（监理）、施工单位有关人员应签证。记录填写要求隐检依据、主要材料名称及规格型号应准确，尤其对设计变更、洽商等容易遗漏的文件应填写完全。审核意见应明确，将隐检内容是否符合要求表述清楚。

预检记录也由施工单位填写，主要内容有：工程名称、预检项目、预检部位、检查日期、依据、主要材料或设备规格型号、预检内容、检查意见和复查意见等。其中要求检查意见应明确，一次验收未通过的要注明质量存在问题，并提出复查要求。

结论：

（一）"隐检"与"检验批验收"虽都属于验收的范畴，但两者针对对象、作用等有所不同。在施工中，"隐检"与"检验批验收"有"之前"、"之后"和"等同"三种不同情况。

（二）"隐检"与"预检"有本质区别，不能将两者混淆。

（三）隐蔽工程查记录与预检记录编制要求及主要内容见上述分析。

【实例十一】

某综合教学楼设计为全框架结构、半地下汽车库，底板厚 400mm，共 3 层。在施工过程中，由于资料员刚从学校毕业不久，所报文件发生以下情况：

事件（一）：施工单位资料员工序报验文件，不按工序申报，所报文件缺乏真实性，多次被监理工程师退回。

事件（二）：材料、设备文件报验不及时，文件缺乏真实性、完整性，被监理工程师要求重新申报。

事件（三）：该工程填充墙砌体施工过程中，监理工程师一再催促施工单位申报有关文件。

问题：

（一）施工单位资料员在工序报验中存在的主要问题是什么？

（二）在材料、设备文件报验中存在的主要问题是什么？

（三）在该工程填充墙砌体施工过程中，应当报送哪些施工文件？施工物资试验报告（通用）的内容有哪些？

分析：

（一）施工单位资料员在工序报验中存在的主要问题有：

1. 不能按工序进行申报。例如，在报送混凝土浇筑报审表前，首先应按工序分别报送原材料、钢筋加工工序质量报验单，模板安装工序质量报验单，钢筋连接、安装工序质量报验单。

2. 提前报送。例如，钢筋绑扎还没有完成，就报送钢筋连接、安装的工序质量报验单。

3. 报送的文件缺乏真实性。例如工序质量报验单后面所附检验批验收记录中的数据，大多是资料员通过电脑编出来的，而不是现场实测记录数据。作为资料员要有质量意识和责任感，检验批的质量记录是最小的、也是最基本、最重要的工程施工质量记录，分项工程、（子）分部工程乃至于单位工程的施工质量都是建立在检验批质量基础之上的。

（二）在材料、设备文件报验中存在的主要问题有：

1. 报送不及时。例如，往往出现材料已经使用了，还没有报送相关材料的文件，特别是有复试要求的材料进场，必须在复试报告出来后、材料使用前报送监理。

2. 报送的文件缺乏真实性。例如，所报数量与进场材料实际数量不符，往往少进多报。又如，进场材料不能规范性地见证取样，有时不及时通知、甚至不通知监理到场。最终为施工单位达到以次充好的目的，所报送的文件不能真实体现现场使用了什么材料就报什么材料。

3. 报送的文件不全。材料、设备审报时要求附有材料、设备的清单（包括名称、产地、规格、数量和单价）和样品（要通知监理工程师见证取样、封样），材料、设备的质量证明文件（包括出厂合格证、质量保证书、准用证等）；材料、设备的产品质量检验报告、复试报告（有复试要求的）和其他有关文件。但是，在实际报送时往往缺这少那。例如，对主体结构材料钢筋的进场报验、复试，没有对不同炉号、批次、数量等按规范的工序报验要求做全，手续不够完备。又如，水泥只有 3 天强度报告，没有 28 天强度报告。再如，当使用几种防水材料的，只做一种防水材料的复试等等。

（三）在该工程填充墙砌体施工过程中，应当报送如下施工文件：

1. 原材料（水泥、砂、砖、砌块）检验及复试报告；

2. 砂浆、混凝土强度配比设计检验报告单；

3. 砂浆、混凝土强度检验报告单；

4. 填充砌体工程检验批质量验收记录。

施工物资试验报告（通用）主要内容有五部分。第一部分基本情况，包括工程名称及部位、试样编号、委托单位、试验委托人、材料名称及规格、产地及厂别、代表数量、采样日期、试验日期；第二部分试验项目及说明；第三部分试验结果；第四部分结论；第五部分试验批准、审核、相关人员签证。

结论：

施工单位资料员在工序报验中存在不按工序进行申报、提前报送文件、资料缺乏真实性等问题，在材料、设备文件报验中也存在报送不及时、文件不全并缺乏真实性等问题。

该工程填充墙砌体施工中，应报送四个方面的文件资料。施工物资试验报告（通用）的内容有五个部分，详细内容见上述分析。

【实例十二】

某小高层住宅楼建设工程，地下 1 层、地上 11 层，总建筑面积为 11200m²，由市第二建筑工程有限公司（国家一级资质）总承包，东阳建设监理咨询有限公司（国家乙级资质）监理，2005 年 6 月 10 日开工。根据建设工程施工承包合同约定，防水工程（按照施工设计防水材料地下室外墙采用聚氨酯涂料；屋面采用 SBS 卷材）由施工单位分包给专业防水公司施工，并签订总分包协议。在施工中，发生如下事件：

事件（一）：防水施工单位进场施工前，总包单位资料员报给该项目监理部如下资料：防水施工企业营业执照及资质等级证书复印件；防水工程施工方案；防水工程施工单位项目部主要成员一览表及项目经理资格证的复印件。监理工程师认为资料不全，不允许防水工程施工。

事件（二）：防水材料进场后，总包单位资料员报给该项目监理部防水材料进场使用报验单，并附有防水材料（聚氨酯涂料和 SBS 卷材）的清单、出厂合格证与质保书。监理工程师按规定对其进行现场取样、封样，并送具有资质的检测机构复试。复试结果 SBS 卷材不合格。

问题：

（一）对于事件（一），你作为总承包单位资料员，认为还缺少哪些资料？为什么？

（二）对于事件（二），你作为总承包单位资料员，对防水材料进场使用报验单的附件内容是否认为齐全？如果不全，那么还缺少什么内容？对复试结果不合格的 SBS 卷材，作为资料员要做什么工作？

分析：

（一）根据背景资料，对于事件（一），至少还缺少如下资料：

1. 缺少开工报告。因为分包工程施工必须有开工报告。分包工程应具备施工条件才能施工，只有具备施工条件才可向工程监理项目部提交开工报告，并经总监理工程师审查批准后，方可施工。

2. 缺少防水施工企业安全生产许可证复印件。因为根据《建设工程安全生产管理条例》规定，从事建设工程施工企业必须取得安全生产许可证。

3. 缺少施工项目经理的《建筑施工企业项目负责人安全生产考核合格证书》（B证）复印件。因为根据江苏省建设行政主管部门规定，自 2005 年起，工程施工项目经理除应具有项目经理资格证外，还应具有《建筑施工企业项目负责人安全生产考核合格证书》（B证），才能上岗。

（二）对于事件（二），该防水材料进场使用报验单的附件内容是不齐全的。

主要缺少进场防水材料的检测报告这一重要内容。因为没有材料的检测报告，不仅其材料的质量不能保证，甚至对该材料生产厂家是否具有生产资格都产生怀疑。

对复试结果不合格的 SBS 卷材，监理工程师肯定是责令退场，防水施工单位要重新采购 SBS 卷材。因此，作为资料员要做的工作是待防水施工单位重新采购的 SBS 卷材进场时，要重新申报 SBS 防水卷材进场使用报验单，同时，应吸取教训，对材料进场使用报验单的附件内容应按规定，仔细核对，确保附件内容完整、真实。

结论：

防水施工单位进场，缺少开工报告等三方面文件，防水材料进场缺检测报告。复试不合格的 SBS 卷材，应责令退场。

【实例十三】

某市新华书店建设工程，共 6 层，总建筑面积为 4200m²，由该市某一级建筑企业总承包，该市某乙级监理公司监理。外墙装饰工程另由建设单位通过招标选择外地某装饰公司设计并施工，其设计正立面为玻璃幕墙、侧立面为石材幕墙，设计图纸得到原建筑设计单位的认可。根据监理方要求，该装饰公司与建筑总承包企业签订总分包协议。在施工中发生如下事件：

事件（一）：在玻璃幕墙的龙骨安装时，被监理单位告知后置埋件的现场拉拔强度检测未做、幕墙用衬垫材料的产品合格证书没有报来，不得施工。

事件（二）：监理工程师在检查石材幕墙的龙骨安装时发现，连接节点错误，与设计不符，要求整改，但施工单位未经隐蔽验收就进入下道工序——石材干挂，监理工程师及时征得建设单位同意，发出工程暂停令。

事件（三）：隐框玻璃在厂家进行打胶生产后运抵现场，总包单位向监理报送了玻璃的产品合格证，监理工程师提出资料不全。

问题：

（一）施工单位应当报送的幕墙工程质量控制方面的文件有哪些？施工试验记录（通用）包括哪些内容？

（二）对事件（二）如何处置？监理工程师为什么要征得建设单位同意，才发出工程暂停令？

（三）玻璃的检验应当提供哪些文件？

分析：

（一）施工单位应当报送的幕墙工程质量控制方面的文件有以下两方面：

1. 材料质量证明书（若是进口材料需有商检报告），具体有：

（1）铝合金材料产品合格证书、性能检测报告；

（2）幕墙用钢材及五金（衬垫）产品合格证书、性能检测报告；

（3）幕墙板材（玻璃、金属板、石材）的合格证书、性能检测报告；

（4）保温、防火材料合格证书、性能检测报告；

（5）硅酮结构胶及密封材料的质量证明书或合格证（包括硅酮结构胶相容性和剥离粘结性试验报告，玻璃幕墙用结构胶的邵氏硬度、标准条件拉伸粘结强度报告，石材幕墙硅酮结构胶的粘结强度和污染性试验报告）。

2. 检验报告和复验报告，具体有：

（1）后置埋件的现场拉拔强度检测报告；

（2）幕墙的抗风压性能、空气渗透性能、雨水渗透性能及平面变形性能检测报告。

施工试验记录（通用）的内容有五个部分，第一部分基本内容，包括工程名称及施工部位、试验日期、规格与材质；第二部分试验项目；第三部分试验内容；第四部分结论；第五部分试验、批准、审核相关人员签证。

（二）监理工程师发现严重质量问题，施工单位拒不改正的首先应当报告建设单位。按照规范规定，无论何种原因，监理工程师认为需要发工程暂停令的，都应当征得建设单位同意。

玻璃幕墙的龙骨安装验收是隐蔽验收、是质量抽查的重要部位，除监理验收通过外，还需要通知质监部门前来检查，质监部门认可后，才能进行隐蔽——石材干挂。

（三）玻璃的检验应当提供以下文件：

1. 玻璃产品的合格证；

2. 中空玻璃的检验报告；

3. 热反射下的光学性能检验报告；

4. 隐框玻璃应在厂家进行打胶生产，须提供生产厂家资质证明；

5. 若是进口玻璃应有国家商检部门的商检证。

结论：

按照国家规范规定，施工单位应当报送材料质量证明书和检验报告及复验报告两个方面的幕墙工程质量控制方面的文件。施工试验记录（通用）的内容包括五个部分工序报验按规范运行，监理工程师认为需要发工程暂停令时，应经业主同意。玻璃检验应提供五个方面文件。

【实例十四】

某长安大酒店建设工程项目地下1层，地面9层，设计为四星级宾馆，对电气、给水排水、消防、采暖、通风、空调、燃气、建筑智能化和电梯等管线、设备的安装都有明确要求。

问题：

（一）在对电气、给水排水、消防、采暖、通风、空调、燃气、建筑智能化和电梯等管线、设备的安装施工过程中，所形成的能满足存档要求的施工文件主要有哪几方面？

（二）每一方面的施工文件具体包括哪些内容？

分析：

（一）在对电气、给水排水、消防、采暖、通风、空调、燃气、建筑智能化和电梯等管线、设备的安装施工过程中，所形成的应能满足存档要求的施工文件主要有以下七个方面：

1. 一般施工记录；

2. 图纸变更记录；

3. 设备、产品质量检查、安装记录；

4. 预检记录；

5. 隐蔽工程检查记录；

6. 施工试验记录；

7. 工程质量检验记录。

（二）这七方面的施工文件具体包括的内容分别是：

1. 一般施工记录包括施工组织设计、技术交底、施工日志等文件。

2. 图纸变更记录包括图纸会审、设计变更、工程洽商等文件。

3. 设备、产品质量检查、安装记录，包括设备、产品质量合格证、质量保证书；设备装箱单、商检证明和说明书、开箱报告；设备安装记录；设备试运行记录；设备明细表等文件。

4. 预检记录。

5. 隐蔽工程检查记录。

6. 施工试验记录，包括电气接地电阻、绝缘电阻、综合布线、有线电视末端等测试记录；楼宇自控、监视、安装、视听、电话等系统调试记录；变配电设备安装、检查、通电、满负荷测试记录；给水排水、消防、采暖、通风、空调、燃气等管道强度、严密性、灌水、通风、吹洗、漏风、试压、通球、阀门等试验记录；电梯接地电阻、绝缘电阻测试记录，空载、半载、满载、超载试运行记录，平衡、运速、噪声调整试验报告；质量事故处理记录等文件。

7. 工程质量检验记录，包括检验批质量验收记录、分项工程质量验收记录、分部（子分部）工程质量验收记录等文件。

结论：

电气、给水排水、消防、采暖、通风、空调、燃气、建筑智能化和电梯等管线、设备的安装，主要形成施工记录、图纸变更记录等七个方面的文件。各文件又包括更具体的记录、报告等，其详细内容见上述分析。

【实例十五】

某市红星商业大厦土建施工已基本完工，进入设备安装阶段，在电气安装和通风与空调工程施工中发生如下事件：

事件（一）：电气安装工程功能性试验只进行了接地电阻测试，正整理相关试验记录。

事件（二）：通风、空调调试组织了系统调试试运转，也形成相关记录。

问题：

（一）电气安装工程功能性试验只进行接地电阻测试行吗？电气安装工程应进行哪些功能性试验？

（二）通风、空调调试记录仅有系统调试记录全面吗？通风、空调调试记录应包括哪些内容？

分析：

（一）电气安装完毕后，应进行功能性试验，根据事件（一）背景，只进行接地电阻测试是不行的，还要进行绝缘电阻测试和电气照明器具通电安全检查，电气照明、动力试运行试验，并整理相应的试验（检查）记录。

（二）根据事件（二）背景，通风、空调系统调试前，缺各项设备的单机如通风机、制冷机、空调处理机试运转记录。

通风、空调调试记录的内容包括：

1. 系统调试前，应有各项设备的单机试运转记录。

2. 无生产负荷联合试运转的测定和调试内容应齐全，对其调试效果（系统与风口的风量平衡、总风量及风压系统漏风率等）应有过程及终了记录。设计和使用单位有特殊要求时，可另行增加测定内容，如恒温、恒湿系统、洁净系统等。

有特殊要求的重要工程，如恒温、恒湿车间、医院手术室、特殊贮藏室、人防工程等，应按专门规定及要求进行检查并做好记录。

结论：

电气安装工程安全、功能性等试验应包括四个方面的试验（检查）；通风、空调调试记录包括两个方面的内容，不仅有系统调试记录，还包括各项设备单机试运转记录、无生产负荷联合试运转的测定和调试的内容等。

【实例十六】

某市汽车站客运大楼，框架结构，共 6 层（含地下 1 层），建筑面积 12000 多 m^2，由该市具有一级施工资质的建筑二公司承建，工程于 2003 年 5 月组织土建质量验收。

问题：

（一）地基基础、主体结构分部质量检查验收如何组织？检查验收哪几项内容？

（二）地基基础、主体结构工程观感质量检查及记录有哪些主要内容？

分析：

（一）地基基础、主体结构分部工程验收，应会同勘察、设计单位项目技术负责人共同进行。地基基础、主体结构分部工程完工后，施工项目部应先组织自检，合格后填写分部（子分部）工程质量验收记录表，报施工企业技术、质量部门验收并签认后，再由建设、监理、勘察、设计和施工单位共同进行分部工程验收，并通知建设工程质量监督机构参与。

按照国家验收标准的规定，分部工程验收共有四项内容：

1. 核查各分项工程的质量；

2. 核查质量控制资料；

3. 对安全、功能项目做抽样检测；

4. 检查观感质量。

只有四项内容及所形成的记录文件全部合格才能通过验收。

（二）地基基础、主体结构工程观感质量检查及记录的主要内容有：钢筋、混凝土、构件安装、预应力混凝土、砌砖、砌石、钢结构制作、焊接、螺栓连接、安装和钢结构油漆等。

基础结构工程观感质量检查还有打（压）桩、灌注桩、沉井和沉箱、地下连接墙及防水混凝土结构等。

主体结构工程观感质量检查还有木屋架和钢屋架的制作与安装等。

结论：

地基基础、主体结构分部工程质量检查验收要求高，应按程序组织，在施工项目部自检合格的基础上，施工、建设、监理单位会同勘察、设计单位共同进行验收，并通知建设工程质量监督机构参与。

地基基础、主体结构分部工程观感质量检查有多项内容，详见上述分析材料。

【实例十七】

某市在靠长江岸边建设粮库，按照设计要求和规范规定，须进行沉降观测，建设单位委托了具有相应资质的测量单位负责施工中及竣工后的沉降观测工作。

问题：

（一）建筑物和构筑物的沉降应怎样观测？

（二）沉降观测文件的内容有哪些？

分析：

（一）建筑物和构筑物沉降观测的每一区域，必须有足够数量的水准点，并不得少于两个。水准点应考虑永久使用，埋设坚固（不应埋设在道路、仓库、河岸、新填土、将建设或堆料的地方，以及受震动影响的范围内），与被观测的建筑物和构筑物的间距为30～50m。水准点帽头宜用铜或不锈钢制成，如用普通钢代替，应注意防锈。水准点埋设须在基坑开挖前15天完成。

（二）沉降观测所形成的记录文件，有以下内容：

1. 根据水准点测量得出的每个观测点高程和其逐次沉降量；

2. 计算出的建筑物和构筑物的平均沉降量、相对弯曲和相对倾斜值；

3. 水准点的平面布置图和构造图，测量沉降的全部原始资料；

4. 施工时建筑物和构筑物标高的水准测量记录及晴雨气象资料；

5. 根据上述内容编写沉降观测分析报告（其中应附有工程地质和工程设计的简要说明）。

结论：

建筑物和构筑物的沉降观测有规范要求，具体内容见上述分析，沉降观测所形成的记录文件内容有五个方面。

【实例十八】

某开发商在苏南某城市开发一大型住宅区，规划占地220余亩，总建筑面积为31万余m²，住宅区内学校、商场、卫生院等生活设施齐全。二期工程共11幢住宅，2005年9月开工，工程从设计到施工对建筑节能方面要求很高。

问题：

（一）什么是建筑节能？建筑节能包括哪些使用范围？

（二）应归档的建筑节能的文件有哪些？

（三）建筑节能分部工程质量验收记录表包括哪些内容？

分析：

（一）建筑节能是指在建筑材料生产、房屋建筑和构筑物施工及使用过程中，满足同等需要或达到相同目的条件下，尽可能降低能耗。具体地讲指在建筑物的规划、设计、新建（改建、扩建）、改造和使用过程中，执行节能标准，采用节能型的技术、工艺、设备、材料和产品，提高保温隔热性能和采暖供热、空调制冷、制热效率，加强建筑物用能系统的运行管理，利用可再生能源，在保证室内热环境质量的前提下，减少供热、空调制冷或制热、照明、热水供应的能耗。

建筑节能使用范围包括：

1. 建造过程中的能耗，包括建筑材料、建筑构配件、建筑设备的生产和运输以及建筑施工和安装中的能耗。

2. 使用过程中的能耗，包括房屋建筑和构筑物使用期内采暖、通风、照明、家用电器、电梯和冷热水供应等的能耗。

（二）建筑施工中涉及建筑节能的文件主要有：

1. 设计文件、图纸会审记录、设计变更和洽商记录；

2. 主要材料、设备和构件的质量证明文件、进场检验记录、进场核查记录、进场复验报告、见证试验报告；

3. 隐蔽工程验收记录和相关图像资料；

4. 分项工程质量验收记录；

5. 建筑围护结构节能构造现场实体检验记录；

6. 外窗气密性现场检测报告；

7. 现场热工性能检测报告；

8. 风管及系统严密性检验记录；

9. 现场组装的组合式空调机组的漏风量测试记录；

10. 设备单机试运转及调试记录；

11. 系统联合试运转及调试记录；

12. 系统节能性能检验报告；

13. 其他对工程质量有影响的重要技术资料。

归档重点是重要节能部位以及使用寿命与建筑主体结构不一致的建筑节能产品、设备、部品，主要包括：

1. 外墙外保温材料，尤其是聚苯乙烯泡沫板和聚氨酯材料；

2. 建筑幕墙，节能门窗；

3. 供热分户计量和温控装置；

4. 太阳能热水系统，太阳能光伏发电设备；

5. 地源（水源、气源）热泵设备。

（三）建筑节能分部工程质量验收记录表包括的内容：

1. 工程基本概况（如工程名称、结构类型及层次）和施工总承包单位、专业承包单位及技术负责人等名单。

2. 墙体幕墙、门窗、屋面、地面、采暖、通风与空气、空调与采暖系统的冷热源及管网、配电与照明、监测与控制等十项节能工程分项验收结论和监理工程师签字。

质量控制资料、外墙节能构造现场实体检验、外窗气密性现场实体检验和系统节能性检测等验收情况。

3. 验收结论。

4. 其他参加验收人员（签字）。

5. 验收单位如专业承包单位、施工总承包单位、设计单位项目经理签字，监理单位总监理工程师或建设单位项目负责人签字。

结论：

建筑节能是在保证提高建筑舒适性的前提下，合理使用能源，不断提高能源利用效率。

建筑节能使用范围包括了两个方面，应归档的建筑节能的文件主要有十三个方面，具体内容详见上述分析。

建筑节能分部工程质量验收记录表的内容包括五个部分，每一部分具体内容详见分析材料。

思 考 题

1. 监理规划与监理实施细则有何关系？两者各自包括哪些内容？

2. 如何编制监理月报，报送时间有什么规定？

3. 监理例会会议纪要的形成及其主要内容有哪些？

4. 工程开工应具备什么条件？开工报审表包括哪些内容？

5. 什么是工程计量报审文件？又包括哪些内容？

6. 如何编写工程质量评估报告？

7. 什么是工程师监理通知？包括哪些内容？

8. 工程质量控制监理文件由哪几个方面组成？

9. 施工组织设计的主要内容是什么？编制有何规定？

10. 技术交底的原因是什么？技术交底记录包括哪些内容？

11. 工程设计为何要变更？编制工程变更设计通知有什么要求？

12. 深基坑土方开挖及其文件有何规范要求？

13. 混凝土的文件形成及管理规定有什么要求？

14. 工程项目原材料、成品、半成品、构配件及设备的技术文件有哪些一般规定？

15. 什么是桩基工程？桩基工程施工记录的主要内容有哪些？

16. 什么是检验批？检验批质量验收有何要求？

17. "隐检"与"预检"的区别有哪些？隐蔽工程检查记录和预检记录各自包括什么内容？

18. 幕墙工程施工文件如何形成？又包括哪些方面的内容？

19. 电气安装工程应做什么功能性试验？

20. 什么是砌筑砂浆？形成的施工文件有哪些内容？

21. 何为建筑节能？应归档的建筑节能的文件范围包括哪些方面？

第4章 工程竣工验收阶段文件

内 容 提 要

本章重点包括：一、工程竣工验收文件的形成、内容及要求，主要讲述工程竣工验收条件、工程竣工验收备案概念，以及工程竣工报验与验收文件、工程竣工验收备案文件产生过程和主要内容。二、工程竣工图的形成、主要内容和编制要求，了解竣工图类型，编制依据和构成内容及其相关要求。

工程项目的竣工验收是施工过程的最后一道程序，也是工程质量管理的最后一项工作。它是建设投资成果转入生产或使用的标志，也是全面考核投资效益、检验设计和施工质量的重要环节。竣工验收文件是在工程项目竣工验收活动中形成的，主要包括在工程项目竣工验收时形成的文件，工程竣工验收备案过程中形成的文件，工程竣工前后形成的工程竣工决算文件以及其他相关文件。

建设单位要按国家法规、规范的规定组织实施工程竣工验收、勘察设计、监理等单位应履行合同及工作职责，协同做好工程竣工验收工作。

4.1 工程竣工验收文件的形成

按照基本建设程序及相关规范规定，工程项目或单位工程完工后，建设单位应在施工单位自检合格和工程预验收通过的基础上，组织工程竣工验收和备案。在工程竣工验收整个过程中，形成工程竣工文件、工程竣工验收文件、工程竣工备案文件、工程竣工财务文件以及其他竣工文件等。

4.1.1 工程竣工文件

施工单位在工程完工后，对工程质量进行了检查，确认工程质量符合有关法律、法规和工程建设强制性标准，符合设计文件及合同要求，并提出工程竣工报告，申请竣工验收。建设单位应按法规、规范要求组织竣工验收，并形成相关竣工验收文件。

4.1.1.1 工程竣工报验文件

1. 工程竣工报告

工程竣工报告是施工单位向建设单位报送的重要竣工验收文件，是工程竣工验收的基本条件，也是施工单位在工程竣工验收前编写的工程施工全面情况总结。

2. 工程竣工报验单

工程竣工报验单是施工单位向建设单位申请竣工验收的文件，并报总监理工程师签署

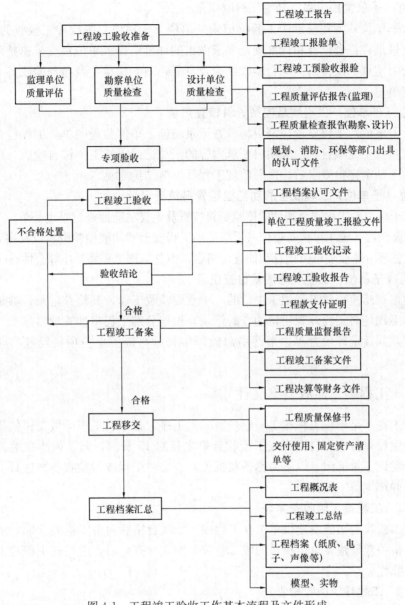

图 4-1 工程竣工验收工作基本流程及文件形成

意见。

3. 工程质量检查报告

勘察、设计单位应分别在工程竣工验收前，分别对勘察文件，设计文件及施工过程中由设计单位签署的设计变更通知单等进行检查，编写工程勘察质量检查报告、工程设计质量检查报告。监理单位在施工单位自查合格基础上，按程序进行工程质量初验，对工程进行质量评估，提出质量验收意见（该内容在第三章第一节已讲述，这里不再赘述）。

4.1.1.2 工程竣工验收文件

工程竣工验收过程中要认真核查记载和反映工程质量文件，对工程勘察、设计、施工质量和各管理环节做出全面评价，并将形成竣工验收文件。

1. 单位（子单位）工程质量竣工验收记录

单位（子单位）工程质量竣工验收记录是单位（子单位）工程竣工验收的汇总文件，是对工程质量是否符合设计和标准规范要求做出的评价。施工单位负责汇总整理，各项目的验收结论由监理单位提出，综合验收结论及意见，由参建单位及参与验收各方商定，并由建设单位填写。

2. 单位（子单位）工程质量控制资料核查记录

单位（子单位）工程质量控制资料核查记录是施工单位整理的单位工程包含的有关分项工程中检验批主控项目，一般项目要求内容的汇总记录，施工单位自检后，再送监理单位核查，达到基本完整要求后，由总监理工程师签署结论意见。

3. 单位（子单位）工程安全和功能检验资料核查记录

单位（子单位）工程安全和功能检验资料核查及主要功能抽查记录也是单位工程综合验收的一项重要内容，施工单位对单位（子单位）工程安全和功能检验资料以及主要功能按检查项目进行整理。经监理单位核查和抽查合格后，由总监理工程师提出综合性验收结论。

4. 单位（子单位）工程观感质量检查记录

工程质量观感检查是工程竣工进行的一项重要验收工作，其检查记录是参加验收的各方代表在施工现场对工程外观质量抽查的记录。根据分部工程将抽查项目列表，验收人员逐项检查，共同商定评价意见，最终由总监理工程师与施工单位项目经理共同签署验收结论。

4.1.2 工程竣工验收备案文件

工程竣工备案是单位工程竣工验收最后一道工序，备案后工程即可交付使用并办理产权登记等。建设单位应当自工程竣工验收合格之日起 15 日内，向工程所在地县级以上地方人民政府建设主管部门（以下简称备案机关）备案，工程竣工验收备案过程中要提交规定性的文件并产生备案文件。

4.1.2.1 工程竣工验收备案表

工程竣工验收备案表由建设单位在工程竣工验收合格后向备案机关领取并负责填报的表格，备案机关验证建设单位报送的竣工验收备案文件齐全后，应当在工程竣工验收备案表签署文件收讫。

4.1.2.2 工程竣工验收报告

工程竣工验收合格后，建设单位应当及时提出工程竣工验收报告，工程竣工验收报告是工程竣工活动的总结及对工程全面评价的文件，也是向备案机关和建设工程质量监督等机构报告工程竣工的备案文件。

4.1.2.3 认可文件（或准许使用文件）

提交备案的认可文件或准许使用文件，主要指法律法规应当由规划、环保、公安消防等政府有关部门或专业管理部门组织专项验收所形成的文件。

1. 规划验收认可文件

规划验收认可文件是城市规划主管部门对建设工程项目按规划审批文件实际完成情况进行专项验收，经核查后出具的文件。规划验收一般在工程竣工验收前进行，符合验收条件，城市规划主管部门核发规划验收合格证，否则视为不合格。

2. 环保验收认可文件

环保验收认可文件是城市环境保护管理部门就工程项目在正式投入生产或使用之前可能对环境造成的影响和应采取的保护措施进行验收后出具的文件。按照国家环境保护局《建设项目环境保护设施竣工验收管理规定》，对不同性质的建筑物、构造物在其工程设计时，应有不同的环境保护要求，并要报环保部门审核同意。工程竣工后，根据法规、规范和设计要求，对工程项目进行环境影响评价，对项目防治污染设施进行专项验收，验收合格由环保部门出具环保认可文件或核发准许使用文件。

3. 公安消防认可文件

公安消防认可文件是公安消防管理部门，对规定的大型的人员密集场所和其他特殊建设工程的消防安全规定和工程设计提出的消防要求，对工程消防设施检查验收后出具的认可文件，即办理消防行政许可。其他新建、扩建、改建（含室内装修、用途变更）工程，建设单位应当在取得工程竣工验收合格之日起七日内进行竣工验收消防备案。

4. 人防工程认可文件

凡是有地下人防设施的工程项目，在工程竣工备案前应由人民防空工程管理部门进行人防工程竣工验收，验收符合规范和设计要求，出具专项认可文件。

5. 工程档案认可文件

工程项目竣工验收前，各参建方形成的工程文件应由建设单位汇集，并提请城建档案管理机构组织工程档案预验收，检查基本合格，由城建档案管理机构出具认可文件。

6. 专业工程（项目）使用许可证

专业工程（项目）如电梯安装完毕后，燃气工程竣工后，使用前应由建设单位组织有关部门进行专项竣工验收、安全检查，由相关主管部门颁发使用许可证。如城市劳动主管部门对电梯安装情况检查审核后核发电梯使用许可证。

4.1.2.4 工程质量监督报告

建设工程质量监督机构应在工程竣工验收合格后5个工作日内出具工程质量监督报告，并向备案机关提交。工程质量监督报告应反映工程质量抽查情况，以及抽样测试情况，对是否符合备案条件提出结论性意见。

4.1.2.5 保修文件

建设工程保修文件是工程竣工后，按照法规规章及规范要求，施工单位与建设单位之间签订的工程保修协议。

1. 建设工程质量保修书

建设工程质量保修，是指对建筑安装工程、市政基础设施工程，以及装饰、装修工程的质量缺陷予以修复；建设工程在保修范围和保修期限内出现质量缺陷，施工单位应当履行义务。建设工程质量保修书就是建设单位与施工单位在工程竣工验收后为工程保修签订的质量保修的合约。

2. 住宅质量保证书

住宅质量保证书是房地产开发企业等建设单位对销售的住宅承担质量责任的法律文件，也是为了保障消费者合法权益，加强商品住宅售后服务管理而实行的一种制度。

3. 住宅使用说明书

住宅应同其他商品一样，具备使用说明书。住宅使用说明书是房地产开发企业等建设单位对住户合理使用住宅提供的提示，对住宅的结构、性能和各部位（部件）的类型、性能、标准等作出说明，并提出使用注意事项以及可能发生的问题。

4.1.3　工程竣工财务文件

工程竣工财务文件是综合、全面地反映竣工项目建设成果及财务情况的总结性文件，是办理交付使用资产的依据，也是工程竣工及验收文件的重要组成部分。

4.1.3.1　竣工决算

竣工决算是建设工程从筹建到竣工投产全过程中发生的所有实际支出，包括建筑安装工程费、设备仪器购置费和其他费用等。竣工决算主要由竣工财务决算报表、竣工财务决算说明书组成，一般由工程合同双方编制形成。

1. 竣工财务决算说明书

竣工财务决算说明书主要反映竣工工程建设成果和经验，是对竣工决算报表进行分析和补充的文件，是全面考核分析工程投资与造价的书面总结。

2. 竣工财务决算报表

依据基本建设财务管理的有关规定，工程项目竣工决算报表要根据大、中型建设项目和小型建设项目分别制定。大、中型工程项目竣工决算报表包括：竣工财务决算审批表、竣工工程概况表、竣工财务决算表、工程交付使用资产总表。小型工程项目竣工财务决算报表包括：竣工财务决算审批表、竣工财务决算总表、工程交付使用资产明细表。

4.1.3.2　交付使用固定资产清单

工程项目固定资产交付使用是国家投资的建设工程项目必办手续，但大中型工程项目和小型工程项目有不同要求，大中型工程项目需编制交付使用资产总表和交付使用资产明细表，小型工程项目直接编制交付使用资产明细表。

4.1.4　其他竣工文件

工程竣工验收过程中除产生上述文件外，还形成了满足工程竣工验收需要并能反映工程建设全过程的其他文件。

4.1.4.1　建设工程概况表

建设工程概况表是工程竣工并完成工程档案编制及汇总后，由建设单位或施工单位填写的对工程基本情况的简述，便于为使用者提供工程及相关信息。无论是建筑安装工程，还是市政基础设施工程均应填写建设工程概况表。

4.1.4.2　工程竣工总结

工程竣工总结是工程竣工后由建设单位组织编写的一个综合性报告，全面客观简要地记述和介绍工程建设全过程，总结建设的经验和教训。

4.1.4.3　非纸质工程文件材料

在工程建设过程中不仅形成了大量的纸质文件如文字、图表，而且还产生了照片、录音、录像、电子以及实物、模型等非纸质文件材料，他们从不同侧面以不同形式记录了工程建设过程。

1. 工程照片

工程照片是拍摄反映该工程开工前原貌、工程重要部位施工、竣工后新貌以及与工程建设相关重要活动的照片。照片一般由建设、施工、监理等单位分别提供，建设单位负责挑选、整理和归档。

2. 工程录音、录像

工程录音、录像是工程开工前，施工过程中和竣工验收等现场录音、摄像所形成的音像材料。录音、录像通常由建设单位负责或委托有关单位处理并进行后期制作，完成录音、录像材料的鉴定、整理、归档。

3. 电子工程文件

工程文件宜采用计算机进行管理，形成电子文件，其信息形式是数字化的。电子工程文件是能被计算机系统识别、处理，按一定格式储存在磁盘、光盘等介质上，并可在网络上传送的数字代码系列。

4. 模型、实物

在工程项目建设过程中可能制作了模型，如住宅小区总体模型、单体工程模型等；有意义的实物，如新型节能建筑材料、器具样品等，应妥善保存。

4.1.5 工程竣工验收阶段形成主要文件汇总

工程竣工验收阶段形成的文件由工程竣工文件、工程竣工验收文件、工程竣工验收备案文件、工程竣工财务文件和其他竣工文件五部分组成，各部分主要文件汇总见表4-1。

工程竣工验收阶段形成的主要文件汇总表 表4-1

类别	序号	文件名称	形成单位
（一） 工程 竣工 文件	1	单位工程竣工报告	施工单位
	2	单位工程竣工验收报审表	施工单位
	3	单位工程质量检查报告	设计单位
	4	单位（子单位）工程质量竣工验收记录	施工单位、监理单位等
	5	单位（子单位）工程质量控制资料核查记录	施工单位、监理单位
	6	单位（子单位）工程安全和功能检验资料核查记录	施工单位、监理单位
	7	单位（子单位）工程观感质量检查记录	施工单位、监理单位
（二） 工程 竣工 验收 备案 文件	1	工程竣工验收备案表	建设单位
	2	工程竣工验收报告	建设单位
	3	规划验收认可文件	规划行政管理部门
	4	环保验收认可文件	环保行政管理部门
	5	公安消防认可文件	公安管理部门
	6	人防工程认可文件	人防管理部门
	7	工程档案认可文件	城建档案管理机构
	8	专业工程（项目）使用许可证	相关部门
	9	工程质量监督报告	工程质量监督机构
	10	建设工程质量保修书	施工单位
	11	住宅质量保修书	建设单位
	12	住宅使用说明书	建设单位

类别	序号	文件名称	形成单位
（三） 工程竣工 财务文件	1	竣工财务决算说明书	建设单位
	2	竣工财务决算报表	建设单位
	3	交付使用固定资产清单	建设单位
（四） 其他竣 工文件	1	建设工程概况表	建设单位
	2	工程竣工总结	建设单位
	3	非纸质工程文件材料	施工单位、建设单位

4.2 工程竣工验收文件的主要内容与要求实例

工程竣工验收具备一定条件后，应做好相关准备，包括工程竣工文件的编报。工程竣工文件的主要内容及其相关规定要求，仍以实例形式讲述。

【实例一】

某学校新建教学大楼，建筑面积 $8700m^2$，层高 6 层，2003 年 2 月开工，2004 年 11 月工程基本完工，进入竣工验收阶段问题：

（一）建设工程竣工验收应具备哪些条件？

（二）工程质量监督机构对工程竣工验收有何责任？工程质量监督报告包括哪些内容？

分析：

（一）依照《建设工程质量管理条例》第十六条规定，建设工程竣工验收应具备下列条件：

1. 完成建设工程设计和合同约定的各项内容；

2. 有完整的技术档案和施工管理资料；

3. 有工程使用的主要建筑材料、建筑构配件和设备进场试验报告；

4. 有勘察、设计、施工、工程监理等单位分别签署的质量合格文件；

5. 有施工单位签署的工程保修书。

竣工验收条件中应具备的各项内容是竣工验收的先决条件，其中除有关技术档案、施工管理资料等是工程档案的主要组成部分外，其他几项内容也与工程档案有关。可见，完备的工程档案是竣工验收的重要前提条件。

除了以上规定条件外，根据建设部有关规定，还有为竣工验收专门形成的文件，如建设工程竣工报告、工程质量检查报告、有关部门（如规划、公安消防）的认可文件等。

（二）建设工程竣工验收是在具备验收条件后，由建设单位组织施工单位、监理单位、勘察单位、设计单位和建设单位等建设五方责任主体的相关负责人、责任人，对工程质量进行全面检查验收的活动。工程质量监督机构对工程竣工验收过程实行监督，重点是对工程竣工验收的组织形式、验收程序、执行验收标准等进行现场监督，发现有违反建设工程质量管理规定行为的，责令改正。工程质量监督机构应在工程验收合格后 5 个工作日内作出质量监督报告，包括以下内容：

1. 工程概况：工程名称、工程地址、工程规模、工程类别、结构类型、建筑面积、参建各单位负责人、开工时间、竣工验收时间、工程规划许可证号、施工许可证号，监督注册与监督部门、监督人员、监督起止时间等；

2. 有关建设工程质量的法规、规章、强制性标准的执行情况；

3. 地基、基础、主体结构及功能项目监督抽查情况，以及抽样测试情况；

4. 工程竣工技术资料的核查意见；

5. 工程竣工验收的监督意见；

6. 对工程遗留质量缺陷的处理意见；

7. 是否符合备案条件的结论性意见。

结论：

工程竣工验收应具备五个方面条件，工程质量监督机构对工程竣工验收过程实行监督，工程质量监督报告内容包括七个方面。

【实例二】

某市人民防空指挥大楼于 2005 年 4 月 2 日开工，2006 年 12 月 8 日通过竣工验收，工程项目面积 6500m²，层高 5 层，由市第一建安公司承建。在工程竣工验收前，工程项目监理部要求施工单位做好相关准备工作。

问题：

（一）施工单位应做好哪些工程竣工验收准备工作？

（二）准备过程中形成几种主要文件，包括哪些内容？

分析：

（一）施工单位应为工程竣工验收做好相关准备，主要包括施工单位对承建工程竣工标准自查，对单位工程施工质量文件检查确认，对工程项目质量自评验收，提交工程竣工报告，检查整理施工过程中形成的文件资料，按实填写工程款支付证明文件以及按合同约定和建设单位签署工程质量保修书七个方面等。

（二）工程竣工验收准备过程中，施工单位主要形成以下文件及其内容：

1. 工程竣工报告。其主要内容包括工程概况及施工完成情况，施工单位的自评工程质量情况，施工技术文件和施工管理文件情况，主要设备安装、调试情况和调试结果，有关工程质量检测项目的检测情况和检测结果，建设行政主管部门、工程质量监督机构等在施工过程中提出的责令修改的问题及整改情况。

2. 工程款支付证明。主要内容为工程承包合同总价、增加工作量造价，已支付工程款、按合同约定应支付工程款、剩余未支付工程款，剩余工程款支付时间及方式以及建设单位、施工单位、第三方证明单位意见。

3. 工程质量保修书。其主要内容是质量保修范围（按国家有关规定、规范确定）、施工单位相关人员及保修联系人签名、施工单位盖章。

结论：

施工单位应做好七个方面的工程竣工验收准备，在其过程中主要产生三种文件，各自包括的内容见上述分析。

【实例三】

某市职业技术学校教学实验大楼，框架 5 层，建筑面积 5328m²，2005 年 7 月开工，2006 年 12 月组织竣工验收。在竣工验收准备过程发生了以施工单位自检代替工程质量竣工验收的事件。

问题：

（一）以施工单位自检代替单位（子单位）工程质量竣工验收对吗？

（二）单位（子单位）工程质量竣工验收如何组织？有何要求？

（三）单位（子单位）工程质量竣工验收记录包括哪些内容？

分析：

（一）工程竣工施工单位自检和单位工程质量竣工验收是不同的程序，有不同的要求。根据《建筑工程施工质量验收统一标准》GB 50300—2013规定，单位工程完工，施工单位组织自检合格后，应报请监理单位进行工程预验收，整改完毕后向建设单位提交工程竣工报告，并填报单位工程质量竣工验收记录（施工单位应填写的部分）。建设、设计、监理与施工等单位进行工程质量竣工验收并形成记录。

（二）单位工程质量竣工验收是在施工单位自检、监理单位组织预验收合格基础上，建设单位组织由设计、监理、施工等单位有关人员组成的验收组，进行工程质量竣工验收，并记录备案和存档。单位工程质量竣工验收记录基本内容应由施工单位填写，验收结论由监理单位填写，综合验收结论应由验收组成员共同商定，并由建设单位填写，主要是对工程质量是否符合设计和规范要求及总体质量水平做出评价。进行单位工程质量竣工验收时，施工单位应同时填报单位工程质量控制资料核查记录、单位工程安全和功能检查资料核查及主要功能抽查记录、单位工程观感质量检查记录，作为单位工程质量竣工验收记录的附表。

（三）单位工程质量竣工验收记录主要内容分为三部分，第一部分工程概况，包括工程名称、结构类型、层数、建筑面积、施工单位、技术负责人、项目经理、项目技术负责人、开工日期、竣工日期等；第二部分验收内容，包括验收项目（分为分部工程、质量控制资料核查、安全和主要使用功能核查及抽查结果、观感质量验收）、验收记录和验收结论以及综合验收结论；第三部分，参加验收单位签证。

结论：

以施工单位自检代替单位工程质量竣工验收是不对的，不符合有关标准规范要求。单位工程质量竣工验收由建设单位组织，参建各方参加共同进行验收，其要求以及形成记录的主要内容见上述分析。

【实例四】

某市新区商场，框架10层（含地下一层），建筑面积20000多平方米，工程由甲级资格设计单位设计，特级资格施工单位施工，经过精心施工，工程在2007年8月7日通过竣工验收。建设单位按照规定要求，在工程竣工验收后，准备相关文件材料报备案机关备案。

问题：

（一）工程竣工验收备案表由谁填写？包括哪些主要内容？

（二）规划、公安消防等相关部门出具的认可文件包括哪些内容？

分析：

（一）工程竣工验收备案表是建设单位在工程竣工验收合格后负责填报，经备案机关审验而形成的制式表格，备案表主要内容为两部分：

第一部分，建设单位填报的内容

1. 建设工程概况：工程名称、工程地址、工程规模（建设面积和造价）、工程类别、结构、规划、施工许可证号、监督注册号等。

2. 参与工程建设的单位及负责人：包括建设单位、勘察单位、设计单位、施工单位、监理单位的名称和负责人。

3. 备案理由：建设单位请求工程竣工备案的理由和证明材料，由建设单位盖章，负责人签字。

4. 竣工验收意见：由勘察单位、设计单位、施工单位、监理单位、建设单位分别签署竣工验收意见，各单位盖章，负责人签字。

5. 竣工验收备案文件清单：文件清单按项目名称、文件名称、内容、数量、检查验证情况填写。

第二部分，备案机关审验

1. 备案意见：备案机关收到竣工验收备案表和备案文件，验收齐全后在工程竣工验收备案表上签署备案文件收讫章和备案专用公章，经办人、负责人签字。

2. 备案处理意见：备案机关依据工程竣工备案的法规文件，对工程质量监督报告和其他工程竣工文件、工程存在问题和解决方案等进行检验，做出是否同意备案。备案机关的审验工作应在 15 日内完成，并答复建设单位。

（二）所谓认可文件（或称准许使用证明文件），目前是指政府有关部门对规划、公安消防、环保等专项业务验收形成的专门文件。

认可文件一般内容为：工程概况和专业规划、设计要求，专项（如规划、公安消防）验收记录，专业业务部门验收意见，相关单位、部门和有关人员盖章、签字。准许使用证明书还需专业主管部门（如环保局、公安局）审查批准。

结论：

工程竣工验收备案表由建设单位和备案机关分别填写，工程竣工验收备案表和认可文件的主要内容见上述分析。

【实例五】

某县农业技术服务大楼，砖混结构四层，建筑面积 3120m²，工程于 2005 年 7 月竣工并通过验收。由于建设单位对竣工验收产生及报送的文件不完全清楚，向工程质量监督机构咨询有关问题。

问题：

（一）工程竣工验收报告与工程竣工总结何时编写？有什么区别？

（二）上述两种文件各包括哪些内容？

分析：

（一）工程竣工验收报告是在工程竣工验收合格后，由建设单位编写的专门总结。工程竣工总结是在工程竣工后，由建设单位负责编写的一个关于工程项目建设全过程的综合性报告。两者主要区别在于：第一，编写时间不同，前者是在工程竣工验收后，竣工验收备案前；后者是在工程竣工后。第二，编写内容不同，前者主要报告工程竣工验收情况；后者是对工程全过程进行全面而简要的总结。第三，主送机关不同，前者报建设行政主管部门备案机关等备案；后者不需作为备案文件。

（二）工程竣工验收报告与工程竣工总结的主要内容

1. 工程竣工验收报告主要内容为：

（1）建设工程概况；

（2）建设单位执行基本建设程序情况；

（3）对工程勘察、设计、施工、监理等方面的评价意见，合同内容执行情况；

（4）工程竣工验收时间、验收程序、内容和组织形式；

（5）工程竣工验收意见（对工程质量的总体评价）；

（6）工程遗留问题、经验和教训。

工程竣工验收报告编制完成后，应由建设、监理、设计、施工等单位签署意见并盖章、单位负责人签字。

2. 工程竣工总结基本内容包括七个方面：

第一，工程概况

（1）工程立项的依据和建设目的、意义；

（2）工程性质、类别、规模、标准，工程所处地理位置或桩号（坐标），工程量、工程概算、预算、决算等；

（3）工程产权归属，管理体制及资金筹措；

（4）工程勘察、设计、施工、监理、设备和重要原材料采购招投标情况；

（5）改扩建工程与原工程的关系。

第二，工程设计

（1）设计单位名称及设计资质、设计人员及配备情况，如工程设计有几个设计单位参加，要写明所有参加单位基本情况；

（2）设计内容，按参加的设计单位分别列出所承担的设计任务、完成情况、施工图审查意见以及设计质量评价；

（3）工程设计的新思想和特点，在工程设计中有什么新的设计思想，采用了哪些新的设计方法、工艺和使用了哪些新的建筑材料、设备，设计有哪些设计特点和有突出特点的建筑风格等。

第三，工程施工

（1）工程开、竣工日期，工程竣工验收日期；

（2）施工组织情况、主要技术措施；

（3）施工单位相互协调情况（如总包和分包之间，各专业队之间等）；

（4）使用新的施工方法情况；

（5）按施工单位分别列出其施工项目、工作量、完成情况及施工质量；

（6）其他配套工程，如建筑工程的室外工程、园林、绿化、环保等施工情况。

第四，工程监理

（1）监理工作组织情况；

（2）监理工作基本情况，按监理单位分别列出其监理项目、监理工作完成情况及监理工作评价；

（3）监理控制效果及其分析。

第五，工程质量评价

（1）工程质量事故及处理情况；

（2）工程质量鉴定评价意见（包括规划、消防、环保、人防、技术监督等方面的评价）；

（3）工程遗留问题及其处理意见。

第六，经验和教训

（1）工程设计、施工、监理和建设方面的经验；

（2）工程设计、施工、监理和建设方面存在的问题和教训。

第七，其他需要说明的问题

上述没有包括的内容，需要强调说明的问题等写在此项中。

结论：

工程竣工总结是在工程竣工后编制的，工程竣工验收报告是在工程竣工验收后编写的，两者之间的主要区别有三个方面。它们各自包含的内容见上述分析。

【实例六】

某市一条南北主干道于 2006 年 7 月 2 日开工拓宽翻建，2006 年年底完工并组织竣工验收，在竣工验收期间发生了如下事件：

事件（一）：建设单位填写的建设工程概况表内容不完整被要求重新填写。

事件（二）：工程声像材料偏少，且拍摄质量也不高。

事件（三）：工程决算中缺竣工决算说明书。

问题：

（一）建设工程概况表有哪些内容？

（二）工程声像材料包括哪些内容？有何质量要求？

（三）工程竣工决算说明书的主要内容？

分析：

（一）根据工程性质分析，建设工程概况表主要内容归纳为：

1. 基本情况：工程名称（曾用名）、工程地址、开、竣工日期及档号（由工程档案保管单位填写）。

2. 证件及证件号：建设工程规划许可证、建设用地规划许可证、建设工程施工许可证、工程质量监督注册登记表、工程档案登记表等。

3. 参建单位：建设单位、立项批准单位、监理单位、勘察单位、设计单位、施工单位、竣工测量单位、质量监督单位等名称。

4. 工程基本技术数据：工程概算、工程预算、工程决算。

5. 各类工程建设概况：

（1）建筑安装工程：总建筑面积、总占地面积。对于建设项目按单位工程分别填报：单位工程名称、建筑面积、结构类型、建筑高度、层数（地上、地下）、人防工程等级、重要建筑物抗震等级等内容。

（2）城市管（隧）道工程：按单位工程分别填报。填写单位工程名称、起止桩/井号（坐标）、管线（隧道）长度、管径（断面）、管道（衬砌）材质等内容。

（3）城市道路工程（含广场）：按单位工程分别填报。填写单位工程名称、结构、长度（面积）、道路（广场）红线、类别、路面（广场）材质等内容。

（4）城市桥梁工程（含涵洞）：按单位工程分别填报。填写单位工程名称、结构、长度、宽度（直径）、荷载等级、桥梁面积（涵洞长度）、孔数等内容。

（5）市政公用厂、站工程：总占地面积、总建筑面积、生产能力，以及按单位工程分别填报：单位工程名称、建筑面积、结构类型、建筑高度、层数（地上、地下）、防震等级等内容。

（6）城市轨道交通工程（含地铁）：工程起点、止点；按路线分别填写：路线（段）名称、客（货）运量、长度、开行列车列数等内容；按车站分别填写车站名称、建筑面积、高度、层数（地上、地下）、结构类型等内容。

6. 备注：需要说明的问题。

7. 签章：填表人、审核人及填表单位签字和盖章。

（二）工程声像材料包括照片、录音、录像材料

1. 工程照片的内容

（1）开工前的原貌：包括拆迁前、拆迁过程、拆迁后；

（2）开工时：开工典礼；

（3）施工过程：记录主要部位施工状况，以隐蔽工程、质量事故为重点；

（4）竣工验收：竣工验收会、现场检查等；

（5）竣工后新貌（室内、外及周边环境）。

2. 工程照片质量

包括照片拍照的工程部位、施工工艺等说明；照片作者、拍照时间及拍摄时技术指标。

3. 录音材料内容及质量

（1）录音内容：重要会议领导、专家讲话的录音，工程开工典礼、竣工验收大会的录音；

（2）录音材料质量：录音清晰，依据录音带压制成光盘并整理形成文字材料。

4. 录像材料内容及质量

（1）录像内容：能反映工程建设全过程，包括原貌、奠基、施工过程、竣工验收、工程新貌等。

（2）录像质量：编辑完成的录像材料压制成光盘，依据录像材料整理出文字材料，以及录像内容说明，摄像者和采用的录像设备、摄录时的技术指标等。

（三）工程竣工决算说明书主要内容包括：

1. 工程概况；

2. 资金来源和使用情况；

3. 对概算、预算、决算进行对比分析，说明资金使用的执行情况；

4. 各项经济技术指标完成情况及分析；

5. 结余的设备、材料和资金的处理意见，遗留问题的处理意见；

6. 财务管理工作的经验，以及存在的主要问题和解决措施等。

结论：

建设工程概况表根据工程性质分为建筑安装工程、城市管（隧）道工程、城市道路工程（含广场）、城市桥梁工程（含涵洞）、市政公用厂、站工程、城市轨道交通工程（含地

铁）等，其具体内容见上述分析。工程声像材料内容及重量要求以及工程竣工决算编制说明书的主要内容见上述分析。

4.3 工程竣工图的形成

工程竣工图是工程档案的重要组成部分，是工程建设完工的主要凭证材料和真实反映施工结果的图样，也是工程竣工验收的必备条件和对工程进行维护管理、灾后鉴定和灾后重建、改建、扩建的主要依据。因此不仅新建工程要编制竣工图，改建、扩建的工程也要编制竣工图。竣工图必须真实，才有利用价值。特别是已经隐蔽的地基基础、结构工程、地下管线等部位的竣工图，如果与工程实体不一致，将会给工程使用单位造成很大的困难和损失。

4.3.1 竣工图类型

（一）根据工程的实际情况和绘制竣工图的方法，可以把竣工图的类型分为以下四种：

1. 利用施工蓝图改绘的竣工图；

2. 利用翻晒硫酸纸底图改绘的竣工图；

3. 重新绘制的竣工图；

4. 利用电子版施工图改绘的竣工图。

（二）根据工程性质，可以将竣工图类型分为两大类：

1. 建筑安装工程竣工图；

2. 市政基础设施工程竣工图。

4.3.2 竣工图绘制的具体规定

竣工图编制单位应根据所在地及工程的具体情况，采用相应的绘制方法。特别是工程洽商记录（技术核定单）中涉及图纸内容改变的这些洽商内容要改绘到施工图上，与图纸内容无关的洽商，如商务洽商等，不必反映到施工图上。

1. 利用电子版施工图改绘的竣工图应符合下列规定：

（1）将图纸变更结果直接改绘到电子版施工图中，用云线圈出修改部位，按表 4-2 的形式做修改内容备注表；

修改内容备注表 表 4-2

设计变更、洽商编号	简要变更内容

（2）竣工图的比例应与原施工图一致；

（3）设计图签中应有原设计单位人员签字；

（4）委托本工程设计单位编制竣工图时，应直接在设计图签中注明"竣工阶段"，并应有绘图人、审核人的签字；

（5）竣工图章可直接绘制成电子版竣工图签，出图后应有相关责任人的签字。

2. 利用施工图蓝图改绘的竣工图应符合下列规定：

（1）应采用杠（划）改或叉改法进行绘制；

（2）应使用新晒制的蓝图，不得使用复印图纸。

3. 利用翻晒硫酸纸底图改绘的竣工图应符合下列规定：

（1）应使用刀片将需要改部位刮掉，再将变更内容标注在修改部位，在空白处做修改内容备注表，修改内容备注表样式可按表 4-1 执行；

（2）宜晒制成蓝图后，再加盖竣工图章。

4.3.3 竣工图编制几种形式

竣工图的编制是以施工图为基础的，根据各种变更文件在原施工图上修改或重新绘制而实现的，一般采用以下几种形式：

（1）凡按图施工没有变动的，则由施工单位（包括总包和分包施工单位）在原施工图上加盖"竣工图"章，作为竣工图。

（2）在施工中，虽有一般性设计变更，但能将原施工图加以修测补绘作为竣工图的，可不重新绘制，由施工单位在原施工图（必须是新蓝图）上注明修改的部分，并附以设计变更通知单和施工说明，加盖"竣工图"标志后，即作为竣工图。

（3）凡结构形式改变、工艺改变、平面布置改变、项目改变以及其他重大改变，不宜再在原施工图上修改、补充者，应重新绘制改变后的竣工图。或者在一张图纸上改动部分超过 40%，或虽然改动不超过 40%，但修改后图面混乱，分辨不清的个别图纸也需要重绘竣工图。由于设计原因造成的，由委托的设计单位重新绘制；由于施工原因造成的，由施工单位负责重新绘制；由于其他原因造成的，由建设单位自行绘图或委托设计单位绘图。重新绘制竣工图的技术要求，按国家规范操作。施工单位负责在新图上加盖"竣工图"标志，并附以有关记录和说明，作为竣工图。

4.3.4 竣工图编制的有关问题

（一）建设项目实行总包制的，各分包单位应负责编制分包范围内的竣工图，由总包单位经系统整理立卷后，在交工时向建设单位提交总包范围内的各项完整、准确的竣工图。

（二）建设项目由建设单位分别包给几个施工单位承担的，各施工单位应负责编制所承包工程的竣工图，建设单位负责汇总整理。

（三）建设项目在签订承发包合同时，应明确规定竣工图的编制、检验和交接等问题。

（四）竣工图是工程交工验收的条件之一，凡竣工图不准确、不完整、不符合归档要求的，一般不能办理交工验收手续。在特殊情况下，也可按交工验收时双方议定的期限补交竣工图。

（五）因编制竣工图需增加的施工图，由建设单位负责及时提供给施工单位，并在签订合同时，明确需要增加的份数。

（六）大型工程竣工后，可根据需要重新绘制竣工图，由建设单位负责组织力量绘制，设计、施工单位负责提供工程变更资料。

（七）编制整理竣工图所需的费用，凡属设计原因造成的，由设计单位解决；施工单位负责编制所需的费用，由施工单位在建筑安装工程造价中解决；建设单位负责编制和需要复制的费用，由建设单位在基建投资中解决；建成使用以后需要复制补制的费用，由使用单位负责解决。

4.4　工程竣工图的主要内容与要求实例

竣工图的编制有其依据和条件，建筑安装工程竣工图与市政基础设施竣工图其构成内容是不相同的。为了叙述方便，继续以实例形式介绍不同类型竣工图的内容及其相关要求。

【实例一】

某市公安指挥大楼，框架 11 层（含地下 2 层），总建筑面积 17000 多平方米，2005 年 9 月竣工，施工单位按照要求编制汇总了竣工图。

问题：

（一）竣工图编制的依据是什么？

（二）建筑安装工程竣工图包括哪些内容？

分析：

（一）竣工图编制是以施工图为基础，并依据图纸交底会议记录、设计变更通知、工程洽商记录（技术核定单）、隐蔽工程验收记录等。在施工过程中的变更内容也应及时更改到图纸上，以确保竣工图的质量。

（二）建筑安装工程竣工图的基本内容包括三部分图纸：总图、专业图和室外综合图。

1. 总图

总图是指建设工程的建设位置图和设计总说明书，一般包括总平面布置图、竖向布置图和设计总说明。

（1）总平面布置图

总平面布置图是工程位置和总平面图，具体内容为建设项目平面布置图、坐标位置图、单位工程平面位置和方位图等。

（2）竖向布置图

在建设用地范围内，建设工程竖向布置示意图。

（3）设计总说明

建设工程设计说明书。

2. 专业图

专业图是指建设工程涉及的所有单位工程图纸和每一个单位工程的专业图纸，包括建筑、结构、建筑装饰装修、给水排水与采暖、建筑电气、智能建筑、通风与空调、电梯等专业图纸。

（1）建筑竣工图

建设工程建筑竣工图有建筑物总平面图、立面图、剖面图，各楼层、楼梯间、井道等平面图、剖面图、节点大样图，防水、变形缝做法大样图，以及建筑设计说明等。

（2）结构竣工图

建设工程结构竣工图主要有地基与基础平面图、剖面图、配筋，工程各楼层结构平面图及各种结构的墙、梁、柱、板配筋图，节点大样图，楼梯、电梯、井道等的平面图、剖面图、大样图、配筋图，预制构件图，设备基础图，以及结构设计说明等。

（3）建筑装饰装修竣工图

建筑装饰装修是指建筑物的内外装修、装饰，主要有外装饰的贴面、幕墙、门窗和屋顶构造、防水等，内装修的吊顶、防水、地面、墙面的装饰等项目。建筑装饰装修竣工图有平面图、立面图、结构图、节点大样图、部件图及设计说明等。

（4）建筑给水排水与采暖（燃气）竣工图

建筑物室内给水、排水、采暖以及燃气专业均有各自的专业竣工图。每个专业主要的竣工图为：各楼层平面图、剖面图、系统立面图、透视图、局部大样图，以及各专业设备用房平、立、剖面图，设备位置图、安装图，管线系统图，以及设计说明等。

（5）建筑电气竣工图

建筑电气是指电气动力、电气照明、变配电、供电干线等项目。建筑电气竣工图包括动力、照明系统图，各楼层平面图（布线图），供配电、照明干线立管图，发供电、变配电、变电站、开闭所等电气布置平面图、剖面图、系统图、大样图、原理图和二次接线图，以及设计说明等。

（6）智能建筑竣工图

智能建筑指通信网络系统，办公自动化系统，建筑设备监控系统，火灾报警及消防联动系统，安全防范系统，综合布线系统，智能化集成系统等项目，各项目均有本专业系统的竣工图。智能建筑各系统竣工图主要有：控制线平面图、系统图、系统原理图、施工接线图，控制室布线图、平剖面图或控制箱柜图，防雷、防磁、防静电接地布置图、走线图，以及智能建筑和各系统的设计说明等。

（7）通风与空调竣工图

通风与空调是指排送风、防排烟、除尘、空调风、净化空气、制冷系统等项目。通风与空调各项目系统竣工图包括各系统的地上、地下各层平面图、剖面图、立面系统图或透视图、局部大样图，各设备用房的平、剖面图，管线系统图，设备（施）安装图和防震、隔声处理图，以及设计说明等。

（8）电梯竣工图

电梯是指直升梯、自动扶梯、自动人行道等。电梯竣工图为电梯设备基础图、电梯安装图、电梯电气原理和布置图、电梯设备表和设计说明等。

3. 室外综合图

室外综合图指建设项目用地范围内主要建筑物以外的附属物和构筑物，一般分为室外建筑环境竣工图和室外安装竣工图。

（1）室外建筑环境竣工图

室外建筑环境是指附属建筑和室外环境。附属建筑为车棚、围墙、大门、挡土墙、垃圾收集站等，室外环境为建筑小品、道路、水景、花坛、绿化、亭台、连廊等地下构筑物。各种附属建（构）筑物和室外环境构成室外建筑环境竣工图。

（2）室外安装竣工图

室外安装竣工图可分成两部分，一为室外给水排水与采暖、燃气等综合图，二为室外电气综合图。

室外给水排水与采暖、燃气图，包括给水、排水、消防用水、热力、燃气等专业管线图和管网综合图。

室外电气图包括供电、照明、通信、有线电视、宽带网等专业管线图和管网综合图。

（3）室外各建（构）筑物、专业管线竣工图

室外建（构）筑物竣工图包括车棚、围墙、大门、挡土墙、垃圾收集站等建筑、结构竣工图，室外建筑小品竣工图、室外道路竣工图、室外绿化竣工图等。

室外给水排水与采暖、燃气专业图：室外给水专业竣工图、室外排水专业竣工图、室外消防用水竣工图、室外供热专业竣工图、室外燃气专业竣工图等。

室外电气专业图：室外供电（照明）管线竣工图、室外电信管线竣工图、室外有线电视管线竣工图、室外宽带网布线管线竣工图等。

结论：

竣工图编制依据是以施工图为基础，还依据图纸交底记录、设计变更通知单等。建筑安装工程竣工图的主要内容分为总图、专业图和室外综合图，各自所包括的竣工图样见上述分析。

【实例二】

某市在建设特大城市过程中，新建一条贯穿城市南北，宽 40m 的主干道，跨越京沪铁路、大运河，穿越沪宁高速公路。该建设工程项目由该市市政建设工程总公司中标承建。

问题：

（一）根据所给背景资料，施工单位在竣工前形成的、应当归档保存的工程竣工图文件至少有哪些？为什么？

（二）市政基础设施工程包括哪些种类竣工图？根据背景资料，相关市政基础设施工程竣工图有哪些内容？

分析：

（一）根据所给背景资料，施工单位在竣工前形成的、应当归档保存的工程竣工图文件至少有以下五个方面：

1. 道路工程。因为根据背景资料，该工程本身就是道路建设工程。

2. 桥梁工程。因为根据背景资料，该道路工程跨越京沪铁路、大运河，包含桥梁工程。

3. 隧道工程。因为根据背景资料，该道路工程穿越沪宁高速公路，包含隧道工程。

4. 排水工程。因为根据背景资料和城市道路建设要求，城市道路工程本身就包含排水工程。

5. 供水、供热、供气、电力、电信等地下管线工程。

（二）市政基础设施工程竣工图

市政公用设施工程按工程专业类型进行划分，一般分为市政工程、地下管线工程、交通运输工程、水利防灾工程、地下人防工程、园林绿化工程、厂（场）、站工程，每类工程因工程性质、专业性质不同，其竣工图的种类、内容也各不相同。

根据实例背景资料，主要说明市政工程、地下管线工程、交通运输工程竣工图的内容。

1. 市政工程竣工图内容：

城市市政工程是指城市道路、桥梁、涵洞、城市交通（地铁、轻轨）等工程。

（1）城市道路

城市道路包括道路、广场、地面停车场等工程。城市道路竣工图主要有：工程位置图、平面布置图、纵断面图、横断面图、结构图，交叉路口竖向图，给排水管网图，挡土墙等构筑物结构图，以及设计说明等。

（2）桥梁

桥梁包括普通桥梁、立交桥、人行过街天桥等工程。桥梁竣工图主要有：桥址平面图，桥梁总平面图、桥梁构造图、基础图、墩台构造图、结构图，桥面、伸缩缝和排水、照明图，以及设计说明等。

（3）涵洞、隧道

涵洞、隧道包括大型涵洞、隧道、人行地下通道等工程。涵洞、隧道工程竣工图主要有构筑物位置图、平面图、纵横断面图、基础图、结构图，隧道的颈部构造图、沉降缝构造图，出入口平、立、剖面图和结构图，隧道的暖卫、通风、电气、照明等专业竣工图，以及设计说明等。

（4）城市交通

城市交通包括城市铁路、轻轨和地铁，以及城市公共交通的路线、站台等。城市交通竣工图主要有：工程位置图、线路图、总平面布置图、平面图和竖向图，路基及断面图，轨道铺设安装图，地铁的开控断面图、结构图，地铁车站建筑图、结构图、装饰装修图、配套设施图、给水排水、供暖、电气、智能建筑等专业图，以及设计说明等。

2. 地下管线工程竣工图内容：

地下管线工程是指城市地下管网和给水、排水、供气、供热、供电、电信、信息网、军事、工业等专用管线。城市地下管线工程竣工图一般分成两部分，一是地下管线，二是附属构筑物，主要有各专业地下管线竣工图和附属构筑物竣工图，城市地下管网综合图，以及设计说明等。

（1）管线

各专业管线竣工图有：总平面图、平面图、纵横断面图、节点大样图、特殊处理图，开挖沟槽图和基础图，以及设计说明等。

（2）附属构筑物

专业管线附属构筑物指检查井、小室、管沟等。构筑物竣工图主要有：平面图、立面图、剖面图、构造图，选用的标准图纸，以及设计说明等。

3. 交通运输工程竣工图内容：

交通运输工程指的是铁路、公路、航空、水运等交通设施工程。交通运输工程形成的竣工图分为铁路、公路、航空、水运工程。

（1）铁路工程

铁路工程指的是线路工程和站区、桥涵、隧道等构（建）筑物。铁路工程竣工图主要包括线路、站区总平面图、平面图，路基基础图、平、剖面图，站区建筑物的平、立、剖面图和基础图、结构图、专业图、装修图，桥涵、隧道、挡土墙的建筑、结构图，信号控制、通信设施、动力、照明等平面布置图、管线图、设施图、设施安装图，以及设计说明等。

（2）公路工程

公路工程指公路道路工程及与公路有关的桥、涵、隧道、挡土墙、收费站、车站等建（构）筑物。公路工程竣工图主要包括公路总平面图、平面图、纵横断面图、路基及路面结构图，桥、涵、隧道、挡土墙、收费站等构筑物的建筑图、结构图，信号控制、通信、照明、排水等设施平面图、管线图、设施图、设施安装图，车站同建筑安装工程，以及设计说明等。

（3）航空工程

航空工程是指机场的跑道、停机坪、机库、航空指挥设施、航站楼等构筑物和建筑物。航空工程竣工图主要有：航站楼等建筑物同建筑安装工程；跑道、停机坪等构筑物主要竣工图有机场总平面布置图，跑道、停机坪等平面图、断面图及地面结构图；机库、指挥塔等建（构）筑物的建筑图、结构图及其风、水、电、通信等内部设施专业图；机场内的道路图、地下管线综合图，以及设计说明等。

（4）水运工程

水运工程是指航道、码头、船坞等工程设施。水运工程竣工图主要有：航道总平面图，设施图、信号系统图，码头、船坞的建筑图、结构图、设备图、给水、排水、动力、照明、电信等管线图，以及设计说明等。

结论：

根据背景资料，该工程至少产生五个方面的竣工图。市政基础设施工程包括七个种类竣工图。

【实例三】

某市在火车站东南侧建设大型旅游、休闲绿地公园，地上绿地公园还包括体育活动场地、游乐园、植物园和雕塑等。地下建人防工程和地下停车场。工程分别由市绿化工程有限公司和市第一建筑安装工程公司承建，于2007年11月竣工，并通过了验收。

问题：

（一）地下人防工程竣工图包括哪些内容？

（二）园林绿化工程竣工图有哪些内容？

分析：

（一）地下人防工程竣工图内容

地下人防工程是指人防通道、人防建筑物、人防构筑物等专门设施。建设地下人防工程的目的是在战争情况下，用于保证人员、物资安全和抗击入侵者。人防工程要保证人员、物质安全，便于运动和转移，它本身就是一套复杂系统工程。人防工程有单体的（如建在建筑物中的），有相互联接的（一般用人防通道联接）。目前，在考虑长期备战的原则下，注重平战结合，合理利用。

1. 人防通道

人防通道是城市人防设施的连接线。人防通道竣工图主要有平面位置图、平面图、纵横断面图，附属设施的平面图、结构图，给水、排水、照明、通信等管线图，以及设计说明等。

2. 人防建筑物

人防建筑物指的是专门的人防建筑物和在建筑工程中建设的人防工程。建筑工程中的人防工程是在建筑工程建设时同时完成的，形成的人防工程竣工图主要有建筑、结构、给水、排水、动力、照明图和满足三防要求的设施图；专门的人防建筑物除与建筑安装工程形成的竣工图基本相同外，再加上人防工程专门要设置的专用设施，如自备供电系统、排烟系统、三防系统等设施竣工图，以及设计说明等。

3. 人防构筑物

人防构筑物指的是人防出入口、排气、排烟孔、蓄水井等构筑物。人防构筑物竣工图主要包括平面位置图、平面图、纵、横断面图、局部大样图、结构图、伪装设施图，以及设计说明等。

（二）园林绿化工程竣工图内容

园林绿化工程是指公园建设、绿地建设、园林建设工程，城市雕塑和碑、馆、寺、塔建设工程。

1. 公园建设

公园建设工程指的是城市公园、游乐园、动物园、植物园、风景名胜区等建设项目。公园建设工程竣工图主要有公园平面布置图、竖向布置图、建筑环境图和地下管线综合图，各建筑物、构筑物的建筑、结构图和给排水、电气等专业图，特殊要求建造的专门设施的竣工图，以及设计说明等。

2. 绿地建设

绿地建设指街心花园、公共绿地和街区绿化等工程建设。绿地建设工程竣工图主要有：绿地总平面图、竖向布置图、平面图、建设环境图，上水、排水系统图，电气、照明系统图，以及设计说明等。

林木指名木、古树。林木保护是指对名木、古树建档和制定保护措施。林木建档是对名木、古树标明树种、树名、树龄、地点（位置）等，应采取的保护措施并进行拍照。

3. 纪念性建筑物

纪念性建筑物指的是碑、塔、寺、馆和名胜古迹（寺、庙、祠、故居）等建（构）筑物。纪念性建筑物竣工图与建筑安装工程相同，但对碑文、名人题词、古迹历史要有文字和照片记录。

4. 城市雕塑

城市雕塑有单体雕塑、群体雕塑，分布在城市的道路、公园、住宅区等建筑群中。雕塑竣工图主要有单体雕塑的平面图、立面图、示意（素描）图、节点大样图，群雕的平面布置图、立面图、材质、作者，以及设计说明等。

结论：

地下人防工程包括人防通道、人防建筑物、人防构筑物等竣工图，具体内容见上述分析。园林绿化工程包括公园、绿地、纪念性建筑以及城市雕塑等竣工图，具体内容同样详见上述分析。

【实例四】

为保证城市河道通畅，改善居住环境，提高城市防汛防灾能力，某市水利局组织整治城市内一条主要河道，总投资 1.42 亿元，工期两年，2008 年 7 月通过验收。由于整治过程中，工程只发生了一般变更，施工单位就直接以原施工图代替竣工图。

问题：

（一）施工单位做法对吗？竣工图与施工图有什么区别？

（二）水利防灾竣工图包括哪些内容？

分析：

（一）按照竣工图编制形式及要求，如果施工中只发生了一般性设计变更，是可以以施工图代替竣工图，但有两个前提条件，第一，能将原施工图加以补测补绘作为竣工图；第二，加盖竣工图章。根据背景材料，施工单位未这样处理，其做法是不对的。

竣工图与施工图之间有着本质区别，二者区别在于：施工图是建设工程施工前产生的，是施工的依据；竣工图是建设工程施工过程中形成的完全反映工程施工结果的图纸，是工程建成后的真实写照。因此，施工图与竣工图是两个不同阶段的图纸，一个是施工阶段的图纸，一个是竣工阶段的图纸，二者决不能混为一谈。竣工图和施工图之间有非常联系，主要是施工图是编绘竣工图的基础，竣工图是施工图实施后的记录，是施工图的事实结果。

（二）水利防灾竣工图内容

水利防灾工程包括水利工程、河湖工程、防洪、防汛工程，以及防地震、抗台风等防灾工程。

1. 水利工程

水利工程指修水库、开水渠和建堤坝。水利工程竣工图主要有：总平面布置图、水库流域图、平面图、纵横断面图、水渠标准断面图、边坡加固图，泄洪、输水、水闸等工程的建筑图、结构图、基础图、主要设备图、设备安装图、供电系统图，以及设计说明等。

2. 河湖工程

河湖工程指的是河道的整治、湖泊流域的治理。河湖工程竣工图主要有：局部平面位置图、流域图、平面图、纵横断面图、边坡加固图、观测及监控点位置图、设施图，以及设计说明等。

3. 防洪、防汛工程

防洪、防汛工程指的是防洪堤的加固、防潮海堤的加固、清理河道等建设工程。防洪防汛工程竣工图主要有平面布置图、平面图、剖面图、结构图和局部大样图，观测监控位置图、设施图，以及设计说明等。

4. 防灾工程

防灾工程指的是建筑物和构筑物在地震、飓风、海啸等破坏时，需要对建筑物、构筑物进行加固的工程。防灾工程竣工图主要有：建筑图、结构图、加固图、局部大样图，以及设计说明等。

结论：

根据竣工图编制要求和背景材料，施工单位做法是不对的。竣工图与施工图有本质区别，主要是形成阶段不同，发生作用不同。水利防灾工程竣工图有四个方面，具体内容详见上述分析。

【实例五】

某市城市建设投资公司投资建设城市污水处理厂，工程分为两期，第一期工程设计日处理污水能力 10 万 t，与其配套的污水管网总长度约 140km，污水提升泵站 11 座，一期厂区建设投资 1.2 亿元。2007 年 9 月一期工程进入竣工阶段，工程预验收时，发现竣工图的编制存在一定问题，特别是竣工图章不符合规定要求。

问题：

（一）厂（场）、站工程竣工图有哪些方面内容？

（二）竣工图章及加盖有何要求？

分析：

（一）厂（场）、站工程竣工图内容

厂（场）、站工程是指市政基础设施工程的设施工程，如给水厂（站）、排水厂（站）、污水处理厂、供热厂（站）、供气厂（站）、发（供）电厂（站、所）、电信台（站）、垃圾处理厂（场）等。

1. 给水厂（站）工程

给水厂、站指的是取水厂、净水厂、加压站、供水（配水）厂等建设工程。给水厂站竣工图有工程总平面图、平面图、立面图、节点大样图、结构图、设备图及安装图、工艺流程图、附属设施图，以及设计说明等。

2. 排水厂（站）工程

排水厂、站指的是排水泵站、污水处理厂等建设工程。排水厂（站）竣工图主要有工程总平面图、建筑图、结构图、设备布置图、设备安装图、附属设施图、污水处理厂的工艺流程图、管道系统图、监控设施图，以及设计说明等。

3. 供热厂（站）工程

供热厂、站指的是供热厂、锅炉房、热力交换站等建设工程。供热厂（站）竣工图主要有厂、站建筑物的建筑图、结构图和配电、供水、排水、供热设施图和管线图，系统图，设备安装图，工艺流程图，监控系统图，以及设计说明等。

4. 供气厂（站）工程

供气厂、站指的是气源厂、储备站、加压站等建设工程。供气厂（站）竣工图主要有厂、站建筑的建筑图、结构图及供电、供水、排水等设施图和管线图，供气设备图、设备安装图、工艺流程图、监控系统图，以及设计说明等。

5. 供电厂（站、所）工程

供电厂、站、所指的是发电厂、变电站、开闭所等建设工程。供电厂（站、所）竣工图有总平面图，厂、站建筑物的建筑图、结构图和内部设施图，发电、供电设备图、设备安装图、供电工艺流程图、监控系统图，以及设计说明等。

6. 电信台（站）工程

电信台、站工程指的是电信台、通信站（所）等建设工程。电信台（站）工程竣工图有电信台、站建筑物的建筑、结构和内部设施图、电信设备图、设备安装图、电信工艺流程图、监控系统图，以及设计说明等。

7. 环卫工程

环卫工程指的是垃圾厂（场）、垃圾站、公共厕所等建设工程。环卫工程竣工图有建

（构）筑物平面布置图、平面图、立面图、剖面图、结构图、设施（备）图、设施（备）安装图，以及设计说明等。

（二）竣工图章格式及加盖印章的要求

1. 竣工图章（签）是把原施工图改变为竣工图的标志，竣工图章（签）是工程竣工的依据，要按规定填写图章（签）上各面内容。编制单位、编制人、技术负责人要对本竣工图负责。

2. 竣工图章的式样和尺寸按统一规格如图 4-2 所示（宽 50mm，长 80mm）。

3. 竣工图章应使用不褪色的红色印泥盖印，应加盖在蓝图右下角设计图签的上方或周围不压盖图形文字的地方，技术负责人、总监必须在审核后签字。

原施工蓝图的封面、图纸目录也要加盖竣工图章，作为竣工图归档，并置于各专业图纸之前。但重新绘制的竣工图的封面、图纸目录，可不绘制竣工图签。

图 4-2　竣工图章示例

结论：

厂（场）、站工程竣工图包括七个方面，具体内容详见上述分析。竣工图章应按统一规格制作，加盖要符合规范要求。

思　考　题

1. 建设工程竣工验收有何条件？

2. 工程竣工报告、工程质量检查报告包括哪些内容？

3. 工程竣工验收如何组织？竣工验收记录的主要内容有哪些？

4. 工程质量监督机构对工程竣工验收有什么责任？工程质量监督报告包括哪几方面内容？

5. 工程竣工验收备案过程中提交的文件有几种类型？

6. 工程竣工验收报告如何编制？主要内容又有哪些？

7. 工程概况表包括哪些基本内容？

8. 工程竣工图有哪几种类型？产生形式又有几种？

9. 建筑安装工程竣工图包括几方面构成内容？

10. 市政工程、地下管线工程、交通运输工程和厂（场）、站工程竣工图的主要内容是什么？

11. 竣工图与施工图的主要区别有哪些？

12. 竣工图章包括哪些内容？加盖有何要求？

第 5 章　工程文件的质量

内 容 提 要

　　本章重点包括：一、工程文件的质量要求，主要了解工程文件内容的质量要求、工程文件制成材料的质量要求和工程文件外观的质量要求。二、影响工程文件的质量因素及工程文件质量控制，通过分析影响工程文件的质量因素，掌握工程文件质量控制方法。

　　工程文件质量是工程文件保存的基础，是发挥工程文件作用的前提条件，也是工程档案管理的重要方面。客观上影响和制约工程文件质量的因素是多方面的，因此，不论是工程文件的产生者，还是管理者都应当重视和加强工程文件形成过程的监控，以保证和提高工程文件质量，实现工程档案的利用价值。

5.1　工程文件的质量要求

　　工程文件的质量要求包括内容的质量要求、制成材料的质量要求和外观的质量要求，应当按照规范标准进行编制和管理。

5.1.1　工程文件内容的质量要求

　　工程文件的质量，从其内容来说，主要表现为工程文件及图纸的真实性、完整性。在工程文件形成时应要求：第一，工程文件内容真实且与工程实际相符；第二，工程文件内容及深度符合规范标准；第三，工程文件内容完整，且数量齐全。

5.1.1.1　工程文件内容真实与工程实际相符

　　工程文件必须反映工程实际，与工程建设过程同步、相符，其内容应当真实准确，这是工程文件形成过程中的一项基本质量要求。工程文件内容质量实行形成单位各负其责的原则，即：由一方单独形成的文件，由形成单位自己负责；由两方以上形成的文件，按照谁形成谁负责的原则，由各方对自己签署的内容的真实性、完整性、有效性负责。

1. 工程文件内容真实准确

　　工程文件的真实性、可靠性和准确性是指工程文件所记载的内容能够真实、客观地反映出该项工程建设的全过程及实际情况，总体上要求达到"三个一致"，即工程文件同所记载的对象相一致；同该工程的建设过程相一致；同一个工程项目的相关文件互相对应、彼此协调、内容上相一致，如底图与蓝图相一致，检测报告与试验数据相对应。在工程管理及工程建设过程中应加强监控，所产生的文件是第一手材料，而不是不原始不准确的材料，更不是事后编造出来的假材料。如工程项目立项阶段的请示、报告和论证材料、上级批复；施工过程中形成的施工记录、工程检查文件、试验文件、变更通知以及监理通知等都应当是原始件，且相关手续完备，得到确认。

工程文件中竣工图的真实性和准确性非常重要，不仅要与建成后的工程实际相符，而且有精度要求，做到修改全面、准确，标注规范。如利用施工图改绘竣工图，要求修改的内容都要在施工图上反映，并且注明变更依据；如直接绘制竣工图，要求绘制的图纸内容与竣工的工程实物相对应。

工程文件不得随意修改，这是一条重要基本原则，以保证工程文件的真实性。但有时由于笔误等原因需要对工程文件的个别内容进行更正，应按规定进行，执行划改（也称"杠改"），划改人应签署并承担责任。

2. 工程文件系统完整

工程文件系统完整是指记载和反映工程建设全过程的各类文件收集齐全，系统成套。要求能够完整地反映工程建设活动的全部内容和工程面貌，既有工程项目的前期准备及依据性文件，又有施工过程中的各种技术文件和竣工图及其竣工验收文件。按照工程建设基本程序和工程项目的具体情况及专业特点，一项工程在其所产生的成套档案内，不能缺少阶段或工序性文件，在一份应归档的工程文件内，不重复、不遗漏文件。要保证工程文件系统完整，不仅要依靠各参建单位，而且要重视文件的积累和督查指导工作，并纳入工程管理考核内容。

5.1.1.2 工程文件内容及深度符合规范标准

国家对工程勘察、设计、施工、监理和质量验收等制定了一系列规范标准，工程文件的形成内容及其深度，都应依照执行，签证要齐全，深度要达标。

1. 签证齐全、手续完备

工程文件中既有公务文件，又有技术文件，各类文件应签证齐全、手续完备。工程准备阶段文件中的立项文件是公务文件，应按公文的体式制发，要有发文号及发文单位的公章和发文日期。在工程实施阶段形成的工程文件或表格要求形成文件的相关责任人签字、审核、批准、盖章，并注明形成日期。在竣工验收阶段编制的竣工图，要盖竣工图章，竣工图章上签字应齐全。所有工程文件的签认应当及时，不应出现空缺，该签字的要签字，该盖章要盖章。签字不得漏签、代签，也不得以签字代盖章或以盖章代签字。

2. 内容及深度符合规范标准

国家及地方制定颁布了关于工程勘察、设计、施工、监理等方面的一系列专业规范、标准，国家标准如《供水水文地质勘察规范》GB 50027—2001、《建筑抗震设计规范》GB 50011—2010、《住宅建筑规范》GB 50368—2001、《建筑工程施工质量验收统一标准》GB 50300—2001、《建筑装饰装修工程质量验收规范》GB 50210—2001、《建设工程监理规范》GB 50319—2000 等；地方标准如江苏省《住宅分户检验规程》、《江苏省建设工程质量检测管理实施细则》等。

工程文件的内容需符合国家标准和地方标准的深度要求，严格按照国家有关勘察、设计、施工、监理等方面的技术规范、标准和规程来形成。

工程准备阶段文件必须按有关主管部门的规定进行建设项目的申报、审批，报批文件应采用规定的标准格式，内容要按要求填写，审批单位应按规定的程序审批。如建设用地规划许可证，国家制发了统一的标准格式，其内容应逐项填写，不得漏填。许可证的附图及附件是文件内容深度的重要方面，规定的用地单位申请报告、红线图、项目批准文件、定点通知书、总平面图等文件应全部附上。文件形成时形成单位要检查，文件归档时，档案管理部门仍要检查。

工程实施阶段形成的施工文件和监理文件中有大量表格，无论是施工报审报验文件、施工记录、施工试验记录、验收记录，还是监理工作记录、监理验收记录都有国家或地方统一印制的用表，施工单位和监理单位应按规范要求的格式和内容填写，达到内容齐全、数字准确、结论可靠、手续完备。

如施工文件的《地基处理记录》。见表 5-1。

地基处理记录 表 5-1

编号：×××

工程名称	××××干休所	日期	××××－××－××

处理依据及方式：
　　处理依据：
　　(1)《建筑地基基础工程施工质量验收规范》GB 50202—2002；
　　(2)《建筑地基处理技术规范》JGJ 79—2002；
　　(3) 本工程《地基基础施工方案》；
　　(4) 设计变更/洽商（编号××）及钎探记录。
　　方式：填级配石厚 200mm。

处理部位及深度（或用简图表示）

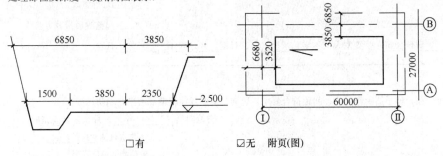

□有　　　　　　　　☑无　附页(图)

处理结果：
　　填级配石厚 200mm
　　(1) 先将基底松土及橡皮土清至老土层。
　　(2) 按设计要求两侧钉好水平桩标高控制在－2.2m 为回填级配石上平。
　　(3) 回填级配石的粒径不大于 10cm，且无草根、垃圾等有机物。
　　(4) 填好级配石后用平板振动器振捣遍数不少于三遍。
　　(5) 排水沟内填卵石，不含有砂子，标高至基底上表面。
　　(6) 级配石的运输方法：用钉好的溜槽投料，严禁将配石由上直接投入槽中。

检查意见：
　　经复验，已按洽商要求施工完毕，符合质量验收规范要求，可以进行下道工序施工。
　　（由勘察、设计单位签署复查意见）

检查日期：××××－××－××

签字栏	监理单位	勘察单位	施工单位	××工程公司	
			专业技术负责人	专业质检员	专业工长
	×××	×××	×××	×××	×××

填写的内容深度应注意：

（1）记录编号、工程名称及日期必须填写完整；

（2）处理依据及方式应填写齐全；

（3）处理部位及深度要表述清楚、准确，当地基处理范围较大、内容较多、用文字描述困难时，应附简图示意；

（4）处理结果应填写规范，数字精确，表达规程规范的要求；

（5）检查意见应明确，由勘察、设计单位签署复查意见，按照相关标准或设计要求给出明确结论，确定是否符合规范要求，是否可进行下道工序施工；

（6）签字栏中勘察、设计、监理和施工单位相关人员均应签字，严禁他人代签。

再如监理文件的《不合格项处置记录》。见表5-2。

不合格项处置记录　　　　　　　　　　　　　　　　　表5-2

工程名称：<u>广发大厦工程</u>　　　　　　　　　　　　　　　　　　　　　　编号：×××

不合格项发生部位与原因：

　　致××建筑工程公司（单位）：

　　由于以下情况的发生，使你单位在第五层②～⑥/B-H轴墙体施工时发生严重 ☑/一般□不合格项，请及时采取措施予以整改。

　　具体情况：

　　为控制第五层②～⑥/B-H轴墙体钢筋保护层厚度，应点焊连接梯子定位钢筋。经检查梯子筋制作的各部位尺寸，发现间距较小、竖向定位筋顶模板端部未磨平且未刷防锈漆。

□自行整改

☑整改后报我方验收

　　签发单位名称<u>××监理公司</u>　　签发人（签字）<u>×××</u>　　日期<u>××××</u>年<u>××</u>月<u>××</u>日

不合格项改正措施：

　　点焊连接梯子定位筋，梯子筋制作尺寸、间距符合要求，竖向定位筋顶模板端部磨平，刷防锈漆。

整改限期<u>××××</u>年<u>××</u>月<u>××</u>日前完成

整改责任人（签字）<u>×××</u>

单位负责人（签字）<u>×××</u>

不合格项整改结果：

致<u>××监理公司</u>（签发单位）：

　　根据你方要求，我方已完成整改，请予以验收。

单位负责人（签字）：<u>×××</u>

日　　期：<u>××××</u>年<u>××</u>月<u>××</u>日

整改结论：

　　同意验收。

验收单位名称<u>××监理公司</u>

验收人（签字）<u>×××</u>

日期<u>××××</u>年<u>××</u>月<u>××</u>日

对于内容的深度，应当满足下列要求：

（1）监理工程师在隐蔽工程验收和检验批验收中，针对不合格的工程填写不合格项处置记录。

（2）不合格项发生部位及原因一栏，由监理单位监理工程师或总监理工程师签发，表达清楚不合格所发生的部位及其严重性，找出发生的原因，书写内容规范，专业表述有深度。

（3）"不合格项改正措施"栏由整改方（施工单位）填写具体的整改措施内容。

（4）"不合格项整改结果"栏填写整改完成的结果，并向签发单位（监理单位）提出验收申请。

（5）"整改结论"栏，根据不合格项整改验收情况，由监理工程师作出是否同意验收的结论性意见。

工程竣工验收阶段文件，应按竣工验收文件规定的格式和内容填写，应当做到格式标准、填写规范、内容全面、签认齐全、结论明确、真实可信。

5.1.1.3 工程文件内容完整、数量齐全

工程文件产生于工程建设活动中，应是工程建设活动的反映和写照。从内容上讲要做到完整规范，从数量上看需齐全成套。

1. 工程文件数量齐全

工程文件数量齐全，既要参照国家及地方有关规范，如《建设工程文件归档整理规范》GB/T 50328—2001 进行检查，又要结合考虑工程项目建设实际情况。工程项目规模不同，投资额不同，所产生的工程文件数量存在差别；工程项目是重点工程还是一般工程，其所形成的工程文件数量也有差别。按照基本建设程序，不论工程项目大小，通常要经过工程准备阶段，工程实施阶段和竣工验收阶段，而每一阶段、每一程序所产生的工程文件或有或缺，数量有多有少。因此，要求从工程文件产生源头加以检查，做到心中有数，文件缺项有理由，文件多少有原因。工程文件的数量与工程建设实际应相符，该形成的则有，该有的则积累保存。

2. 工程文件内容完整

工程文件内容完整是指一份工程文字文件的内容应全面记述，一页表格文件格式内容应填写完整，一张竣工图与所记载的对象是一一对应。特别是工程文件中对其合法性、有效性有决定性影响的项目和内容应填写齐全，不应空缺。

（1）文字文件

工程文字文件主要产生于工程准备阶段和竣工验收阶段，如审批文件中的请示与批复，通常有批复就有请示，有请示也应进行批复，两者缺一不可，应保证其完整性。如有请示而无批复，则有可能审批是口头应允、会议决议、电话指示等，应将口头应允、会议决议、电话指示等的记录作为请示文件的结果和事实批复。如只有请示而未有批复，则保存的请示应加注没有批复的说明。

（2）表格文件

工程表格文件主要产生于工程实施阶段的施工文件和监理文件中，如报审报验表格应逐项填全报审报验的事项、内容、说明，以及审批单位的审批意见、审定结论等。报验审批表中如只有申报内容而无审批意见，则此申报表应视为作废文件。凡报审事项已审查，

则报审报验单位、审批单位以及相关责任人签字、盖章都应齐全，不可或缺。工程表格文件在形成时，应全面检查是否按规范要求填写，格式内容完整。

（3）竣工图纸

工程竣工图内容应反映工程建设实际和全貌。一个建设工程项目竣工图中图纸封面、目录、设计说明、各专业图纸都要齐全。利用施工蓝图改绘竣工图应将工程洽商记录、设计变更在施工图上进行修改，才能作为竣工图。图纸的修改要进行图面的修改，也要对封面、图纸目录、设计说明等修改，使竣工图内容完整。竣工图要盖竣工图章，且签字手续完备。

（4）声像文件

工程声像文件记录反映了工程建设前后的面貌和主要建设过程，其内容的完整性要求除原片（带）外，还应有文字说明。照片要有样片、底片和文字说明。录音带、录像带也需要有相关的文字说明。

（5）电子文件

工程电子文件是在工程建设过程中通过数字设备及环境生成，以数码形式存储于磁带、磁盘或光盘等载体，依赖计算机等数字设备阅读、处理，并可在通信网络上传送的文件。工程电子文件内容包括工程准备阶段电子文件、监理电子文件、施工电子文件、竣工图电子文件和竣工验收文件。电子文件内容应与纸质文件内容相一致，保证其真实性、完整性和有效性。

5.1.2 工程文件制成材料的质量要求

从制成材料看，工程文件分为纸质文件、声像文件等，对于不同的载体形式有其具体的质量要求。

5.1.2.1 纸质文件质量要求

为了有利于长期保存和保护工程档案，对于工程文件书写的纸质材料和绘图所使用的纸质材料应当明确质量要求。

1. 纸张材料

工程文件尤其是工程图样所使用的材质不同于一般的文件纸质材料，要求纸张具有较高的机械强度、厚度、白度和重施胶度等。

（1）韧力大

纸张的韧力是指纸张抵抗外界因素损坏和保持其原有机械性能的能力，它是一种机械性能，其指标有抗拉强度、抗折强度、伸长率等，工程文件特别是工程图纸一般应用韧力大的纸张。

（2）耐久性强

纸张的耐久性是指纸张抵抗外界理化因素的损坏和保持其原来理化性能的能力。决定文件纸张耐久性的因素主要包括：造纸植物纤维原料的质量；纸张各组分的理化性质；制浆造纸的工艺过程等。纸张的耐久性强一般指纸张在长期保存时，耐酸碱性、耐风化性、耐老化性都要好，纸张不易变色、变形、变脆。同样，便于技术保护，工程文件应使用耐久性强的纸张。

2. 纸张规格

（1）工程文件中文字书写应使用规范规定的用纸。根据国家规范规定与公文用纸相同，工程文件文字材料幅面尺寸规格宜为 A4（297mm×210mm）幅面。

（2）工程图纸的幅面规格应符合国家制图规范的要求。图纸主要采用 A0（841mm×1189mm）、A1（594mm×841mm）、A2（420mm×594mm）、A3（297mm×420mm）、A4（210mm×297mm），必要时可沿长边加长，但加长的尺寸必须符合国标《房屋建筑制图统一标准》（GB/T 50001—2011）的规定。另外，在市政公用设施工程中常使用一种条图（带状图），一般为 A2、A3 图纸宽度而未有固定长度，以所绘图面完整为准，也视为标准图幅。

3. 书写材料

工程文件书写材料是体现文件内容的一种重要制成材料，它是决定工程档案寿命长短的一个重要因素。

（1）原件书写应采用耐久性强的书写材料，耐久性是指字迹、线条形成后，在周围环境的影响下保持原有色泽和清晰度的能力。工程文件书写，特别是图样的绘制和注字要采用档案允许的书写材料，如碳素墨水、蓝黑墨水，不得使用易褪色的书写材料，如：红色墨水、纯蓝墨水、圆珠笔、复写纸、铅笔等。

（2）打印件应采用不易褪色的墨粉，工程文件的打印件应清晰、牢固，复写件、复印件一般不作为长期保存，传真件视为复印件。

（3）图纸一般采用蓝晒图，竣工图应是新蓝图。计算机出图必须清晰，不得使用计算机出图的复印件。

5.1.2.2 声像文件质量要求

工程声像文件一般是以照片、胶片、磁带、磁盘、光盘等不同材料为载体，以声像为主，并辅以文字说明。对于这些不同介质的工程声像文件，也应有明确的质量要求。

1. 胶片、照片、数码影像

胶片、照片称为感光材料。感光材料见光发生变化，经曝光和一定理化加工过程后得到固定图像。

为保证感光材料的耐久性，工程声像文件用的胶片应具有优良的物理机械性能，耐冲击性优异，拉伸强度、弯曲强度、压缩强度高；蠕变性小，尺寸稳定，吸水率小，收缩率小，薄膜透气性小；对光稳定，耐候性好；耐油、耐酸、耐氧化。

照片是从摄影得出来的图像，由感光纸张收集光子而产生出来的。它是由底片经过加工在相纸上形成的影像制品，与底片配套使用。照片是胶片的样片，照片一般用于利用，胶片则要长期保存。胶片和照片的耐久性主要表现在相纸纸基的耐久性和影像的耐久性，要注意防止胶片片基和纸基的脆化、变形、老化，注意影像层的变色、褪色和霉变等。

当代摄影摄像广泛使用的是数码影像，数码影像包括数码摄影和数码摄像。数码摄像是一种利用电子传感器把光学影像转换成电子数据的照相机，与普通照相机在胶卷上靠溴化银的化学变化来记录图像的原理不同，它集成了影像信息的转换、存储和传输等部件，具有数字化存取模式，与电脑交互处理和实时拍摄等特点。数码相机的核心部件是电耦合器件（CCD）图像传感器，它用一种高感光度的半导体材料制成，能把光线转变为电荷，通过模数转换器芯片转换成数字信号，数码相机的 CCD 内含的晶体管数量越多，分辨率也越高。

数码摄像机是通过感光元件将光信号转变成电流，再将模拟电信号转变成数字信号，由专门的芯片进行处理和过滤后得到的信息还原出来就是看到的动态画面。数码摄像机按储存介质可分为：磁带式、光盘式、硬盘式和存储卡式。

2. 磁带、磁盘

磁带、磁盘是利用电磁感应原理，把声音、图像等转换成电讯号，以电信号产生的磁场去磁化磁性介质，使信息记录在介质上并能重放的技术。磁带按用途可大致分成录音带、录像带、计算机带和仪表磁带四种。磁盘有软磁盘和硬磁盘两种。

影响磁记录文件档案耐久性的内因主要有磁记录材料的特点和磁记录材料的加工过程；外因主要有外磁场、温度、湿度等外部环境。材料要求底基柔软、耐磨、表明光滑、耐热性能好、不易老化等，磁盘存放应注意温度、湿度情况，远离强磁场的地方。

3. 光盘

光盘以光信息作为存储物的载体，是用来存储数据的一种物品。它分成只读型光盘、可记录型光盘、可擦写型光盘三类。

光盘主要分为五层，其中包括基板、记录层、反射层、保护层、印刷层。基板是储存介质的支持体，要求平整均匀、机械强度高、光学性能好，还要有较好的记录薄膜的附着能力。记录层（染料层）是在基板上涂抹上专用的有机染料，以供激光记录信息。反射层是光盘的第三层，它是反射光驱激光光束的区域，借反射的激光光束读取光盘片中的资料。保护层是用来保护光盘中的反射层及染料层，防止信号被破坏。印刷盘片的客户标识、容量等相关资讯的地方是光盘的背面。其实，它不仅可以标明信息，还可以起到一定的保护光盘的作用。

光盘因受天气、温度等外界环境因素的影响容易老化和变形，所以选用光盘应选用耐久性强的光盘。光盘存放应防止盘面受损和发生化学反应，应尽量避免落上灰尘并远离磁场。

5.1.3　工程文件外观的质量要求

工程文件外观是指其构成的外表形式，按照归档要求，工程文件外观质量应达到字迹清晰、图表整洁、签字盖章手续完备的规范标准。

5.1.3.1　字迹清楚

字迹清楚是工程文件中文字材料外观质量的基本要求。

1. 初稿、修改稿、定稿

对于手写的工程文件初稿、修改稿、定稿，字迹应清晰规范。具体要求为：页面干净，字迹较端正、分辨清楚，用字及标点符号正确，无错字、漏字，文字修改遵守规定，标注清楚，一般人都能阅读。

2. 印本

工程文件印本即工程文件正本，要求具有标准格式，页面干净清晰，无错字、漏字，标点符号正确，排版标准，无倒页、漏页。

3. 复印件（传真件）

对于工程文件的复印件（传真件），同样要求页面干净，复印的各部位和字迹均清楚，避免颜色深浅不均。

4. 复写件

工程文件复写件，一般不允许存档，一定要用复写件存档，应尽量保存复写件的第一页，以便核查，维护真实性。

5.1.3.2　图样清晰

图样清晰是工程文件与工程档案中图样材料的重要外观质量标准。在工程文件中图样是占有一定比例的，图样特别是工程竣工图的清晰可以更加确切的描绘工程项目的具体情况，一份清晰美观的工程图样文件，不仅可以使阅读者赏心悦目，而且有利于日后的保存和提供利用。

1. 蓝图

蓝图质量要求图面清洁，字迹线条清楚。蓝图晒制质量好，反差好，图面无深浅不均或过深和过浅，字迹线条要牢固。蓝图保存要防光、防晒和防化学腐蚀图面，损害图纸。工程竣工图不论是重新绘制，还是二底图修改的，通常应以蓝图归档；利用施工蓝图改绘的竣工图，应当使用新晒制的蓝图。

2. 计算机出图

用计算机制图，无论输出的是施工图还是竣工图，同样应达到图样清晰的质量要求。计算机制图输出为底图时，归档用图应为此底图晒制的蓝图；计算机输出的图纸为白图时，可以白图归档，归档不能使用计算机出图的复印件。

5.1.3.3　图表整洁

工程文件中有大量图表，特别是施工文件和监理文件多数是图表形式，图表要按照有关技术规范进行填写，外观应干净整洁，无涂改，无污染，符合质量标准。

1. 手工填写

手工填写图表要字迹端正、外表清洁，无污染，无涂改，无折痕。

2. 计算机填写

在计算机上填写图表，应按规定在图表上正确填写，检查无误后，方可将图表用标准格式输出，应选用合适的打印机，注意输出质量。

3. 打印机填写

利用标准的图表，将各种应填写的内容用打印机直接打印在图表上，打印应注意质量，要求对仗工整，内容清楚，表面整洁。

5.1.3.4　手续完备

工程文字签字、盖章手续应完备，是工程文件形成单位对所形成文件负责不可缺少的环节，更是工程文件生效的依据和凭证。工程文件需要形成单位相关责任人签字的，都要签字；需要相关单位盖章的，必须盖章。此外，还需填写文件形成日期等。

1. 文件

工程文件中工程准备阶段文件多数产生于政府部门和管理单位，应按公文处理规程、制度办理，文件的拟稿人、核稿人、签发领导等均应履行签字手续，注明签字（发）日期。根据领导签发手续及其签发意见，文件正本按应发份数盖发文机关、单位公章。其他阶段文件中的文字材料，同样需要形成单位相关责任人签字的应签字，需盖公章的应用印。

2. 表格

工程实施阶段和工程竣工验收阶段产生大量的用表，其表式是统一印制的，在各种用表中明确列出了各参建单位、审查单位及相关责任人，如监理单位监理工程师、施工单位项目经理、项目专业质量检查员、专业技术负责人等的签字栏。各种用表在办理过程中，各相关人员签字就是见证，就是承担相关责任。因此，签字应手签，并注明签字日期，不得代签，还要防止漏签、错签。各用表中需盖相关单位公章（一般为施工项目经理部或项目监理部印章）的，应按要求用印，同样不得漏盖、错盖。

3. 图纸

工程文件的图纸，无论是施工图还是竣工图，按照规范规定和要求均有图标，图标上的编制单位和绘图、审核、技术负责人等相关责任人应在相应的签字栏中签字、并加盖设计单位的设计专用章。经施工图审查部门审查通过的施工图要加盖施工图审查部门专用章。对于竣工图还要盖规范的竣工图章，施工单位和监理单位相关责任人应履行签字手续。不论是签字还是盖章都要严肃对待，应按规定签字，字迹清楚，盖章清晰。

5.2 影响工程文件质量的因素

从工程质量管理和工程档案的使用来考虑，应当努力保证工程文件的质量，但是，无论客观上还是主观上都存在着影响工程文件质量的因素。

5.2.1 客观因素

影响工程文件质量的客观因素，主要是工程文件管理制度及相关配套制度的制定、建设活动的设计变更、局部结构改变等变化以及形成和保管工程文件的设备、设施条件等，这些因素在一定程度上影响着工程文件的质量。

5.2.1.1 制度不健全影响工程文件的质量

为了加强管理，保证工程建设活动有序进行，参加项目建设的各方都应制订各种规章制度，其中包括了工程文件归档制度、资料员及兼职档案员管理制度等。此外，有关制度如工程质量记录制度、工程质量验收制度等涉及工程文件形成、积累和管理，应当有相应的条款及内容。但是实际上由于一些建设单位、施工单位、监理单位等有关工程文件和工程档案管理规章制度不健全，导致工程文件形成过程中控制不够，把关不严，甚至存在疏漏，如工程文件形成过程中的用材、用笔、用墨不符合规定，最终影响工程文件和工程档案的质量。

5.2.1.2 建设活动的变化影响工程文件的质量

建设活动的变化是影响工程文件质量的经常性因素，任何一项建设工程，从施工到竣工，完全按照最初的设计意图实施是不可能的。比如，局部结构的改变，材料的更换，施工方法的改进，建设单位的新要求等，这类变动在建设过程中是会出现的，也是不可避免的。建设活动在变化，作为它的直接记录和反映的工程文件也必然随之变化，如不及时修正相关文件，不及时收集补充文件，当然会影响工程文件的完整和准确，从而直接影响工程文件的质量。

5.2.1.3 硬件设施的品质影响工程文件质量

工程文件的形成和积累离不开必要的硬件设施，硬件设施的品质是好还是一般将会影响工程文件的质量。如打印机打印效果好，文字清晰，则工程文件外观质量就好；反之，打印机打印效果差，文字模糊，则工程文件外观质量就差。在工程建设过程中，施工、监理企业和建设单位都先后形成了一定数量的工程文件，平时要按规定注意积累并要按要求安全保管。因此，参建单位保管条件的好差也影响着工程文件日后归档的质量，如保管条件差，空气潮湿，受到污染等，则工程文件就会受到腐蚀，出现发霉、虫蛀、污渍等现象。在工程文件整理立卷时，就要对受到影响的工程文件进行保护技术处理，甚至要重新晒制蓝图。

5.2.2 人为因素

影响工程文件质量的人为因素是多方面的，从文件形成到归档的全过程来看，主要包括参建单位的重视程度、文件管理人员自身素质、规章制度的执行、监理作用的发挥以及文件管理的监督和检查等，这些因素将会直接影响工程文件形成和归档的质量，制约工程档案质量。

5.2.2.1 参建单位重视程度影响工程文件质量

随着档案及建设档案法律法规及规章的不断完善和工程档案监管与宣传的开展，建设各方主体单位和技术人员、管理人员的档案意识日益增强，工程文件质量不断提高。但是"重工程建设，轻文件档案管理"的现象在一些参建单位还是存在的，主要表现为三多三少：抓工程质量措施多，抓工程文件质量措施少；检查工程形象进度多，检查工程文件形成过程少；监管工程建设活动多，监管工程文件产生与归档少。有些参建单位或相关人员未能将工程文件的质量视为工程质量的重要组成部分，没有把工程文件的存在作为工程质量的反映和依据，对工程文件的重要性和工程文件的价值、作用认识不充分，其结果必然影响工程文件质量。实际已证明凡是参建单位重视工程文件管理，工程文件质量就有一定保证；反之，工程文件质量就会出现问题。因此，参建单位重视程度是影响工程文件质量的主要人为因素。

5.2.2.2 工程人员自身素质影响工程文件质量

工程人员包括各类工程技术人员如工程设计人员、施工人员、监理人员和工程管理人员，工程文件的产生和管理主要来自于或依赖于他们，其自身素质直接影响工程文件质量。工程人员素质既有政治素质又有业务素质，而档案意识是通过这两方面素质来反映和体现的。在参建单位的各类工程人员中由于自身素质不高，而影响工程文件质量的主要表现为：

1. 责任心不强，缺乏档案意识，影响工程文件质量。有些工程人员对工程文件的形成不按程序编制，不按规范要求填报，甚至不到现场见证取样，工程文件的真实性和准确性难以保证。

2. 检查马虎，处理不力，影响工程文件质量。对一些施工、监理文件内容填写的检查，缺乏严肃认真的态度，有时马虎过关，甚至人情照顾，签字时代签、漏签现象难以杜绝。工程文件形成过程中，一旦发现了问题，如文件不全、报送不及时、数据造假等，又不能及时处理，甚至处理不当、不力，未能起到教育（处罚）一人，影响带动全面的效果。

3. 情况不掌握，业务不熟悉，影响工程文件质量。在工程管理人员中，特别是确有工程档案员、资料员，不完全了解施工及监理等工程建设过程，工程分部、分项划分不专业；工程文件及档案管理业务不熟悉，工程文件用表格式不规范，文件积累不齐全、完整，文件组卷不合理、规范，归档不准确、及时，造成工程文件形成与管理不能与工程建设及管理基本同步，甚至影响工程竣工验收。

5.2.2.3 规章制度的执行影响工程文件质量

工程管理规章制度包括工程文件归档制度等，不但要制定，并逐步完善健全，而且更重要的是要执行，执行是否有力、有效成为影响工程文件质量的重要因素。比如在安装工程施工过程中，关于进场设备、材料应申报产品合格证、出厂的性能检验（试验）报告、生产厂家资质证明、复试报告和商检证等。单位严格执行规章制度，一旦发现有问题及时处置，保证进场设备材料符合约定的质量要求，保证相关文件资料的完整和真实。事实上存在施工、监理单位未能完全达到规定要求的情况，一些建设项目的工程文件质量不符合规范要求，往往是由于制度执行不严，处置不力，甚至混乱造成的。

5.2.2.4 监理职能的履行影响工程文件质量

建设工程监理，是具有相应资格的监理单位受工程项目建设单位委托，对工程建设实施的专业化监督管理。监理工作中文件与档案的管理包括两大方面，第一方面是对施工单位的文件管理工作进行监督，要求施工人员及时记录，档案员（资料员）收集并保存好需要归档的施工文件。第二方面是监理机构本身应该进行的监理文件与档案管理工作。如工作需要也可接受建设单位委托，监督、检查工程建设项目全部工程文件的形成、积累和立卷归档工作。只要监理职能到位，充分发挥作用，工程文件达到真实、齐全，整理及时，分类有序的基本要求，工程文件的质量就有了保证。但是，少数监理单位存在着未能认真履行职能，对施工文件核查不严，监理文件编制与监理工作没有能同步进行等等问题。这些问题的发生影响工程文件质量，制约工程档案质量。

无论是建设单位，还是其他参建单位都应当按照法律法规要求，按照合同的约定，履行职责和义务，加强各自形成的工程文件的管理，保证工程文件质量。

5.3 工程文件质量的控制

工程文件质量的控制是指从工程文件形成到立卷归档的全过程的监督、检查，应当与工程建设相同步，即贯穿于工程项目从立项到竣工验收交付使用的始终。工程文件质量的控制，主要应采取健全规章制度、建立档案责任制、抓好文件形成源头、发挥监理作用和认真组织预验收等多项措施。

5.3.1 依据工程建设法规，健全工程管理制度

国家颁发了一系列工程建设法律法规，如《中华人民共和国建筑法》、《中华人民共和国城乡规划法》、《中华人民共和国招标投标法》、《建设工程质量管理条例》、《建设工程勘察设计管理条例》等。地方也制定了相应的法规或规章，如《江苏省工程建设管理条例》、《江苏省村镇规划建设管理条例》等。在这些法律法规中都涉及工程档案或相关档案资料

管理内容，部分法规、规章中还设有工程文件、工程档案管理的专门条款。勘察、设计、施工和监理单位都应当依据工程建设法律法规和规章，并结合本单位实际，制订和健全勘察、设计、施工、监理的配套管理制度。除制定专门的文件、档案管理规章制度外，还应在其他管理制度中设立相关文件或档案管理的专门条款。凡是有工程建设项目的建设单位也都要按照规定要求，制定并完善各项工程管理制度，同样应设有专门条款，明确相关工程文件形成、收集、整理和归档的内容，明确相关部门的责任，明确控制工程文件质量的措施。做到有法必依，有章可循，对违法违章而影响工程文件与工程档案质量，甚至带来一定后果的单位、部门和相关责任人应严肃查处。

5.3.2　适应工程项目管理需要，建立参建单位档案责任制

工程项目管理的重点之一是质量管理，《建设工程质量管理条例》明确规定"建设单位、勘察单位、设计单位、施工单位、工程监理单位依法对建设工程质量负责"。工程文件产生于工程项目建设全过程，既是反映了工程项目建设实际，是工程项目质量不可分割的组成部分，又是核定工程质量的重要依据。因此，工程项目各参建单位依法对工程质量负责，理应也要对工程文件质量负责，建立档案责任制。特别是建设单位承担移交建设项目档案的责任，就必须把工程文件质量的管理纳入建设项目管理，从工程建设一开始就要明确部门，确定专人负责工程文件与工程档案管理。

5.3.3　从源头抓起，将对工程文件质量的要求列入承包合同

建设单位在与勘察、设计、施工、监理单位签订承包合同、协议时，应明确各参建单位的责任，将对工程文件质量的要求列入相关的承包合同、协议。合同或协议要设立专门条款，明确各参建单位工程文件形成及质量的责任义务，明确工程文件套数、费用、质量、移交时间的要求，明确未达到质量规范标准的处罚办法。建设单位要从工程文件形成源头抓起，将工程文件的质量及要求分解落实到参建单位，分解落实到工程建设的各重要环节，以合同文本形式加以明确，加以规范和约束。

5.3.4　发挥监理单位作用，把保证工程文件质量落到实处

工程实行监理制，监理单位代表建设单位，对工程建设从勘察、设计、施工、到竣工验收实行全过程、全方位控制管理。由于监理工程师参与工程建设每道工序、每个环节的现场监督，对工程文件来龙去脉以及更改变化情况最为熟悉，如委托其负责监督、检查全部工程文件，一旦发现问题能及时反馈设计、施工等单位进行修改、补充和完善。逾期不改，授权采取强制措施，直到符合要求为止。这样委托并充分发挥监理的作用，对工程文件质量进行把关可更为有力、有效。

5.3.5　组织工程档案预验收，坚持高标准严要求全面审核

按照国家规定和基本建设程序，工程项目必须实行竣工验收，验收合格后方可交付使用。各地都在施行房屋建筑工程和市政基础设施工程竣工验收备案制度，在工程竣工验收前，城建档案馆（室）应认真贯彻执行有关规定，对工程档案进行预验收。检查工程文件是否齐全、系统、完整；文件内容是否真实、准确反映工程建设活动和工程状况，工程文

件是否整理立卷，并符合规范要求；竣工图绘制是否符合专业技术要求等。预验收应坚持高标准严要求，全面审查，对存在问题，提出整改意见，明确整改期限。

5.3.6 城建档案馆（室）应履行职责，维护工程文件质量

城建档案馆（室）不仅要接收和管理好城建档案，而且还应当积极开展业务指导，这既是自身的工作职责，也是建设单位及参建单位的需要。城建档案馆（室）应适时帮助参建单位做好工程文件的形成、收集、整理和归档工作，采取业务培训、现场检查、接受咨询等多种形式，指导参建单位档案员、资料员掌握工程文件形成规律及其管理方法，从理论到技术，从制度到措施，全面维护工程文件质量，为日后工程档案管理及利用打下良好基础。

思 考 题

1. 工程文件的质量有何要求？
2. 工程文件用纸有什么要求？
3. 声像文件的保存应注意哪些问题？
4. 工程外观质量有哪些具体要求？
5. 影响工程文件质量因素中有何客观因素？
6. 影响工程文件质量因素中有何人为因素？
7. 建设活动的变化是如何影响工程文件质量的？
8. 工程文件质量的控制有什么措施？

第6章 工程文件的积累与收集

内 容 提 要

本章重点包括：一、工程文件积累与收集的要求，主要讲述工程文件积累与收集的四个具体要求：文件数量的完整性，文件内容的真实性，文件积累的针对性，文件收集的及时性。二、工程文件积累与收集的范围，主要讲述确定工程文件积累与收集范围的四个原则和具体的收集范围。三、工程文件积累与收集的方法和措施，了解各参建单位如何通过具体方法和措施，确保工程文件积累与收集工作顺利进行。

工程文件的积累与收集是工程管理及工程文件管理的重要内容，是工程档案业务工作的基础。工程参建单位应根据规范要求，结合工程特点和实际情况，熟悉积累与收集的范围，制定科学的积累收集的制度，采用合适的方法，落实有效的措施，保证积累收集工作顺利开展。

6.1 积累与收集的要求

工程文件的积累，是指通过一定的方式、方法和制度，将工程建设过程中形成的各种形式的信息记录适当的集中，妥善保管的一项工作。

工程文件的收集，是指按照国家相关的法律法规规定，遵循工程文件的自然形成规律，依据归档立卷的规范标准，把分散在各参建单位或个人手中的具有保存价值的工程文件，如文字材料、图纸、胶片、磁盘、光盘等各种载体文件，有计划的收集起来的一项工作。工程文件的收集工作是将工程文件由分散到集中的过程。

工程文件的积累与收集，贯穿工程建设的全过程，直接关系到工程文件的数量和质量，关系到工程档案的保存价值和有效利用。应当明确工程文件积累和收集的要求，具体有四点，即文件数量的完整性，文件内容的真实性，文件积累的针对性，文件收集的及时性。

6.1.1 文件数量的完整性

保证工程文件的完整、齐全是贯穿整个积累、收集工作始终的要求，集中体现在以下几点：

6.1.1.1 确定工程文件的基本内容

对于不同的工程项目，由于工程性质不同，工程规模大小不同，采用不同的技术等原因，所形成工程文件的种类、内容、数量也有所不同。应根据国家规范和地方标准，确定本工程项目可能形成的工程文件的基本内容，包括工程准备阶段文件、施工阶段文件、竣工验收文件和竣工图。基本内容中每一种文件包括哪些具体内容，形成哪些工程文件，在工程一开始就明确下来，做到心中有数。

6.1.1.2　重视工程文件的鉴定

在进行工程文件的积累与收集工作过程中，应重视对工程文件的鉴定。积累收集工程文件时，应根据其形成及重要性初步确定有无价值，无价值的文件应当剔除，有价值的文件积累收集。初步划定文件保管期限，尽量将永久、长期保存与短期保存分开，将有密级的文件与普通文件分开，便于有针对性做好工程建设过程中工程文件的使用与保密工作，提高工程文件积累与收集工作的质量。

6.1.1.3　实行工程文件登记制度

每一建设工程项目的参建单位，特别是施工单位、监理单位应对工程施工文件和监理文件实行登记。建设单位也要对工程准备阶段和竣工验收阶段形成的文件实行登记制度。每份文件的页数和份数等须详细记载，特别是对原件要认真核查、逐项认真登记、严格管理、妥善保管。工程文件积累收集和移交时，应依据登记进行。

6.1.2　文件内容的真实性

工程文件积累与收集，不但要注意文件数量的完整性，而且应重视文件内容的真实性。

6.1.2.1　文件的标准化

工程文件的标准化是保证文件内容真实的重要环节，应加快文件标准化进程。国家和地方对建设工程各专业形成的文件标准化非常重视，大部分已制定了标准化的文本格式。例如：江苏省在国家标准的基础上，对工程文件的结构形式、工程文件的表格、图样格式、文件材质和书写规则等都提出了明确的要求。只要有标准化文本，工程文件形成都应采用。因为标准化的文件形式，更能维护工程文件内容的真实性，标准化的文本及图表格式也利于书写、检查、存档和计算机管理，便于利用者使用。

6.1.2.2　原件的收集

档案是历史的原始记录，原件是构成档案的基本要求。因此，应注重原件的积累与收集。工程文件原件的积累与收集应从文件形成开始，如只有一份原件，原件收集后，应及时复印，在工程项目建设过程中借阅使用文件时，只能利用复印件。文件在形成时不仅要考虑现行工作的需要，而且要满足归档要求的份数。

6.1.2.3　内容的检查

工程文件积累和收集基本上与文件形成同步，要保证文件内容的真实性就必须从源头抓起。积累和收集不只是文件的简单归集，而应当注意检查，如检查文件格式是否规范，内容及深度是否符合国家有关的技术规程、标准，数字及记录是否与工程实际相符，签认是否到位等等。把检查文件内容的真实性作为工程文件积累与收集的重要内容，列入相关人员的职责范围。

6.1.2.4　后补文件的处理

由于种种原因，可能会发生工程文件损坏或丢失的情况，需进行补办。损坏的文件如能替补的应及时处理，无法替补的应尽量修复。丢失的文件要尽量查找，如若找不到的应补办。为保证补办文件的真实性，须由形成单位的原承办人补办，并经形成单位及负责人签字、盖章方为有效。对于原件损坏或丢失，有复印件时，可用复印件代替原件，但需经存档单位负责人签字并加盖单位公章后才能有效。

6.1.3　文件积累的针对性

工程文件积累要有针对性和目的性，具体应注意以下三点：

（1）工程文件积累在内容上的针对性。在国家规范如《建设工程文件归档整理规范》（GB/T 50328—2001）规定的归档范围基础上，可根据本地、本工程实际和工程文件情况适当的增加或减少积累范围，在工程文件积累前要事先列出应积累的文件种类、文件名称，便于文件积累的操作。

（2）工程文件积累在时间上的针对性。工程文件形成与工程建设同步，工程文件积累与工程文件形成基本同步，这也是保证工程文件真实、完整的必要手段。一般采用随时积累与集中积累相结合的方法。随时积累是指形成的工程文件及时积累，妥善保管；集中积累是指建设工程某一项工作或某一阶段工作完成后进行一次工程文件的积累，要求形成单位将这一阶段形成的工程文件初步整理、汇总后集中保管。

（3）工程文件积累在协调上的针对性。工程文件积累过程中会出现问题与矛盾，要针对性地做协调工作。例如总承包单位与分包单位之间、施工单位与材料供应商之间的关系要协调。总承包施工单位应在单位工程或分部工程的某一任务或某一阶段工作完成时，负责将各分包单位形成的与本工程相关的文件及时积累汇总，防止工程文件散失。

6.1.4　文件收集的及时性

及时收集工程文件是工程文件管理的一项最基本的要求。工程建设遵循基本建设程序，从立项到施工，直到工程竣工投入使用形成一个建设周期。在整个建设周期中工程文件是按建设程序逐渐形成的，建设程序中每阶段完成后，各参建单位应及时将本阶段形成的工程文件进行积累、收集。当某一单位工程的某一项任务完成后，也应将工程文件及时收集，集中保管，并按要求向建设单位档案管理部门移交。建设单位的工程文件收集，一是督促和接收工程文件形成单位移交文件，如勘察、设计单位应在任务完成后，施工、监理单位应在工程竣工验收前移交工程文件；二是在工程竣工验收后三个月内，建设单位应汇总整理工程档案，向城建档案馆（室）移交。同样，勘察、设计、施工、监理等单位也应按要求及时收集各自所形成的工程文件。

6.2　积累与收集的范围

工程文件积累与收集必须明确范围，其范围必须反映工程建设实际活动，必须符合国家规范要求。

6.2.1　确定工程文件积累与收集范围的原则

确定工程文件积累与收集范围应遵循完整性、成套性、目的性和价值性等原则。

6.2.1.1　完整性原则

完整性包括工程文件的机构源、文件源和活动源三个方面的完整性。

机构源的完整性。这是指形成工程文件的机关部门、单位在纵向上的层次性和横向上的全面性。单位工程文件机构源首先是产生工程文件的机关部门如发改委、规划局、国土局等，各参建单位也是工程文件的机构源，如建设单位、勘察单位、设计单位、施工单位、监理单位等，这体现了机构源在横向上的全面性。还有纵向上层次性，如项目施工从基础到每层；从土建到水电；从建筑到装修等，要有反映不同层面、层次的技术文件。

文件源的完整性。工程档案来源是指工程文件的来源，工程档案是由工程文件转化来的，因工程文件种类多样，工程档案的种类当然具有多样性，即既有文字形式，又有图纸、图表形式；既有纸质载体材料，又有非纸质载体材料。一项工程项目文件应当有不同的文件形式、不同的载体材料等。

活动源的完整性。工程文件是围绕工程项目或单项工程活动产生的，每一建设工程项目都是整个城市建设活动的组成部分，每一工程建设的结果构成了城市现有的实体框架。每个建筑、设施在城市经济、社会中发挥着各自的作用。作为单项工程建设活动"副产品"的工程文件必须与之保持"对应关系"，否则，积累与收集的工程文件与工程建设的"活动结构"产生脱节，就无法反映工程建设的历史面貌。

6.2.1.2　成套性原则

世界上任何一种物质都有它自身的运动、变化和发展规律，工程文件是工程建设活动的产物，也有自己的运动规律。每个工程项目都有一个完整的基本建设过程，是分阶段实施和完成的，每一阶段产生的文件都是工程建设活动的反映，是连续的、一环扣一环不能分开的，最终形成一套完整的工程文件。一个工程项目，所形成的全部工程文件的总和，就称为工程文件的成套性。这些工程文件紧密联系，互相制约，记述和反映规划、设计、施工、竣工等活动过程和成果，共同反映了一个工程项目活动的全貌。人们通过它们了解工程项目设计、施工、验收情况，并作日后工作管理的参考。

工程文件的形成，是随着工程勘察、设计、施工、竣工验收和交付使用、管理的活动过程而陆续产生的。因此，工程文件的积累与收集也应按自然规律进行。首先，参建单位负责本单位形成的工程文件的积累与收集，各负其责。其次，在实施时，应遵循成套性原则，具体规定不同类型的建设项目工程文件的收集范围、归档时间、质量要求等，使收集工作更具有操作性。

6.2.1.3　目的性原则

目的性原则也叫针对性原则，是指积累与收集的工程文件必须符合实际需要。各参建单位要实际出发，有目的有计划地积累和收集工程文件。具体来说应考虑一下两方面的因素：

（1）各参建单位的性质、任务。各参建单位收集工程文件的深度和广度，必须以能够反映本单位参与建设活动任务情况和反映工程建设活动的历史面貌为尺度。

（2）工程文件的利用对象。积累和收集工程文件必须满足其重点服务对象即各单位及各部门利用档案的需要。同时也要兼顾社会其他方面，特别是改建、扩建、维护及编史修志等方面对工程文件的需要。

6.2.1.4 价值性原则

运用马克思主义哲学观点分析，工程文件的价值是主客体的统一，即工程文件这种客体对主体——利用者需要的满足。可以用来保存工程文件的经费毕竟有限，应该合理地把资金用来保存最重要的工程文件。如果，"玉石不分"，全部工程文件都保留，是没有必要的。在进行工程文件的积累与收集工作时，必须按照价值原则对工程文件进行筛选，把有保存价值的工程文件列入接收范围。

6.2.2 积累与收集的基本范围

工程文件的积累和收集的范围应遵循确定范围的原则，参照《建设工程文件归档整理规范》GB/T 50328—2001 的《建设工程文件归档范围和保管期限表》（见表 6-1）、DGJ32/TJ 143—2012《房屋建筑和市政基础设施工程档案资料管理规范》（见表 6-2）和本教材第二章至第四章的工程文件汇总表；结合工程实际明确具体的范围。总的来说，积累与收集的范围应宽于归档范围，以便归档时有选择和鉴定的余地。

建设工程文件归档范围和保管期限表　　　　　　　　表 6-1

序号	归 档 文 件	保存单位和保管期限				
		建设单位	施工单位	设计单位	监理单位	城建档案馆
	工 程 准 备 阶 段 文 件					
一	立项文件					
1	项目建议书	永久				√
2	项目建议书审批意见及前期工作通知书	永久				√
3	可行性研究报告及附件	永久				√
4	可行性研究报告审批意见	永久				√
5	关于立项有关的会议纪要、领导讲话	永久				√
6	专家建议文件	永久				√
7	调查资料及项目评估研究材料	长期				√
二	建设用地、征地、拆迁文件					
1	选址申请及选址规划意见通知书	永久				√
2	用地申请报告及县级以上人民政府城乡建设用地批准书	永久				√
3	拆迁安置意见、协议、方案等	长期				√
4	建设用地规划许可证及其附件	永久				√
5	划拨建设用地文件	永久				√
6	国有土地使用证	永久				√
三	勘察、测绘、设计文件					
1	工程地质勘察报告	永久		永久		√
2	水文地质勘察报告、自然条件、地震调查	永久		永久		√
3	建设用地钉桩通知单（书）	永久				√
4	地形测量和拨地测量成果报告	永久		永久		√
5	申报的规划设计条件和规划设计条件通知书	永久		长期		√
6	初步设计图纸和说明	长期		长期		

序号	归　档　文　件	保 存 单 位 和 保 管 期 限				
		建设单位	施工单位	设计单位	监理单位	城建档案馆
7	技术设计图纸和说明	长期		长期		
8	审定设计方案通知书及审查意见	长期		长期		√
9	有关行政主管部门（人防、环保、消防、交通、园林、市政、文物、通信、保密、河湖、教育、白蚁防治、卫生等）批准文件或取得的有关协议	永久				√
10	施工图及其说明	长期		长期		
11	设计计算书	长期		长期		
12	政府有关部门对施工图设计文件的审批意见	永久		长期		√
四	招投标文件					
1	勘察设计招投标文件	长期				
2	勘察设计承包合同	长期		长期		√
3	施工招投标文件	长期				
4	施工承包合同	长期	长期			√
5	工程监理招投标文件	长期				
6	监理委托合同	长期				√
五	开工审批文件					
1	建设项目列入年度计划的申报文件	永久				√
2	建设项目列入年度计划的批复文件或年度计划项目表	永久				√
3	规划审批申报表及报送的文件和图纸	永久				
4	建设工程规划许可证及其附件	永久				√
5	建设工程开工审查表	永久				
6	建设工程施工许可证	永久				√
7	投资许可证、审计证明、缴纳绿化建设费等证明	长期				√
8	工程质量监督手续	长期				√
六	财务文件					
1	工程投资估算材料	短期				
2	工程设计概算材料	短期				
3	施工图预算材料	短期				
4	施工预算	短期				
七	建设、施工、监理机构及负责人					
1	工程项目管理机构（项目经理部）及负责人名单	长期				√
2	工程项目监理机构（项目监理部）及负责人名单	长期			长期	√
3	工程项目施工管理机构（施工项目经理部）及负责人名单	长期	长期			√

序号	归 档 文 件	保 存 单 位 和 保 管 期 限				
		建设单位	施工单位	设计单位	监理单位	城建档案馆
	监 理 文 件					
1	监理规划					
①	监理规划	长期			短期	√
②	监理实施细则	长期			短期	√
③	监理部总控制计划等	长期			短期	
2	监理月报中的有关质量问题	长期			长期	√
3	监理会议纪要中的有关质量问题	长期			长期	√
4	进度控制					
①	工程开工/复工审批表	长期			长期	√
②	工程开工/复工暂停令	长期			长期	√
5	质量控制					
①	不合格项目通知	长期			长期	√
②	质量事故报告及处理意见	长期			长期	√
6	造价控制					
①	预付款报审与支付	短期				
②	月付款报审与支付	短期				
③	设计变更、洽商费用报审与签认	长期				
④	工程竣工决算审核意见书	长期				√
7	分包资质					
①	分包单位资质材料	长期				
②	供货单位资质材料	长期				
③	试验等单位资质材料	长期				
8	监理通知					
①	有关进度控制的监理通知	长期			长期	
②	有关质量控制的监理通知	长期			长期	
③	有关造价控制的监理通知	长期			长期	
9	合同与其他事项管理					
①	工程延期报告及审批	永久			长期	√
②	费用索赔报告及审批	长期			长期	
③	合同争议、违约报告及处理意见	永久			长期	√
④	合同变更材料	长期			长期	√
10	监理工作总结					
①	专题总结	长期			短期	
②	月报总结	长期			短期	
③	工程竣工总结	长期			长期	√
④	质量评价意见报告	长期			长期	√

序号	归 档 文 件	保存单位和保管期限				
		建设单位	施工单位	设计单位	监理单位	城建档案馆
施工文件						
一	建筑安装工程					
（一）	土建（建筑与结构）工程					
1	施工技术准备文件					
①	施工组织设计	长期				
②	技术交底	长期	长期			
③	图纸会审记录	长期	长期	长期		√
④	施工预算的编制和审查	短期	短期			
⑤	施工日志	短期	短期			
2	施工现场准备					
①	控制网设置资料	长期	长期			√
②	工程定位测量资料	长期	长期			√
③	基槽开挖线测量资料	长期	长期			√
④	施工安全措施	短期	短期			
⑤	施工环保措施	短期	短期			
3	地基处理记录					
①	地基钎控记录和钎探平面布点图	永久	长期			√
②	验槽记录和地基处理记录	永久	长期			√
③	桩基施工记录	永久	长期			√
④	试桩记录	长期	长期			√
4	工程图纸变更记录					
①	设计会议会审记录	永久	长期	长期		√
②	设计变更记录	永久	长期	长期		√
③	工程洽商记录	永久	长期	长期		√
5	施工材料预制构件质量证明文件及复试试验报告					
①	砂、石、砖、水泥、钢筋、防水材料、隔热保温、防腐材料、轻骨料试验汇总表	长期				√
②	砂、石、砖、水泥、钢筋、防水材料、隔热保温、防腐材料、轻骨料出厂证明文件	长期				√
③	砂、石、砖、水泥、钢筋、防水材料、隔热保温、防腐材料、轻骨料、焊条、沥青复试试验报告	长期				√
④	预制构件（钢、混凝土）出厂合格证、试验记录	长期				√
⑤	工程物资选样送审表	短期				
⑥	进场物资批次汇总表	短期				

序号	归 档 文 件	保存单位和保管期限				
		建设单位	施工单位	设计单位	监理单位	城建档案馆
⑦	工程物资进场报验表	短期				
6	施工试验记录					
①	土壤（素土、灰土）干密度试验报告	长期				√
②	土壤（素土、灰土）击实试验报告	长期				√
③	砂浆配合比通知单	长期				
④	砂浆（试块）抗压强度试验报告	长期				√
⑤	混凝土配合比通知单	长期				
⑥	混凝土（试块）抗压强度试验报告	长期				√
⑦	混凝土抗渗试验报告	长期				√
⑧	商品混凝土出厂合格证、复试报告	长期				√
⑨	钢筋接头（焊接）试验报告	长期				√
⑩	防水工程试水检查记录	长期				
⑪	楼地面、屋面坡度检查记录	长期				
⑫	土壤、砂浆、混凝土、钢筋连接、混凝土抗渗试验报告汇总表	长期				√
7	隐蔽工程检查记录					
①	基础和主体结构钢筋工程	长期	长期			√
②	钢结构工程	长期	长期			√
③	防水工程	长期	长期			√
④	高程控制	长期	长期			√
8	施工记录					
①	工程定位测量检查记录	永久	长期			√
②	预检工程检查记录	短期				
③	冬施混凝土搅拌测温记录	短期				
④	冬施混凝土养护测温记录	短期				
⑤	烟道、垃圾道检查记录	短期				
⑥	沉降观测记录	长期				√
⑦	结构吊装记录	长期				
⑧	现场施工预应力记录	长期				√
⑨	工程竣工测量	长期	长期			√
⑩	新型建筑材料	长期	长期			√
⑪	施工新技术	长期	长期			√
9	工程质量事故处理记录	永久				√
10	工程质量检验记录					

序号	归 档 文 件	保 存 单 位 和 保 管 期 限				
		建设单位	施工单位	设计单位	监理单位	城建档案馆
①	检验批质量验收记录	长期	长期		长期	
②	分项工程质量验收记录	长期	长期		长期	
③	基础、主体工程验收记录	永久	长期		长期	√
④	幕墙工程验收记录	永久	长期		长期	√
⑤	分部（子分部）工程质量验收记录	永久	长期		长期	√
（二）	电气、给排水、消防、供暖、通风、空调、燃气、建筑智能化、电梯工程					
1	一般施工记录					
①	施工组织设计	长期	长期			
②	技术交底	短期				
③	施工日志	短期				
2	图纸变更记录					
①	图纸会审	永久	长期			√
②	设计变更	永久	长期			√
③	工程洽商	永久	长期			√
3	设备、产品质量检查、安装记录					
①	设备、产品质量合格证、质量保证书	长期				√
②	设备装箱单、商检证明和说明书、开箱报告	长期				
③	设备安装记录	长期	长期			√
④	设备试运行记录	长期				√
⑤	设备明细表	长期				√
4	预检记录	短期				
5	隐蔽工程检查记录	长期	长期			√
6	施工试验记录					
①	电气接地电阻、绝缘电阻、综合布线、有线电视末端等测试记录	长期				√
②	楼宇自控、监视、安装、视听、电话等系统调试记录	长期				√
③	变配电设备安装、检查、通电、满负荷测试记录	长期				√
④	给排水、消防、供暖、通风、空调、燃气等管道强度、严密性、灌水、通水、吹洗、漏风、试压、通球、阀门等试验记录	长期				√
⑤	电气照明、动力、给排水、消防、供暖、通风、空调、燃气等系统调试、试运行记录	长期				√
⑥	电梯接地电阻、绝缘电阻测试记录；空载、半载、满载、超载试运行记录、平衡运速、噪声调整试验报告	长期				√

序号	归 档 文 件	保 存 单 位 和 保 管 期 限				
		建设单位	施工单位	设计单位	监理单位	城建档案馆
7	质量事故处理记录	永久	长期			√
8	工程质量检验记录					
①	检验批质量验收记录	长期	长期		长期	
②	分项工程质量验收记录	长期	长期		长期	
③	分部（子分部）工程质量验收记录	永久	长期		长期	√
（三）	室外工程					
1	室外安装（给水、雨水、污水、热力、燃气、电信、电力、照明、电视、消防等）施工文件	长期				√
2	室外建筑环境（建筑小品、水景、道路园林绿化等）施工文件	长期				√
二	市政基础设施工程					
（一）	施工技术准备					
1	施工组织设计	短期	短期			
2	技术交底	长期	长期			
3	图纸会审记录	长期	长期			√
4	施工预算的编制和审查	短期	短期			
（二）	施工现场准备					
1	工程定位测量资料	长期	长期			√
2	工程定位测量复核记录	长期	长期			√
3	导线点、水准点测量复核记录	长期	长期			√
4	工程轴线、定位桩、高程测量复核记录	长期	长期			√
5	施工安全措施	短期	短期			
6	施工环保措施	短期	短期			
（三）	设计变更、洽商记录					
1	设计变更通知单	长期	长期			√
2	洽商记录	长期	长期			√
（四）	原材料、成品、半成品、构配件、设备出厂质量合格证及试验报告					
1	砂、石、砌块、水泥、钢筋（材）、石灰、沥青、涂料、混凝土外加剂、防水材料、粘接材料、防腐保温材料、焊接材料等试验汇总表	长期				√
2	砂、石、砌块、水泥、钢筋（材）、石灰、沥青、涂料、混凝土外加剂、防水材料、粘接材料、防腐保温材料、焊接材料等质量合格证书和出厂检（试）验报告及现场复试报告	长期				√

序号	归 档 文 件	保 存 单 位 和 保 管 期 限				
		建设单位	施工单位	设计单位	监理单位	城建档案馆
3	水泥、石灰、粉煤灰混合料；沥青混合料、商品混凝土等试验汇总表	长期				√
4	水泥、石灰、粉煤灰混合料；沥青混合料、商品混凝土等出厂合格证和试验报告、现场复试报告	长期				√
5	混凝土预制构件、管材、管件、钢结构构件等试验汇总表	长期				√
6	混凝土预制构件、管材、管件、钢结构构件等出厂合格证书和相应的施工技术资料	长期				√
7	厂站工程的成套设备、预应力混凝土张拉设备、各类地下管线井室设施、产品等汇总表	长期				√
8	厂站工程的成套设备、预应力混凝土张拉设备、各类地下管线井室设施、产品等出厂合格证书及安装使用说明	长期				√
9	设备开箱报告	短期				
(五)	施工试验记录					
1	砂浆、混凝土试块强度、钢筋（材）焊连接、填土、路基强度试验等汇总表	长期				√
2	道路压实度、强度试验记录					
①	回填土、路床压实度试验及土质的最大干密度和最佳含水量试验报告	长期				√
②	石灰类、水泥类、二灰类无机混合料基层的标准击实试验报告	长期				√
③	道路基层混合料强度试验记录	长期				√
④	道路面层压实度试验记录	长期				√
3	混凝土试块强度试验记录					
①	混凝土配合比通知单	短期				
②	混凝土试块强度试验报告	长期				√
③	混凝土试块抗渗、抗冻试验报告	长期				√
④	混凝土试块强度统计、评定记录	长期				√
4	砂浆试块强度试验记录					
①	砂浆配合比通知单	短期				
②	砂浆试块强度试验报告	长期				√
③	砂浆试块强度统计评定记录	长期				√
5	钢筋（材）焊、连接试验报告	长期				√
6	钢管、钢结构安装及焊缝处理外观质量检查记录	长期				
7	桩基础试（检）验报告	长期				√

162

序号	归 档 文 件	保 存 单 位 和 保 管 期 限				
		建设单位	施工单位	设计单位	监理单位	城建档案馆
8	工程物资选样送审记录	短期				
9	进场物资批次汇总记录	短期				
10	工程物资进场报验记录	短期				
(六)	施工记录					
1	地基与基槽验收记录					
①	地基钎探记录及钎探位置图	长期	长期			√
②	地基与基槽验收记录	长期	长期			√
③	地基处理记录及示意图	长期	长期			√
2	桩基施工记录					
①	桩基位置平面示意图	长期	长期			√
②	打桩记录	长期	长期			√
③	钻孔桩钻进记录及成孔质量检查记录	长期	长期			√
④	钻孔（挖孔）桩混凝土浇灌记录	长期	长期			√
3	构件设备安装和调试记录					
①	钢筋混凝土大型预制构件、钢结构等吊装记录	长期	长期			√
②	厂（场）、站工程大型设备安装调试记录	长期	长期			√
4	预应力张拉记录					
①	预应力张拉记录表	长期				√
②	预应力张拉孔道压浆记录	长期				√
③	孔位示意图	长期				√
5	沉井工程下沉观测记录	长期				√
6	混凝土浇灌记录	长期				
7	管道、箱涵等工程项目推进记录	长期				√
8	构筑物沉降观测记录	长期				√
9	施工测温记录	长期				
10	预制安装水池壁板缠绕钢丝应力测定记录	长期				√
(七)	预检记录					
1	模板预检记录					
2	大型构件和设备安装前预检记录	短期				
3	设备安装位置检查记录	短期				
4	管道安装检查记录	短期				
5	补偿器冷拉及安装情况记录	短期				
6	支（吊）架位置、各部位连接方式等检查记录	短期				
7	供水、供热、供气管道吹（冲）洗记录	短期				

序号	归 档 文 件	保存单位和保管期限				
		建设单位	施工单位	设计单位	监理单位	城建档案馆
8	保温、防腐、油漆等施工检查记录	短期				
（八）	隐蔽工程质量检查（验收）记录	长期	长期			√
（九）	隐蔽工程质量检查评定记录					
1	检验批工程质量验收记录	长期	长期			
2	分项工程质量验收记录	长期	长期			
3	分部工程质量验收记录	长期	长期			√
（十）	功能性试验记录					
1	道路工程的弯沉试验记录	长期				√
2	桥梁工程的动、静载试验记录	长期				√
3	无压力管道的严密性试验记录	长期				√
4	压力管道的强度试验、严密性试验、通球试验等记录	长期				√
5	水池满水试验	长期				√
6	消化池气密性试验	长期				√
7	电气绝缘电阻、接地电阻测试记录	长期				√
8	电气照明、动力试运行记录	长期				√
9	供热管网、燃气管网等管网试运行记录	长期				√
10	燃气储罐总体试验记录	长期				√
11	电信、宽带网等试运行记录	长期				
（十一）	质量事故及处理记录					
1	工程质量事故报告	永久	长期			√
2	工程质量事故处理记录	永久	长期			√
（十二）	竣工测量资料					
1	建筑物、构筑物竣工测量记录及测量示意图	永久	长期			√
2	地下管线工程竣工测量记录	永久	长期			√

竣 工 图

序号	归 档 文 件	建设单位	施工单位	设计单位	监理单位	城建档案馆
一	建筑安装工程竣工图					
（一）	综合竣工图					
1	综合图					√
①	总平面布置图（包括建筑、建筑小品、水景、照明、道路、绿化等）	永久	长期			√
②	竖向布置图	永久	长期			√
③	室外给水、排水、热力、燃气等管网综合图	永久	长期			√
④	电气（包括电力、电信、电视系统等）综合图	永久	长期			√
⑤	设计总说明书	永久	长期			√

序号	归档文件	保存单位和保管期限				
		建设单位	施工单位	设计单位	监理单位	城建档案馆
2	室外专业图					
①	室外给水	永久	长期			√
②	室外雨水	永久	长期			√
③	室外污水	永久	长期			√
④	室外热力	永久	长期			√
⑤	室外燃气	永久	长期			√
⑥	室外电讯	永久	长期			√
⑦	室外电力	永久	长期			√
⑧	室外电视	永久	长期			√
⑨	室外建筑小品	永久	长期			√
⑩	室外消防	永久	长期			√
⑪	室外照明	永久	长期			√
⑫	室外水景	永久	长期			√
⑬	室外道路	永久	长期			√
⑭	室外绿化	永久	长期			√
(二)	专业竣工图					
1	建筑竣工图	永久	长期			√
2	结构竣工图	永久	长期			√
3	装修（装饰）工程竣工图	永久	长期			√
4	电气工程（智能化工程）竣工图	永久	长期			√
5	给排水工程（消防工程）竣工图	永久	长期			√
6	采暖通风空调工程竣工图	永久	长期			√
7	燃气工程竣工图	永久	长期			√
二	市政基础设施工程竣工图					
1	道路工程	永久	长期			√
2	桥梁工程	永久	长期			√
3	广场工程	永久	长期			√
4	隧道工程	永久	长期			√
5	铁路、公路、航空、水运等交通工程	永久	长期			√
6	地下铁道等轨道交通工程	永久	长期			√
7	地下人防工程	永久	长期			√
8	水利防灾工程	永久	长期			√
9	排水工程	永久	长期			√
10	供水、供热、供气、电力、电讯等地下管线工程	永久	长期			√
11	高压架空输电线工程	永久	长期			√
12	污水处理、垃圾处理处置工程	永久	长期			√
13	场、厂、站工程	永久	长期			√

序号	归 档 文 件	保 存 单 位 和 保 管 期 限				
		建设单位	施工单位	设计单位	监理单位	城建档案馆
竣 工 验 收 文 件						
一	工程竣工总结					
1	工程概况表	永久				√
2	工程竣工总结	永久				√
二	竣工验收记录					
(一)	建筑安装工程					
1	单位（子单位）工程质量验收记录	永久	长期			√
2	竣工验收证明书	永久	长期			√
3	竣工验收报告	永久	长期			√
4	竣工验收备案表（包括各专项验收认可文件）	永久				√
5	工程质量保修书	永久	长期			√
(二)	市政基础设施工程					
1	单位工程（子单位）质量评定表及报验单	永久	长期			√
2	竣工验收证明书	永久	长期			√
3	竣工验收报告	永久	长期			√
4	竣工验收备案表（包括各专项验收认可文件）	永久	长期			√
5	工程质量保修书	永久	长期			√
三	财务文件					
1	决算文件					
2	交付使用财产总表和财产明细表	永久	长期			√
四	声像、缩微、电子档案					
1	声像档案					
①	工程照片	永久				√
②	录音、录像材料	永久				√
2	缩微品	永久				√
3	电子档案					
①	光盘	永久				√
②	磁盘	永久				√

注："√"表示应向城建档案馆移交

江苏省《房屋建筑和市政基础设施工程档案资料管理规范》明确的归档范围。

6.3 积累与收集的方法

无论是工程文件的积累还是收集，除以明确要求和范围，还应当选择科学、合适的方法，保证文件能及时积累和收集。

6.3.1 积累的一般方法

6.3.1.1 参建单位工程文件形成人员各自积累

各参建单位应是工程文件积累的第一责任单位，建设单位是工程准备阶段文件和竣工验收文件积累的责任单位，施工单位是施工文件积累的责任单位，监理单位是监理文件积累的责任单位，勘察、设计单位是勘察、设计文件积累的责任单位。

各参建单位工程文件形成人员积累工程文件应注意两点：第一，工程文件积累要及时。如果工程文件积累不及时，很容易造成原始文件的丢失，甚至带来严重后果。第二，工程文件积累应分类、分阶段进行。各参建单位要全面积累建设过程中每一过程、每一环节、每一活动形成的工程文件，并在合适的时间内向本单位专（兼）职档案员、资料员移交。

6.3.1.2 参建单位专（兼）职档案员、资料员积累

工程文件积累工作是一项专业性非常强的工作，应由施工单位项目经理部、监理单位项目监理部的专（兼）职档案员、资料员积累。专（兼）职档案员、资料员，必须经过专门培训，通过考核、持证上岗。专（兼）职档案员、资料员应根据工程实际，做好文件积累工作，除积累自己了解的工程文件外，还要注意积累分散在其他相关人员手上的工程文件。收集应根据工程进度，掌握时间节点。每隔一段时间定期进行积累，或在某个重要时间节点进行，如施工单位在分部分项工程结束后进行。

6.3.1.3 参建单位档案管理部门代为积累

如果参建单位形成的工程文件数量多，并且现场保管条件较差，或由参建单位项目部积累困难较大，可将工程某一阶段、某一专业等施工、监理的文件向单位档案管理部门移交，委托代为积累。任务基本完成后项目部配合单位档案管理部门进行全部工程文件检查收集与归档。

6.3.2 收集的基本方法

6.3.2.1 建立制度

主要应建立包括工程文件收集规定、工程文件移交规定、工程文件收集监督检查规定等内容的制度。

1. 工程文件收集规定

按照国家和地方对工程文件收集工作的规定和技术标准，规范工程文件形成单位和工程档案编制单位收集工作。

制度中应明确工程文件收集的责任单位和责任人，同样，建设单位是工程准备阶段文件和竣工验收文件的收集责任单位，施工单位是施工文件收集的责任单位，监理单位是监理文件收集的责任单位，设计单位是设计文件收集的责任单位，勘察单位是勘察文件收集的责任单位。对于施工实行总承包制的，总承包单位负责收集汇总各分包单位形成的施工文件。

规定中应明确工程档案编制的责任单位是建设单位，建设单位也可委托施工单位或监理单位编制。总之，建设单位负责工程文件的收集、接收和工程档案编制工作的组织、监督和检查。

2. 工程文件移交规定

各形成单位收集汇总的工程文件应做好移交工作，一般分为三个层次：

第一个层次，建设单位实行总承包的，各分包单位应将形成的工程文件收集汇总后向总承包单位移交。第二个层次，勘察、设计单位应在任务完成后，将形成的勘察、设计文件收集、整理、立卷后向建设单位移交；施工、监理单位在工程竣工验收前，将形成的施工、监理文件收集、整理、立卷后向建设单位移交。第三个层次，工程竣工验收后，建设单位应在规定的时间内向城市建设档案馆（室）移交一套符合规范的工程档案。

3. 工程文件监督、检查规定

工程文件形成后，收集也是工程文件真实、齐全的重要把关环节，主要应明确职责、明确监督与检查内容，加强收集工作的管理。

（1）明确职责

在工程文件收集过程中，建设单位应明确工作职责，将工程文件监督、检查的任务落实到具体部门和专人。也可委托监理单位负责，同样，如监理单位接受委托，也要落实专人负责监督检查。

（2）明确监督检查内容

对于不同的工程项目，工程文件收集的督促、检查内容可能有差异，但一般主要包括：督促各形成单位指派专（兼）人员负责工程文件收集工作；对工程文件收集工作开展技术咨询和业务指导；检查按工程文件内容和种类的收集完成情况，对不按规定收集或质量不合格的工程文件提出意见并限时整改等。

6.3.2.2 疏通渠道

在实际工作中，可能由于形成的文件的个人不按时或不愿移交，由于工程纠纷、技术问题等原因阻碍了工程文件的积累和收集，因此，要做好工程文件收集工作，必须疏通渠道，解决好相关问题，才能使工程文件的收集工作事半功倍。

1. 个人不按时或不愿移交工程文件

工程文件不按时移交时有发生，如原材料供应商的材料质量证明文件等，有时不能与原材料同时移交；已形成的工程文件如图纸，由于设计人员与单位的矛盾，而不能及时移交，种种问题给工程文件收集工作带来不便。

不愿意移交工程文件也有发生，如摄影、摄像人员不愿将拍摄的照片、录像材料归档等，将文件材料保留在个人手上，给收集工作设置了障碍。

类似情况的处理一是要加强宣传和教育；二是协调疏通，帮助解决矛盾；三是要采取必要的经济处罚等措施。

2. 工程纠纷阻碍工程文件收集

建设单位与施工单位或与监理单位之间发生工程经济纠纷，施工单位或监理单位以不交工程文件给建设单位作为解决纠纷的手段，这种现象也有发生。应分析经济纠纷原因及责任，找出解决办法。同时在建立相互合作、相互信任、相互理解的基础上，协调解决问题。双方还应认识到工程文件的作用和重要性，增强档案意识，不能拿工程文件为要挟手段来达到其他目的，影响工程文件收集工作。

3. 技术问题影响工程文件收集

最为典型的是按要求设计、施工、监理等参建单位在报送纸质工程文件时，同时应报送电子工程文件。但是由于计算机管理技术、软件系统滞后或难以统一操作，电子工程文件难以与纸质工程文件同时移交。即使移交了，电子工程文件的真实性、准确性和有效性也难以保证，因而直接影响工程文件收集。

6.3.2.3 纳入程序

工程文件的积累与收集工作是基本与工程建设同步进行的，工程文件管理是工程管理的重要内容，应将工程文件收集工作纳入工程建设管理程序中，在制定建设工作计划、工程管理制度和检查验收等环节中具体落实。

1. 列入工作计划

各形成工程文件的单位，应将工程文件的收集工作列入工作计划，包括工程文件收集计划，收集文件的内容及管理办法，投入的人力、设备和资金等。工程文件形成单位应按收集计划的收集内容、人员安排、资金投入、时间要求等作出安排，及时收集归档工程文件。

2. 列入建设步骤

工程文件的收集工作应与工程建设基本同步，一般采用随时收集和集中收集两种方式，与建设程序及步骤相协调，随时收集是指形成工程文件及时收集，相对集中保管；集中收集是指工程项目某一项任务或某一阶段工作完成后，进行工程文件的收集、整理、汇总后归档，实行集中保管。

3. 列入检查验收内容

工程建设过程中在某一专业、某一阶段或某一分部工程结束后，要组织工程质量检验，在检查验收分部工程、分项工程等质量的同时，应当检查所形成的工程文件，将工程文件质量列入各分部、分项工程质量，同步检查验收。

4. 列入竣工验收制度

工程竣工后要组织竣工验收，要将工程文件收集、归档工作列入竣工验收制度。竣工验收是对整个工程项目进行全面验收，同时在竣工验收前也要全面检查收集的工程文件数量是否齐全，内容是否真实，整理是否规范。在竣工验收时再听取各方意见，最终把关。

6.4 积累与收集的措施

为确保工程文件积累与收集工作顺利进行，在明确积累与收集的原则、要求和方法的基础上，结合工程文件的特点和工作实践，采取与之相适应的措施。

6.4.1 明确工程文件积累与收集的责任单位

工程建设过程中主要负责工程文件积累与收集的单位，有建设单位、勘察单位、设计单位、监理单位、施工单位等。

6.4.1.1 建设单位是建设项目工程文件积累与收集工作的组织者和实施者。

1. 组织者。组织者是指建设单位对工程文件的收集工作提出有关规定和要求如收集内容、收集方法、归档要求、归档时限等，可以列入与相关单位签订的合同中，也可会议或采用通知等方式告知，并在实施过程中进行监督和检查。

2. 实施者。实施者是指建设单位对工程准备阶段文件和竣工验收文件的收集工作，以及对施工文件、监理文件、勘察设计文件等的检查与接收。

6.4.1.2 勘察、设计单位负责将勘察、设计过程中形成的文件、图纸的收集、汇总，向建设单位和本单位档案管理部门移交。

6.4.1.3 监理单位负责积累与收集各种监理文件，汇总整理后向建设单位和本单位档案管理部门移交。

6.4.1.4 施工单位是施工文件和竣工图的收集单位，负责将积累与收集的施工文件整理汇总后，向建设单位和本单位档案管理部门移交。施工单位在工程文件积累与收集工作中可能产生的情况有：

1. 建设单位实行总承包的，各分包单位应将形成的工程文件收集汇总并向总承包单位移交；

2. 施工总承包单位接收各分包单位归档的工程文件，整理汇总后向建设单位移交；

3. 工程承包单位不止一家时，各承包单位将各自形成的工程文件，整理汇总后分别向建设单位移交。

6.4.2 分阶段、按专业和按单位工程进行积累和收集

6.4.2.1 分阶段收集

工程建设是按基本建设程序进行的，工程文件的积累与收集也必须按照基本建设程序分阶段进行。一般来讲，基本建设程序中每一阶段工作完成后就应将形成的工程文件收集归档，做到有序进行。基本建设程序应当明确认定阶段完成的标志和时间，掌握完成时间是收集的关键。

6.4.2.2 按专业收集

工程文件有很强的专业性质，在收集工作中要重视这些专业特性，将工程文件按专业分类，并按专业汇集。以下举例说明：

如某道路工程由道路、桥梁和附属工程组成，分别由若干个施工单位施工，总承包单位应负责将各分包单位形成的工程文件按专业收集、汇总，附属工程也应按排水、弱电等专业进行工程文件收集和汇总。

6.4.2.3 按单位工程收集

如建设工程项目由一个或多个单位工程组成时，在工程文件积累与收集时总的原则应按单位工程收集，工程文件积累与收集时应严格按单位工程分开。以下举例说明：

在建筑安装工程中，如建筑有地下室工程，工程项目分为地上和地下两大部分，施工时地下、地上部分分部单独施工。此时，为了施工和工程文件收集方便，把地下、地上部分分别作为一个单位工程。市政工程某条道路分为几个标段施工，每个标段分别由一个施工单位进行，为不破坏工程分段施工的实际，可按施工单位承包的施工段进行单位工程的划分。则该道路工程被分为几个单位工程，在工程文件收集时，要按划分的单位工程分别收集工程文件。

6.4.3　不同形式的工程文件同时收集

工程文件除了纸质文件外，还有工程照片、录像文件，电子文件和实物等。各种形式的文件都是工程建设的真实记录，且相互配套、相互补充、不可替代。因此，不同形式的工程文件应同时收集，一并归档。

6.4.4　加强工程文件的质量检查

各参建单位在积累与收集工程文件时，应检查文件质量、检查文件是否是原件归档；每个单体工程文件是否放错；工程文件的种类和数量是否齐全；签认是否齐全和符合规定；各种载体形式的工程文件是否满足归档要求等。

6.4.5　工程文件实行统一保管

由于形成工程文件的单位多，其文件的专业、性质不同，工程建设周期又比较长，为保证工程文件的齐全完整，及时收集、统一保管是一项最为有效的措施。

统一保管分为相对集中统一保管和集中统一保管两种形式。相对集中统一保管是指在向参建单位档案部门汇总移交前，参建单位项目部或专（兼）档案员、资料员对工程文件登记后，暂时统一保管一段时间。集中统一保管指的是参建单位档案管理部门集中保管在工程项目建设过程中形成施工文件或监理文件等。

6.4.6　建立经济保障制度

勘察、设计、施工和监理单位是工程项目的主要参与者，多数工程文件由他们产生，并且是工程文件积累与收集的责任方。建设单位与参建单位都存在经济关系，只要按合同、按规范完成工作任务，建设单位就须支付相应的工程款。为了顺畅工程文件积累与收集工作，对凡不按时收集和移交工程文件的，或经检查移交的工程文件不符合质量要求的，除规定整改外，可经双方协商一致后，在合同中明确实行经济处罚的条款，以保证工程文件收集和归档的质量和时效性。

6.4.7　对特殊工程项目文件的处理

一般情况下，工程项目是按程序正常建设的，但也有特殊情况，应当引起重视。特殊的工程项目归纳起来有：协作项目、转移项目、停缓建项目、改扩建项目、作废项目，因其工程性质特殊，对产生的工程文件采取不同的办法。

6.4.7.1　协作项目

协作项目是指一个建设项目由几个建设单位合资兴建。如一个建设项目有几个单位投资，一栋建筑物，由几家使用单位合建，一条地下管线有多个用户集资建设等，其实就是一个工程由几家投资方联合组成建设单位，建成后由几家共有或者分块进行管理，这样的工程，应注意工程文件的收集和管理工作。

参建各单位在组建建设单位项目经理部时，应设立工程档案的管理机构，落实工作人员，并制定出工程文件的收集、归档管理制度和具体要求，并发给各建设、监理、施工、设计、勘察等单位执行。

不管是哪一个投资方产生的工程文件都应交建设项目经理部统一管理，任何单位和个人均不得为本单位的利益将工程文件据为己有。要抓住主要环节，特别是竣工验收时，所有形成的工程文件，必须全部集中，接受检查，决不能在工程竣工验收后再弥补。

6.4.7.2 转移项目

转移项目是指建设项目在建设过程中，整个建设项目或部分建设项目的建设单位变换，即易主；或者是设计单位变换，施工单位变换，监理单位变换等改变。无论哪种情况，都存在着前一个建设单位、设计单位、施工单位、监理单位产生的相应的工程文件，随着单位的变换向下一个建设单位、设计单位、施工单位、监理单位移交的问题。在这种情况下，工程文件必须随建设项目一同移交，原单位不能以任何理由和借口拒绝移交全部或部分文件。

6.4.7.3 停缓建项目

停缓建项目是指由于某些原因，使已筹建或已开工的建设项目停建或者缓建。筹建暂停或工程项目建设到某一程度时停止施工，此时都形成了一些或相当数量的工程文件。国家规范规定：筹建时期停止筹建，将形成的工程准备阶段文件，由建设单位保存，以备查。施工阶段停止建设，应将形成的工程准备阶段文件、施工文件、监理文件，收集齐全，由建设单位保存。待本工程重新启动时，将已形成的工程文件与新形成的工程文件一并归档。

6.4.7.4 改扩建项目

在城市建设中，因改变使用性质、加固、增加使用功能等，对原建筑物或构筑物进行改建、扩建。改扩建项目的基础技术文件是原建设项目的工程档案。工程改扩建时形成的工程文件应按新建工程项目的文件及档案管理要求执行，改扩建的工程文件与原建设项目工程档案一起构成完整、真实的改扩建项目的工程档案。

6.4.7.5 作废项目

作废项目是指因某种原因，拆除的建（构）筑物和废弃的地下管线工程。对于拆除的地面建（构）筑物，原建设单位（或拆除责任部门）应当将拆除和拆除过程中的文件收集齐全后报原工程档案保管部门，在经过鉴定需保存的继续保存，可销毁的部分工程档案，则按规定处置。

对于作废的地下管线工程，地下管线管理部门应将有关作废的文件收集整理后，报原工程档案保存单位和城市地理信息管理单位，城市地理信息管理单位在城市地理信息系统中及时标注，以保证城市地理信息系统的动态平衡。

思 考 题

1. 工程文件数量的完整性具体体现在哪几点？
2. 确定工程文件积累与收集范围的原则有哪些？
3. 工程文件的积累与收集有哪几种方法？
4. 立项文件包括哪些内容？
5. 工程文件的积累与收集的措施有哪些？
6. 工程文件积累与收集时，如何检查工程文件的质量？
7. 各形成单位收集汇总的工程文件向有关单位移交规定，一般分为几个层次？具体为哪几个层次？
8. 工程文件积累与收集时，检查工程文件的质量应注意哪些方面？

第7章 工程文件的立卷

内 容 提 要

本章重点包括：一、工程文件立卷的原则、要求及方法，主要根据规范讲述工程文件立卷的具体原则、要求，针对不同阶段的工程文件，采用不同的立卷方法。二、案卷的排列、编目、检查与装订，主要讲述案卷排列、编目、装订过程中所碰到的各种情况，以及如何检查案卷的质量等。

工程文件的立卷应遵循工程文件的自然形成规律，按照立卷的基本原则、要求和方法，结合工程专业特点，将有价值的工程文件系统整理成案卷。以案卷作为工程档案基本保管单位，使所保存的文件有序化、条理化，为工程档案管理打好基础。

7.1 立卷的原则与要求

工程文件立卷，也称组卷，应当按照立卷的原则和要求，科学合理地组织，以达到便于工程档案保管和利用的目的。

7.1.1 立卷的原则

工程文件立卷同其他文件一样应遵循文件的自然形成规律，保持卷内文件的有机联系，便于档案保管、保密和利用。

7.1.1.1 遵循工程文件的自然形成规律

工程文件立卷，首先要遵循工程文件的自然形成规律这一基本原则，工程文件产生于工程建设的全过程，是一个客观的发展过程，是由各参建单位分阶段，按程序进行的，表现为过程性、阶段性、程序性，也呈现出次序性、系统性和整体性。工程文件与工程档案的形成必然要反映工程项目建设的基本规律，系统记载各程序的建设内容，各种不同性质和类型的文件应按其次序组合成一个个案卷，这就是工程文件的自然形成规律。只有遵循这个规律，才能保持工程文件与档案固有的特性，才能真实地反映工程项目建设的过程及原貌。

7.1.1.2 保持卷内文件的有机联系

工程文件之间的有机联系，又被称为"内在联系"，是指工程文件在产生和编制过程中所形成的固有联系，一般具体表现为工程文件的来源、专业、阶段、分部、时间、形式等几个方面。来源一般是指单位工程或形成工程文件的机关、单位，不同来源的工程文件反映了工程建设与文件产生单位的联系。专业是指设计、施工、监理等不同的技术分工，如建筑安装工程按专业可分成土建、给水排水、采暖、电气、通风与空调、智能化等，各不同专业按其形成组卷。阶段是指工程建设按其性质、过程等分为若干个阶段，不同阶段文件分别立卷。分部是指在工程项目施工中可以独立组织施工的工程，各分部文件按其形成内容立卷。时间是指按工程文件产生时间立卷，注意保持时间上的联系，往往能反映工程建设过程程序性、完整性。形式是指按工程文件的不同载体形式立卷，如纸质文件、工程照片、录像、光盘等分别立卷。

工程文件来源广、数量大、内容复杂，各种工程文件在整理立卷时对其有机联系要求也各不相同，应当根据不同的工程文件，并结合工程项目特征，选择客观的更为密切的内在联系进行工程文件立卷，以反映工程建设的全过程及各不同阶段，不同专业建设情况。

7.1.1.3 便于档案保管、保密和利用

工程文件组卷必须符合日后工程档案科学管理的基本要求，使其结果能够便于保管、保密和利用。这一原则应与上述原则结合运用，即在遵循工程文件自然形成规律，保持卷内文件有机联系的前提下，尽可能采用简便有效的方法进行工程文件立卷。一般情况下，只要采用适当方法，工程文件立卷基本能满足立卷原则要求。但某些特殊情况下，可能发生矛盾。这需要进行具体分析和操作，应当注意保持卷内文件有机联系是立卷的根本性原则，但又必须考虑档案的保管、保密和利用。文件内在联系是客观的，立卷是人为的，不能片面理解为立卷的目的就是为了档案保管、保密和利用。试图通过立卷完全解决方便档案保管、保密和利用也是不切实际的，另有其他途径和方法。

7.1.2 立卷的要求

工程文件立卷除了要遵循立卷原则外，还应明确立卷的几项重要要求，保证立卷科学合理和顺利进行。

7.1.2.1 实行文件形成单位立卷负责制

工程文件主要产生于建设单位和勘察、设计、施工、监理等参建单位，由形成单位负责立卷是科学、可行、有效的。所谓由工程文件形成单位负责立卷是指由形成单位负责组织立卷工作，形成单位的专兼职档案员或资料员具体承担。这样做的优势在于：

1. 工程文件形成单位对文件的产生了解熟悉，由形成单位组织立卷，便于保持文件之间的联系，提高案卷质量和立卷工作效率。

2. 参建单位应将自身形成和收集的工程文件向各自单位的档案室和建设单位归档，将工程文件进行系统整理，立卷归档，是各参建单位的基本职责之一。

3. 由工程文件形成单位负责立卷，有利于工程文件的平时积累，防止散失，并及时补充文件，并方便在工程项目建设过程中随时查考服务。

4. 按照国家规定和规范，建设单位负责向城建档案馆移交项目工程档案，而由形成单位负责立卷，也减轻了建设单位工程文件立卷的工作量，有利于建设单位加强工程文件管理、工程档案编制的检查和监督。

7.1.2.2 按单位工程立卷

一个工程建设项目可由一个或多个单位工程组成，工程文件的积累和收集是按单位工程进行并汇总的，整理也要按单位工程立卷，这是工程文件立卷和工程档案管理的基本要求。

按单位工程立卷在具体操作时应分析对待，如某一建筑安装工程项目只有一个建筑

物，此时，仍不是单一单位工程，因为除了建筑物本身是一个单位工程外，还有室外工程等。再如道路工程，除道路本身外，可能还包括桥梁、涵洞、隧道、护坡加固等，这都应视为单位工程，应按单位工程立卷的要求分别进行立卷。

7.1.2.3 选择合适的方式立卷

工程文件立卷应根据工程文件形成规律、性质及特点，选择立卷方法。按单位工程立卷既是工程文件立卷的基本要求，也是基本方法之一。除此之外，还有按建设程序、按分部工程、按专业、按阶段等立卷的基本方法。

1. 按建设程序立卷

工程项目的建设是按基本建设程序分阶段进行的，工程文件产生于开工前、施工中和施工完成后即竣工交付使用等过程中，结合考虑文件性质以及形成责任单位，首先将单位工程文件划分工程准备阶段文件、监理文件、竣工文件、竣工图和竣工验收文件五个部分。

2. 按分部工程立卷

单位工程建设一般按专业性质和建设部位划分和确定分部工程，如建筑安装工程的土木工程可按部位分为地基与基础、主体结构、屋面工程、建筑装饰装修等分部工程。随着不同分部工程的施工而产生相应的工程文件。因此，工程文件可按分部工程立卷。

3. 按专业立卷

单位工程建设是按专业组织施工的，如建筑安装工程可分为土木工程专业、给水排水工程专业、电气工程专业、通风与空调专业、电梯专业、智能建筑专业等，而不同专业又分为若干个结构专业和系统专业等。工程文件形成呈现出明显的专业性，专业特性是工程文件之间的主要联系。工程文件按专业立卷，相同专业性文件组织在一起，不同专业文件分开组卷。

4. 按阶段立卷

单位工程建设又是按程序分阶段进行的，每一建设阶段，可根据过程及性质再分为若干个具体阶段，不同阶段产生着不同的工程文件。按形成阶段进行立卷，既遵循工程文件形成规律，又适当保持了文件之间的联系，类目清晰。

工程文件立卷时，应根据形成的阶段、部位、专业特性和文件内容等选择科学、合理的方法，以达到遵循立卷原则，便于工程档案管理和利用的要求与目的。

7.1.2.4 竣工图独立立卷

竣工图既是工程文件的重要组成部分，又是区别于普通文字文件的特殊工程文件。由于竣工图组卷要折叠，且查阅利用复制比文字文件复杂。因此，竣工图应独立立卷，原则上不要与文字文件混合立卷，以利于案卷整洁美观和方便利用。

7.1.2.5 案卷内容应鉴别与检查

1. 案卷内容的鉴别

工程文件立卷时，首先应根据文件的产生、重要程度和保存价值及对日后工作所起作用进行鉴别。

（1）鉴别依据

鉴别依据主要有：工程档案保管期限表、工程档案密级划分表等。

（2）影响工程档案价值因素

鉴别工程档案价值综合考虑的因素有：内容因素，这是决定工程档案价值最重要、最本质的因素，主要从工程文件内容的重要性、独特性和时效性三方面进行分析判断。技术因素，记载工程建设的技术思想越完整、技术水平越高，工程档案价值就越大。功能因素，指的是工程文件本身所具有的功能作用，对工程档案的价值大小和保管期限长短产生影响和制约作用。时间因素，指的是一个历史性的时间含义，工程档案形成年代远近，影响其价值量大小。一般讲工程档案时间越久，研究价值越大。

（3）适当照顾文件的不同价值分别组卷

由于每份工程文件的重要程度及发挥作用的区别，工程文件需要保存的期限和密级是不相同的，为了日后管理和定期鉴定与销毁那些已经失去保存价值的文件，必须适当区分工程文件的保存价值和密级，分别按不同保管期限和不同密级立卷。但是当案卷保管期限与案卷内工程文件自然联系发生矛盾时，不要人为割断文件之间的内在联系，遵循保管期限低的服从高的原则。同样，密级划分也应这样处理。

2. 案卷内容的检查

工程文件立卷时，立卷人应对案卷内容进行认真检查，检查主要包括三个方面：

（1）文件的齐全、完整性

根据国家规范如《工程文件归档整理规范》GB/T 50328—2001、《建筑工程资料管理规程》JGJ/T 185—2009 和工程项目实际情况，检查收集的工程文件是否齐全、是否完整，如发现文件缺张少页的，文件内容漏项、缺签字的等应予补齐，进行工程文件再收集。确实无法补救的，应在案卷备考表中说明情况。

（2）文件的原始性

立卷的工程文件，原则上应是原件，尽可能减少以复印件代替原件。如果确实只能用复印件时，应由产生文件的原单位加盖公章等形式，使复印件能与原件具有同等的法律效力，并要求在案卷备考表中记录原件存放处，以便日后利用时核查。

（3）文件的状态性

立卷的工程文件存在状态应当符合立卷及档案保管要求，不能破损，不能受到污染等，如发生此类情况应采取措施，进行技术处理，保证立卷的工程文件具备立卷保存的条件。

7.1.2.6　适当考虑文件数量

工程文件立卷组合成案卷时，应适当考虑文件数量，总体来说，案卷不宜太厚，也不宜大薄。文件太多、案卷太厚不利于保管和利用，文件太少、案卷太薄又浪费档案装具。在遵循立卷原则的前提下，着眼于日后档案的科学保管和提供查阅、复制服务，应当合理掌握案卷厚度，一般不超过 40mm。

7.2　立　卷　的　方　法

工程文件立卷的基本方法在上一节已叙述，具体立卷时应根据不同阶段和不同性质的工程文件灵活运用立卷方法。本节所列立卷的具体方法，是针对单位工程而言的。因而，对不同阶段、不同性质的工程文件要求并采用按单位工程立卷的方法，不再重复表述。

7.2.1 立卷的具体方法

7.2.1.1 工程准备阶段文件立卷

工程准备阶段文件可按建设程序、专业和形成单位等组卷。

1. 按建设程序立卷

工程准备阶段按照建设程序依次划分为立项、用地、规划、勘察设计、招标投标、开工审批等程序，其文件是按建设程序分段有序产生的。

具体顺序为：立项文件及审批意见→建设用地文件→工程勘察、测绘、设计文件→工程招投标文件→工程计划安排文件→开工审批文件。

2. 按专业立卷

工程准备阶段文件涉及多项专门业务，如立项文件及专家建议、用地申请划拨征地系列文件、勘察专业文件、设计专业文件、施工图审查文件、招投标文件、工程计划安排专项文件、财务文件等。

按专业划分，工程准备阶段文件中有些专业性文件是单一的，如立项文件、施工图审查文件。有些文件是系列的，如土地文件，从规划选址、办理建设用地规划许可证，到用地审批、办理建设用地批准文件、拆迁安置、划拨（或征用）土地，直到工程建设结束，办理国有土地使用证，这一系列工作中形成同一专业性质的文件。再如财务文件，不只是在准备阶段形成，在施工过程中可能会发生造价变化、费用索赔方面文件，工程竣工形成工程决算等。财务文件是专业的业务文件，因而应按财务档案管理要求对财务文件进行汇总、整理、立卷、归档。

3. 按形成单位立卷

工程准备阶段文件按形成单位立卷会发生两种情况：一种是将同一类文件按形成单位分开组卷；另一种是将几类文件按形成单位合并起来组卷。

举例说明：勘察设计文件包括工程地质勘察文件、工程测量文件、工程设计文件、施工图审批文件，这些文件均由专门的工程勘察、测绘、设计及其审批单位形成的，联系紧密或关联性强，如文件数量不多，可组合在一起形成工程勘察设计文件卷。

4. 工程准备阶段文件卷组成

按照上述立卷方法，并参考《建设工程文件归档整理规范》GB/T 50328—2001，可将工程准备阶段主要文件归纳为六类进行组卷，并视文件特性和数量，合理组合。

（1）决策立项文件；

（2）建设用地文件；

（3）勘察设计文件；

（4）工程招投标文件及合同；

（5）开工审批文件；

（6）财务文件。

5. 注意事项

如果一个建设项目是由多个单位工程组成，而工程准备阶段文件只有一套，其通常的处理方法是在本建设项目第一个竣工的单位工程中或有代表性的单位工程中，将准备阶段文件卷列入该工程档案中，形成一套完整工程档案。而本建设项目的其他单位工程档案中缺少的这一部分文件可在案卷备考表中说明缺少的原因，并注明可在哪一单位工程档案哪一卷中可查。也可将缺少的准备阶段文件用复制件代替，以保证每一单位工程档案完整。

7. 2. 1. 2　监理文件立卷

单位工程监理文件可按分部工程、专业、阶段等立卷。

1. 按分部工程立卷

工程监理，特别是施工监理是随施工进度而有序实施的，工程施工是按单位工程的分部工程进行的，如房屋工程是从基础到屋面分部分项逐一施工的。监理文件形成与监理、施工同步，与施工文件同步，因此，监理文件按分部工程立卷也是可行的。

2. 按专业立卷

监理文件按专业立卷，是指按照监理业务进行监理文件的分类、立卷。监理文件可分为监理管理文件，监理记录文件（包括进度控制文件、质量控制文件、造价控制文件）和合同管理文件，竣工验收文件等。监理文件立卷可按文件不同专业性质进行立卷，并根据文件数量适当分卷。

3. 按阶段立卷

工程项目是按程序分阶段建设的，工程监理也是按阶段实施的。工程建设总体上分为工程准备阶段、工程施工（监理）阶段、工程竣工验收阶段，监理单位在工程准备阶段与业主签订监理委托合同后组织编制监理规划、对施工单位资格和开工准备进行审查，在工程施工阶段产生进度、质量、造价控制方面的报审表和监理工程师通知等，在竣工验收阶段形成验收记录、工程质量评估报告等。监理文件按阶段立卷，即可按工程建设三大阶段，对所产生的监理文件进行立卷。

4. 监理文件卷的组成

监理文件一般按阶段结合专业组卷，可由三部分组成：

（1）工程准备阶段监理文件，如委托监理合同、监理规划等；

（2）施工过程监理文件，包括进度、质量、造价控制文件和合同管理文件；

（3）竣工验收监理文件，包括质量评估报告、竣工验收记录等。

5. 注意事项

如果一个单位工程由几个监理单位监理，各自形成了监理文件，只要内容不交叉，不重复，应由各监理单位分别整理立卷。建设单位须协调委托其中一家监理单位负责整个监理文件立卷的组织和检查、指导，以统一要求，处理矛盾，规范组卷。

7. 2. 1. 3　施工文件立卷

单位工程的施工文件立卷可按分部工程、专业和阶段等立卷。

1. 按分部工程立卷

工程施工是按分部或子分部工程进行的，按分部工程整理立卷是合理可行的。如建筑安装工程的分部工程可以分为地基与基础、主体结构、装饰装修、屋面、建筑给排水、电气、智能化等，每个分部工程又可分为若干项子分部工程，如主体结构又可分为砌体结构、混凝土结构、网架结构等。这些分部工程、子分部工程都可独立组织施工，施工文件可独立整理立卷。

2. 按专业立卷

工程也是按专业分开施工的，施工文件应按专业立卷。以建筑智能化工程为例，建筑智能化工程可能由若干个系统组成，如智能化集成系统、火灾报警及消防联动系统、通信网络系统等，每个系统应按本专业形成的工程文件整理立卷。按专业立卷内容清楚、类目明了，分类、归卷以及划分保管期限、划分密级易于判断和掌握。

3. 按阶段立卷

工程施工又是按专业分阶段进行的，施工文件可遵循这一规律进行立卷。

还是以建筑安装工程为例说明，土建施工一般可分为施工准备、施工实施和施工检查验收等阶段，施工准备阶段包括施工技术准备、施工现场准备和施工物资准备；施工实施阶段包括基础施工、主体施工、装饰装修施工及屋面施工；施工检查验收阶段分为（部位）工程质量检查、专业工程质量、工程验收等。工程施工文件可按施工阶段及各阶段实施过程组卷，能做到类目清楚，有序进行。

4. 施工文件卷组成

施工文件立卷方法通常综合运用以上方法，首先将文件按分部工程划分归类，其次在各分部工程中分专业，最后对每一专业文件按阶段整理立卷。

以房屋建筑工程为例，施工文件按以下内容立卷：

（1）土建：可分为地基与基础、主体结构、屋面和装饰装潢等；

（2）内部设施：可分为给水排水、消防、供热、供气等；

（3）电气（包括强、弱电）：可分为供电及照明和智能建筑等；

（4）电梯：按不同型号每台电梯单独组卷；

（5）建筑节能：可分墙体、幕墙、门窗、屋面、地面、采暖节能等。

5. 注意事项

如一个单位工程由几个施工单位施工，各自形成了施工文件，此时，应确定某一施工单位负责牵头按统一组卷的要求，明确组卷方法和步骤。预防由于各施工单位随便自行整理组卷，最终破坏文件的自然形成规律及内在联系的发生。

7.2.1.4 竣工验收文件立卷

单位工程竣工验收文件按专业、文件性质立卷。

1. 按专业立卷

按专业立卷是指单位工程中每一专业（或分部）工程施工完成后，应对本专业（分部）工程进行验收，形成本专业（分部）的工程质量验收记录，这些验收文件应与本专业（分部）施工文件一并组卷，是不可割断的。

2. 按文件性质立卷

按文件性质立卷是指单位工程或建设项目竣工验收形成文件，按照文件的性质、类别，如工程竣工验收记录、工程竣工备案文件、工程竣工总结文件等进行立卷。

3. 竣工验收文件卷组成

工程竣工验收文件卷主要由四部分构成：

（1）工程竣工文件，如工程竣工报告，勘察、设计、施工等单位工程质量检查报告等；

（2）工程竣工验收文件，如竣工验收记录、质量控制资料核查记录等；

（3）工程竣工验收备案文件，包括竣工验收备案表、各种认可文件或准许使用文件、房屋建筑工程质量保修书等；

（4）竣工财务文件，如工程交付使用财产清单、工程决算等。

一般第一部分与第二部分、第三部分文件组卷后归入单位工程档案，而第四部分单独组卷，可列入工程档案，也可归入建设单位会计档案。

4. 注意事项

工程竣工验收一般分单位工程和建设项目两个阶段进行，分别形成单位工程和建设项目的竣工验收文件。单位工程的竣工验收文件按单位工程组卷，归入单位工程档案中。建设项目如果有多个单位工程，整个建设项目的竣工验收文件应当专门组成本建设项目的竣工验收文件卷，放在本建设项目最后的一个竣工的单位工程中，或放在本建设项目的主要单位工程中。

7.2.1.5 竣工图立卷

单位工程竣工图立卷主要按专业进行。

1. 按专业立卷

竣工图立卷最基本方法是按专业进行。单位工程是分专业施工的，作为施工依据的施工图是分专业编制，因此，竣工图种类也按专业编制，不同专业编制不同的竣工图。相对应的竣工图应分专业整理组卷，不同专业竣工图不应合并组卷。

2. 竣工图卷组成

单位工程以建筑安装工程为例，竣工图一般分为两部分，一是综合竣工图部分，二是专业竣工图部分。

综合竣工图是指单位工程平面图及竖向布置图，室外管网图和电气综合图等。

专业竣工图是指单位工程各专业图纸，包括建筑、结构、建筑装饰装修、给水排水与采暖、建筑电气、智能建筑、通风与空调、电梯等专业图纸。

竣工图组卷应将综合竣工图与专业竣工图分开组卷，每一个专业竣工图又组成独立的竣工图卷。

3. 注意事项

（1）建设项目只有一个建筑物或构筑物时，如前所述，可将建筑物或构筑物这个单位工程与其室外的各单位工程的竣工图组在一起，按综合竣工图和专业竣工图分别组卷。如果建设项目由多个建筑物和构筑物组成时，每一个建筑物和构筑物竣工图均应按单位工程组卷，其室外工程的各单位工程属于综合部分，可组成综合竣工图卷，放在最后一个竣工的单位工程竣工图卷中，或放在本建设项目主要的单位工程中，也可单独立卷。

（2）竣工图系列最好与施工图系列相一致，一个专业的竣工图一般沿用施工图图号编写的规定，即按顺序编写。这样能保持图纸之间的联系，便于日后工程档案的服务利用。

7.2.1.6 特殊载体工程文件立卷

工程文件除了上述文字文件和图纸外，还有不同形式载体的工程文件，如照片、录像、光盘、电子工程文件等。这些特殊载体的工程文件原则上应按国家和地方有关规范、标准要求单独整理立卷。这样做既利于妥善保管，又便于查找利用。

7.2.2 分卷与合卷

工程文件立卷，应根据文件形成的联系和文件数量，组合案卷。文件材料多时分卷，文件材料少时可合卷。

7.2.2.1 分卷

分卷是指一个阶段、一个种类或一个专业的文件由于数量多，分成二卷以上立卷。通常情况下，大中型工程项目的工程文件要分成若干卷。分卷应在遵循立卷原则和要求的前提下，考虑文件数量，方便利用，合理立卷。

工程准备阶段文件分卷。工程决策立项文件若数量多可分卷；建设用地文件一般不分卷；勘察、测绘和设计文件各自单独组卷，对于设计文件中初步设计图纸、技术设计图纸和施工图应分开立卷；工程招投标文件可分卷；开工审批文件可不分卷。

监理文件分卷。监理文件如数量多，可按施工前、中、后三个不同监理阶段进行文件分卷，也可按监理管理、监理工作记录和监理验收不同性质的监理文件分别立卷。对于其中某一性质文件如监理管理文件，或某一种监理文件如监理工程师通知和回复单，如数量多，可再分卷。

施工文件分卷。在各阶段、各种类工程文件中，施工文件数量最多，可按分部工程——专业——阶段的立卷方法，把施工文件分成几部分后分别组卷，而某一专业或某一阶段形成文件多时，又可分成若干卷。

竣工验收文件分卷。如竣工验收文件多，立卷可分为工程竣工验收和竣工验收备案等部分进行分卷。

竣工图分卷。竣工图立卷时，一般将综合图与各专业图分开立卷。综合图和每个专业图又可视图纸数量，如数量多，应采取的合适立卷方法再分卷。

7.2.2.2 合卷

合卷就是主要由于文件数量少，立卷时将不同阶段、不同种类、不同专业的文件和图纸合并组成一卷。一般合卷有下列情况：

1. 单位工程只组成一卷

由于工程项目太小，或工程文件太少，一个单位工程文件只组成一卷。这种情况要注意，首先将文字文件和图纸分开，先组合文字文件，后组合图纸。然后对文字文件按照建设程序和形成时间进行排序，图纸按图号排序。最后在案卷中文字文件在前，图纸在后。单位工程文件只组成一卷的情况并不多，只要有可能，尽量将文字文件和图纸分开组卷。如数量少，案卷薄可装在同一档案盒内。

2. 文字文件与竣工图各组成一卷

文字文件和竣工图各组成一卷，在工程档案中这一情况比前一种情况多。文字文件和图纸各自组卷方法参照第一种情况相对应的办法。

3. 工程准备阶段文件与竣工验收文件组成一卷

一般工程文件立卷时，经常将工程准备阶段文件和竣工验收文件组成一卷。这是因为：一是两类文件相对不多，组成一卷厚度合适；二是两类文件的责任者是同一单位，即建设单位；三是作为记载工程建设准备和工程建设竣工的文件关联性强，不少文件具有法律效力，合为一卷，便于查阅利用。

4. 工程准备阶段文件、监理文件和竣工验收文件组成一卷

由于工程监理文件也不太多，单独组成案卷较薄，可与工程准备阶段文件，竣工验收文件合并为一卷。对于中小型工程的文件立卷，这种合卷方式也会常采用。

5. 几个专业文件组成一卷

几个专业文件合并组成一卷，在施工文件立卷时也是普遍的。如建筑安装工程施工文件，除土建文件较多外，其他专业施工文件较少可合为一卷。一般可组成土建文件卷和其他专业施工文件卷。监理文件和竣工图立卷如遇类似情况，也可这样合卷。

工程文件立卷经常会遇到是分卷还是合卷的情况，应遵循立卷原则和要求，采取合理方法，妥善处理分卷与合卷，以方便日后工程档案的管理和利用。

7.3 案卷的排列与编目

工程文件经过立卷形成案卷时，应对案卷内文件进行有序排列，并对案卷构成进行编目，以固定整理立卷成果。

7.3.1 案卷的排列

案卷的排列分为案卷内文件排列和单位工程案卷排列两方面内容，排列是卷内文件和案卷有序化的一种手段，是案卷编目的前提。

7.3.1.1 案卷内文件的排列

案卷内文件排列分文字文件、图纸排列以及既有文字文件又有图纸混装的排列。

1. 文字文件排列

文字文件按事项、专业顺序排列。

（1）按事项排列

同一事项的请示与批复、同一文件的印本与定稿、主件与附件不能分开，并按批复在前、请示在后，印本在前、定稿在后，主件在前、附件在后的顺序排列。例如，项目建议书及有关政府机关对项目建议书的批复，项目建议书批复在前，项目建议书附后；项目建议书中的主件在前，附件在后。另外，印本和定稿也是不能分开的，应同时归档，按印本在前，定稿在后排列。

（2）按专业顺序排列

工程文件按专业排列符合文件形成规律的，脉络清楚，操作方便。工程准备阶段文件和竣工验收文件先按形成文件的不同性质排开，工程实施阶段文件也先按专业分开，如建筑安装工程一般分为土建、给排水、电气、暖通等专业，然后再按文件形成时间排序。

2. 图纸排列

图纸及竣工图应先按专业分开，再按图号排序。

（1）按专业排列

竣工图应按专业分卷，组成独立案卷，不同专业的图纸原则上不能混在一起排列。如建筑中的电话与电视系统虽然都为弱电系统，但它们专业性质不同，应分别单独组卷。如果图纸数量太少，可先按专业分开，然后另在不同专业内再分别排序。

（2）同专业图纸按图号顺序排列

同专业竣工图纸应按图号顺序排列，小号排前，大号排后。取消（作废）的图纸应剔除，此图后面的图纸依次前提，图号不变。增加的图纸应附在本专业图纸之后，按补图图号顺序排列。如某工程结构竣工图原有图纸最末编号为结构20，设计单位增加1张图纸，编号为结构补1；竣工图修改又增加了3张图纸，编号为结构补2、结构补3、结构补4，最终本工程结构竣工图共24张。图纸排列按图号顺序排列，从结构1到结构20，结构20后面为结构补1，依次排列，最后为结构补4。

3. 既有文字文件又有图纸的排列

如案卷由文字文件和图纸混合组成（为一卷），其内容构成有两种情况：一是一卷内只有一个专业的文字文件和竣工图纸时，卷内文件应遵循"文字文件排前，图纸排后的原则"。二是卷内有几个专业的文字文件和图纸时，也要先把各专业文字文件按专业分开，再按时间排序，汇总排在前面。同样各专业竣工图纸也应这样处理后，排在文字文件后面。

7.3.1.2 单位工程案卷的排列

单位工程文件立卷后，案卷要按照一定规律和要求顺序排列。

1. 先排文字文件卷，后排图纸卷，最后排其他案卷

一般来说，单位工程文件要组成若干案卷，案卷分别由文字文件卷和竣工图卷构成，相互间排列应按文字文件卷排前，图纸卷排后的原则要求进行。如还有照片、光盘等，单独组卷后，排列在最后。

2. 文字文件卷按性质和形成时间再排序

文字文件卷按性质和形成时间排序，即按工程准备阶段、监理、施工、竣工验收顺序排列案卷。

3. 图纸卷按专业排序

竣工图卷按专业排序，如建筑安装工程，按建筑、结构、给排水、电气、智能化、通风与空调、电梯等顺序排列案卷。

7.3.2 案卷的编目

工程档案案卷编目是按照一定的规范要求，通过一定形式，固定工程文件整理成果，揭示工程文件内容、成份的工作。案卷的编目包括卷内文件的页号、案卷封面、卷内目录、卷内备考表、案卷脊背的编制。

7.3.2.1 编制卷内文件页号

页号是案卷内工程文件排列的顺序号和所在位置的标记。

1. 页面编号

编制案卷内文件页号是将有书写内容工程文件的页面都编上号，每一案卷单独编写页号。

（1）编写页号以案卷为单位。编写页号是针对由案卷封面、卷内目录、文件（图纸）、卷内备考表组成的独立案卷，不是单位工程的所有案卷连续编制页号。

（2）有书写内容的页面编写页号。卷内的工程文件整理排列完成后，依次对工程文件编写页号，编写页号的页面一定要有具体内容，无内容的页面不编写页号。但有的一份文件中，有的页面特别标注"此页无正文"等字样，但此页却有发文机关、印章、发文日期等，应编写页号。

（3）编写页号从"1"开始。编写页号用阿拉伯数字，从"1"开始，直到文件的最后一页。编写页号用打字机或档案允许书写笔。但应注意所使用的油墨或墨水，须符合档案要求，油墨采用黑色或蓝色，墨水采用黑色或蓝黑色。

2. 页号编写位置

卷内文件页号编写位置为单面书写的文件在右下角；双面书写的文件，正面在右下角，背面在左下角。折叠后的图纸一律在右下角。

（1）文字文件。文字文件页号位置的编写规定为：单面书写的文件编写在右下角；双面书写的文件，正面编写在右下角，背面编写在左下角。如果文件幅面大于 A4 幅面时应折叠成 A4 幅面后再编写页号，编写页号的规定与 A4 幅面相同。如果是小于 A4 幅面的文件，应托表成 A4 幅面后再按规定编写页号。

（2）图纸。凡大于 A4 幅面的图纸，一律折叠成 A4 幅面，并要求折叠后图标露在外面，页号就编写在图标的右下角。

3. 成套图纸和印刷成册的工程文件页号的编写

成套的图纸和印刷成册的工程文件材料，自成一卷的，原目录可代替卷内目录，不必重新编写页号，这是规范所允许的。对成套的图纸或印刷成册的文件不必分卷，也不同其他图纸或文件合卷，自成一卷，此时，不必重新编写卷内目录和页号。

4. 案卷其他构成不编写页号

案卷封面、卷内目录、卷内备考表等案卷的其他构成成分不编写页号，但应注意卷内目录如超过二页时，应当单独对卷内目录编写卷内目录页号，编写规定与卷内文件编写页号规定相同。

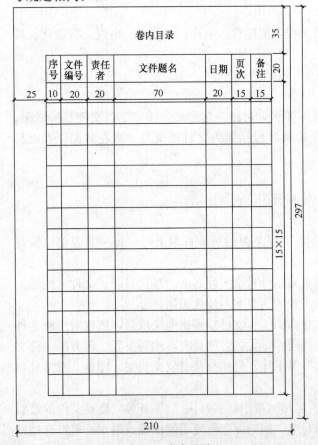

图 7-1　卷内目录

7.3.2.2　编制卷内目录

卷内目录是登记卷内文件题名及其他特征，并固定文件排列次序的表格，实际上是揭示卷内工程文件内容与数量的清单。卷内目录排列在卷内文件之前，起到便于查阅、统计和保护卷内文件的作用。工程档案卷内目录除文件题名外，还包括序号、文件编号、责任者、日期、页次、备注等内容。卷内目录式样及内容应符合《建设工程文件归档案整理规范》GB/T 50328—2000（图 7-1）的要求。

1. 序号

序号以一份文件为单位，用阿拉伯数字从 1 依次标注。一份文件为单位的概念，工程档案认同的做法是同一文件题名的若干页文件或同一文件题名内容性质相同的若干页文件为一份工程文件。

（1）一份文件有若干页，如竣工测绘报告，共 15 页，那么这 15 页的竣工测绘报告就为一份文件。

（2）同一文件题名为一份文件，如土建隐蔽工程验收记录共20页，这20页虽不是同时间形成的，但文件名称、内容性质相同，这20页的隐蔽工程验收记录认定为一份文件。

（3）竣工图，通常将一张图纸视为一份文件。

2. 责任者

责任者填写文件的直接形成单位和个人。有多个责任者时，选择两个主要责任者，其余用"等"代替。

责任者是文件的直接形成单位或个人，单位形成的文件，如项目建议书、建设工程施工许可证、竣工验收报告等，责任者应为单位；个人形成的文件，如专家意见、著作等，责任者应为个人。竣工图的责任者为竣工图编制单位。

3. 文件编号

文件编号填写工程文件原有的文号和图号。

填写工程文件的文号应为发文号。工程文件的文号，如建设工程规划许可证，发文号为×规建字第××××××号；如文件没有发文号，文件编号这项就不填；有的文件不止一个发文号，视情况也可以不填。每张图纸只有一个图号，所以图纸编号应填写图号。

4. 文件题名

文件题名就是文件和表格的名称，应填写文件标题的全称。如果文件和表格没有题名，立卷人应根据文件和表格内容拟写题名。图纸题名就是图纸的图名。

5. 日期

日期填写文件形成的日期，即文件的发文日期。

文件形成日期可能为某日或某个阶段。文件形成日期为某日的直接填写年、月、日形成日期；若是某个阶段形成的文件，如设计变更单为2008年8月1日～2009年7月31日形成，此时日期应填2008年8月1日～2009年7月31日。

6. 页次

页次填写文件在卷内所排的起始页号。最后一份文件填写起止页号。

每份文件无论是单页还是多页，都只填写首页上的页号。如最后一份文件为1页时，也要填写起止页号；如最后一份文件的页号为50，在目录上应填写50～50。

7. 备注

备注填写本份文件须说明的问题，有则填写，无则空白。

7.3.2.3 编制卷内备考表

卷内备考表是说明卷内工程文件状况的表格，排列在卷内文件的尾页之后。卷内备考表的式样宜符合图7-2的要求。具体内容为三部分，第一部分案卷数量状况，

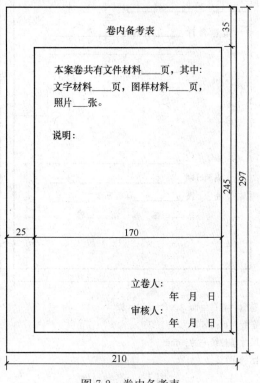

图 7-2　卷内备考表

本案卷共有文件材料____页，其中：文字材料____页、图样材料____页、照片____张；第二部分为说明；第三部分为立卷人、审核人和日期。

1. 第一部分填写

卷内备考表第一部分填写案卷数量状况，主要标明卷内文件的总页数、各类文件页数（照片张数）。

本案卷已编写的尾页号数，即为卷内文件的总页数。在总页数中，应分别标明文字材料、图样材料的页数和照片的张数，规定使用阿拉伯数字填写。

2. 第二部分编写

第二部分说明，是对案卷质量状况的说明，即对本案卷完整、准确情况的说明。

说明主要是对缺少情况、页码错误情况、文件更换情况、卷内文件复印情况等的说明。如缺少文件应在说明中注明缺少的原因等。

3. 第三部分填写

第三部分案卷编制责任人，立卷人和责任人是本案卷编制责任人，应对本案卷立卷负责。立卷人、审核人应签字并填写日期，签字不可不签或代签。

7.3.2.4 编制案卷封面

案卷封面是通过简明扼要的文字准确概括和揭示案卷内工程文件的内容与特征的标签，它是管理和利用案卷的工具之一。

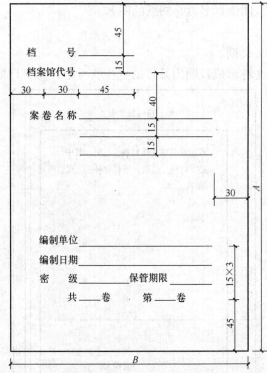

1. 案卷封面形式

案卷封面采用外封面，即封面印刷在卷盒、卷夹的正表面和内封面两种形式。案卷封面的式样宜符合图 7-3 的要求。

2. 案卷封面的内容

案卷封面的内容应包括：档号、档案馆代号、案卷题名、编制单位、起止日期、密级、保管期限、共几卷、第几卷。

3. 档号

工程档案档号是以代字代码的形式赋予工程档案案卷的代号，是具体反映工程档案的分类层次和案卷的排列次序的一组符号。

档号应由分类号、项目号和案卷号组成。档号由档案保管单位填写。

城建档案馆工程档案档号编写应符合《城市建设档案分类大纲》（建办档〔1993〕103 号）的要求，其中分类号即为城建档案分类大纲中的大类代号和属类号，大类代号用英文字母表示，属类

卷盒、卷夹封面 $A \times B = 310 \times 220$

案卷封面 $A \times B = 297 \times 210$

尺寸单位统一为：mm

比例 1 : 2

图 7-3 案卷封面

号用阿拉伯数字表示。项目号为保存本类工程中单位工程档案的顺序号。案卷号为本案卷在本工程档案的案卷号。建设单位所保管的工程档案，档号可按照企业档案分类编制，大类为基本建设类，用汉语拼音字母 G 标识，属类（二级）以下用数字标识。以下举例说明：

例一、档号 I11-122-12，如图 7-4 所示。

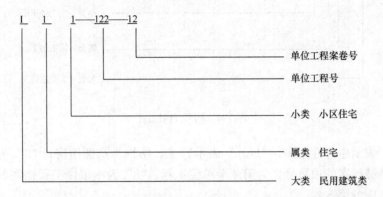

图 7-4　档号 I11-122-12

"I"为城建档案分类大类代号，即为民用建筑工程，"11"中前面的"1"为属类，后面的"1"为小类，"I11"为分类号，即民用建筑工程中的住宅工程；"122"为民用建筑住宅工程馆藏档案的项目号，为第 122 个单位工程；"12"为本单位工程档案的案卷号，即为本工程档案中的第 12 卷。

例二、档号 E11-18-88，如图 7-5 所示。

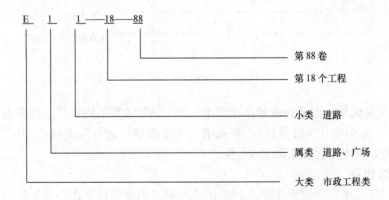

图 7-5　档号 E11-18-88

"E"为城建档案分类大类代号，即市政工程类，"11"中前面的"1"为属类，后面的"1"为小类，"E11"为分类号，即市政工程中的道路工程；"18"为市政道路工程馆藏档案的项目号，为第 18 个单位工程；"88"为本单位工程档案的案卷号，即为本工程档案中的第 88 卷。

例三、档号 H61-2-8，如图 7-6 所示。

"H"为城建档案分类大类代号，即工业建筑类，"6"为属类，表示轻工、纺工类，

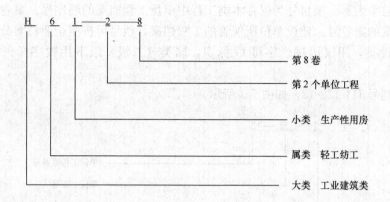

图 7-6　档号 H61-2-8

"1"为小类，表示生产性用房，"H61"表示轻工、纺织生产性用房；"2"为轻工、纺织生产性用房馆藏档案的项目号，为第2个单位工程；"8"为本单位工程档案的案卷号，即为本工程档案中的第8卷。

例四、档号 G01·02-10，如图 7-7 所示。

图 7-7　档号 G01·02-10

"G"为大类代号，即某企业基本建设类，"01"为属类工程代号，即企业的第一个单位工程，"02"为小类（三级类目），表示第一个工程的土建专业文件，"10"为本单位工程档案案卷号，即本工程档案的第10卷。

4. 档案馆代号

档案馆代号应填写国家给定的本档案馆的编号。档案馆代号由档案馆填写。

工程档案保管单位已给定了档案馆代号的，应在封面上填写档案馆代号。如档案保管单位没有给定档案馆代号，则不填。

5. 案卷题名

案卷题名是本案卷的名称，工程档案案卷题名应能简明、准确的揭示卷内文件的内容，作为档案的检索、查阅和提供利用的依据。

案卷题名的内容，应包括工程名称、专业名称、卷内文件内容。工程名称为建设工程项目名称和单位工程名称，专业名称指的是工程准备阶段文件、施工文件、监理文件、竣工验收文件和竣工图等不同专业文件名称。卷内文件内容指的是本案卷文件或竣工图内容的具体名称。案卷题名一般由本案卷立卷人根据构成案卷文件的内容和案卷题名规定的组成拟写，审核人进行审核。以下举例说明：

例一，案卷题名：××市体育会展中心工程体育会展馆主体部分结构竣工图。这个案卷题名应理解为××市体育会展中心工程为建设项目，体育会展馆为单位工程，结构竣工图为专业名称，主体部分为本卷的具体内容。

例二，案卷题名：××市××服装有限公司生产厂房土建施工文件。这个案卷题名理解为××市××服装有限公司工程为建设项目，生产厂房为单位工程，土建为专业名称，施工文件为具体内容。

例三，有一工程为××广场亮化工程，只组成一卷，包括工程文件与竣工图。案卷题名可以简化，只写工程名称和专业名称即可。案卷题名为：××广场亮化工程文件与竣工图。

6. 编制单位

编制单位应填写案卷内文件的形成单位和主要责任者。

工程档案的编制单位可以是形成单位，也可以是责任者。对于工程档案来说，每种类型的文件形成单位或收集汇总责任者都比较明确，如工程准备阶段和竣工验收文件为建设单位、施工文件为施工单位、监理文件为监理单位。因此可认定文件形成单位和收集汇总责任单位为编制单位。至于工程档案的某一卷，形成单位则更加具体，如工程准备阶段文件中的工程地质勘察报告，其编制单位为形成单位，即勘测单位。

竣工图的编制单位通常为施工单位，有重大变更，并由于设计原因造成的，才由设计单位负责重新绘图。

主要责任者可以为负责组织立卷的建设责任部门，也可以为工程档案的组卷单位。工程项目建设责任部门为建设单位，组卷单位是负责本案卷立卷的责任单位。

7. 起止日期

起止日期应填写案卷内全部文件形成的起止日期。

文字材料的起止日期为本案卷内所有文件中最早形成的文件日期，终止日期为最晚形成的文件日期。竣工图起止日期分别为本案卷竣工图章上的最早日期和最晚日期。如本卷文件的最早形成日期为 2005 年 8 月 20 日，最晚为 2006 年 10 月 19 日，则编制日期应填 2005.8.20～2006.10.19。

8. 保管期限

保管期限分为永久、长期、短期三种期限。

各类文件的保管期限详见《建设工程文件归档整理规范》附录 A。永久是指在工程建设、工程设计、工程管理和工程研究中具有长远查考和利用价值的工程档案需永久保存。长期是指工程档案的保存期限等于该工程的使用寿命。短期是指工程档案保存 20 年以下。同一案卷内有不同保管期限的文件，该案卷保管期限应从长。不同保管单位对工程档案的保管期限划分有所不同，一般情况下，文件形成单位档案保管期限长于非形成单位。如建设单位工程档案保管期限应满足工程维护、修缮、改造和加固的需要，施工单位工程档案保管期限应满足工程质量保修及质量追溯的需要。案卷保管期限划分的责任单位为立卷单位或建设单位。

D=20、30、40、50mm

尺寸单位统一为：mm

比例1：2

图 7-8　编制案卷脊背

9. 密级

密级分为绝密、机密、秘密三种。

工程档案的密级划分是依据国家保密规定划分的，国家保密法规定划分为绝密、机密、秘密三种。"绝密"就是在一定时期、一定范围内需要绝对保密的，一旦泄露会使国家的安全和利益遭受严重危害和重大损失。"机密"就是在一定时期、一定范围内需要保密的，一旦泄露会使国家的安全和利益遭受较大危害和损失。"秘密"就是一旦泄露会使国家的安全和利益遭受较大危害和损失。工程档案涉及绝密和机密的文件较少，一般定为"秘密"文件。

一个案卷内如有不同密级的文件，确定本案卷的密级要以本案卷文件中最高的密级为本案卷的密级。工程档案密级划分的责任单位是建设单位。

7.3.2.5　编制案卷脊背

工程档案的案卷脊背一般指案卷装具的脊背，脊背书写内容是为了提取档案方便而设置的。

案卷脊背的内容包括档号、案卷题名，有时还标明第×卷、共×卷。式样宜符合图 7-8 的要求。

7.4　案卷的检查与装订

整理立卷的案卷经检查合格后进行装订，放在合适的装具内保存。这是工程档案立卷的最后一道工序。

7.4.1　案卷构成用材、文件衬托与图纸折叠

7.4.1.1　案卷构成专门成份的纸质及幅面

案卷构成成份除案卷内文件外，还有卷内目录、卷内备考表、案卷内封面等，这些专门成份应采用 70g 以上白色书写纸制作，幅面统一采用 A4 幅面。

7.4.1.2　文件衬托

卷内文件幅面应统一为 A4 幅面，如立卷的文件，包括文字文件和图纸小于 A4 幅面，一律采用 A4 幅面的白纸衬托，衬托一般采用 5 点衬托法，即四角和非装订面的中点。

7.4.1.3　图纸折叠

1. 图纸折叠应符合下列规定：

（1）图纸折叠前应按图 7-9 所示的裁图线裁剪整齐，图纸幅面应符合表 7-1 的规定；

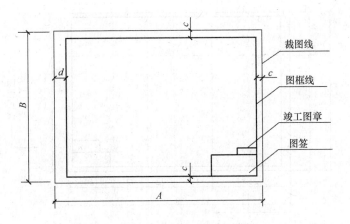

图 7-9　图框及图纸边线尺寸示意

图幅代号及图幅尺寸　　　　　　　　　　　　　表 7-1

基本图幅代号	0 号	1 号	2 号	3 号	4 号
B（mm）$\times A$（mm）	841×1189	594×841	420×594	297×420	297×210
c（mm）	10			5	
d（mm）	25				

（2）折叠时图面应折向内侧成手风琴风箱式；

（3）折叠后幅面尺寸应以 4 号图为标准；

（4）图签及竣工图章应露在外面；

（5）3 号—0 号图纸应在装订边 297mm 处折一三角或剪一缺口，并折进装订边。

2. 3 号—0 号图不同图签位的图纸，可分别按图 7-10～图 7-13 所示方法折叠。

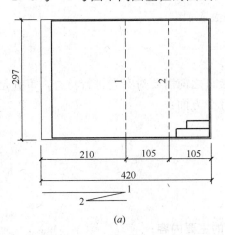

(a)

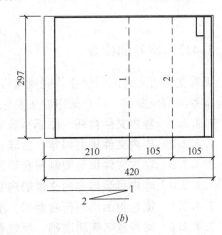

(b)

图 7-10　3 号图纸折叠示意图

3. 图纸折叠前，应准备好一块略小于 4 号图纸尺寸（一般为 297mm×205mm）的模板。折叠时，应先把图纸放在规定位置，然后按照折叠方法的编号顺序依次折叠。

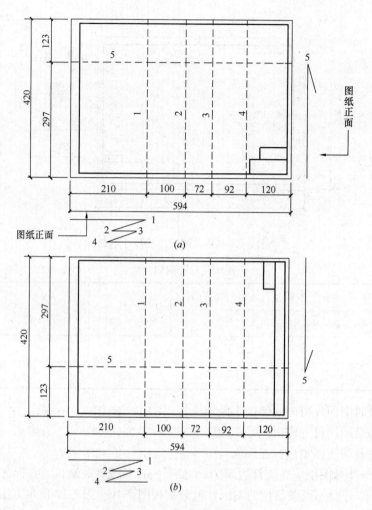

图 7-11　2号图纸折叠示意图

7.4.2　案卷的检查

工程文件按立卷原则组卷并完成编目后，在装订之前需要对案卷进行检查，审查是否符合案卷的构成要求，检查的内容主要包含以下几个方面：

7.4.2.1　卷内文件衬托、图纸折叠规范；

7.4.2.2　卷内文件排列科学、合理；

7.4.2.3　卷内文件页号编制符合规定要求；

7.4.2.4　卷内目录与卷内文件的内容相一致；

7.4.2.5　案卷封面编制符合要求，填写完整；

7.4.2.6　案卷题名简明准确，反映卷内文件的主要内容；

7.4.2.7　档号编制正确，并符合规范要求；

7.4.2.8　保管期限、密级划分准确；

7.4.2.9　卷内备考表填写完整、正确；

7.4.2.10　案卷美观，书写工整。

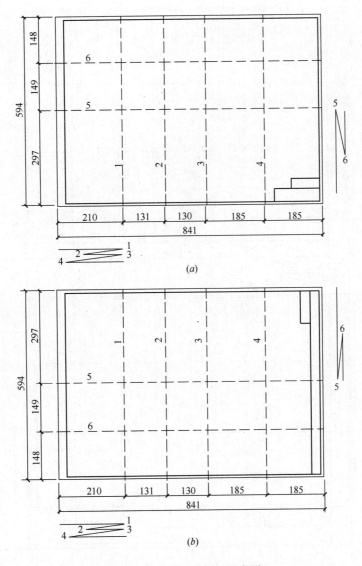

图 7-12　1 号图纸折叠示意图

如检查发现组卷不规范、不正确、不完整的，应及时进行整改，从而保证案卷质量。

7.4.3　案卷的装订和装具

7.4.3.1　案卷的装订

经检查合格，或整改合格后，案卷应进行装订。

1. 案卷可采用装订与不装订两种形式

文字文件必须装订，这是通常做法。既有文字文件，又有图纸的案卷应装订。装订采用线绳三孔左侧装订法，要整齐、牢固，便于保管和利用。图纸卷可以装订成册，也可以散装在装具内，目前各地城建档案馆一般采用散装在卷盒内的方式。

2. 装订时必须剔除金属物

案卷内不能有金属物和塑料制品，在装订前必须剔除金属物和塑料制品，装订用的物

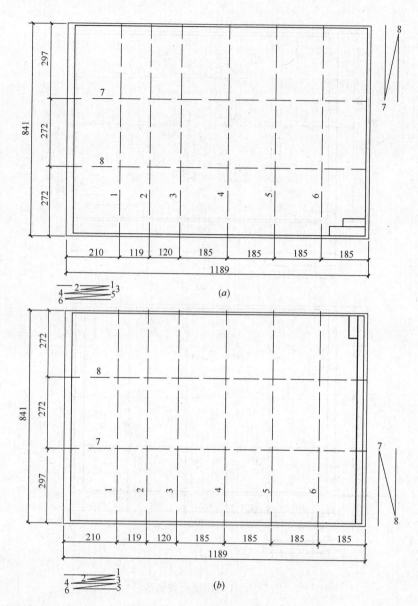

图 7-13　0 号图纸折叠示意图

品也不得使用金属和塑料制品。

7.4.3.2　案卷的装具

案卷装订后应存放在合适的装具内，案卷的装具一般采用卷盒、卷夹两种形式。

1. 卷盒

卷盒的外表尺寸为 310mm×220mm，厚度分别为 20、30、40、50mm。卷盒尺寸比 A4 幅面文件大 13mm 和 10mm，易于装进立卷后的文件材料。卷盒厚度在规格范围内可根据已组成案卷的厚度适当的选择，一般组成案卷厚度不宜超过 40mm，可装进 50mm 厚的卷盒内。卷盒的厚度也不宜太薄，因为太薄的卷盒不方便书写脊背。

2. 卷夹

卷夹的外表尺寸为 310mm×220mm，厚度一般为 20～30mm。

194

卷夹尺寸比 A4 幅面文件大 13mm 和 10mm，这种尺寸有利于对卷内文件的保护。卷夹与立卷文件装订在一起，一般不宜过厚，以方便装订。卷夹厚度应不小于 20mm，有利于编制案卷脊背。

3. 卷盒、卷夹用材

卷盒、卷夹用材应采用无酸纸，无酸纸是制作卷盒、卷夹材料的基本材料，它有利于防腐、防虫。

思 考 题

1. 工程文件立卷有哪些原则和要求？
2. 工程文件立卷一般采用什么方法？
3. 组成工程文件的案卷是如何排列的？
4. 案卷装订有哪些注意点？
5. 编制卷内文件页号应符合哪些规定？
6. 图纸案卷排列时同专业图纸如何排列？
7. 工程准备阶段文件如何立卷？
8. 案卷检查主要检查哪些方面？

第 8 章　工程文件的归档

内　容　提　要

　　本章重点包括：一、工程文件归档与管理职责，包括参建各方和城建档案馆（室）在工程文件归档方面的职责。二、工程文件归档的要求及审查，讲述了工程文件归档的具体要求、审查的内容、审查的组织。三、工程文件归档时间、套数和归档手续，讲述了工程文件归档的时间要求、数量要求和手续的办理等。

　　工程竣工后，各参建单位要将形成的工程文件按照归档的规定和要求进行整理立卷，完毕后，向建设单位移交。建设单位收齐汇总各参建单位工程文件后，按照规范要求和方法编制工程档案，办理归档手续。

8.1　工程文件归档与管理职责

8.1.1　基本职责

　　（1）工程各参建单位应该把工程文件的形成和归档纳入工程建设的各个环节和相关人员的职责范围。

　　（2）工程文件的形成必须符合国家或地方相关的法律法规，施工质量验收标准、规范、工程合同和设计文件等规定。

　　（3）工程文件应随工程进度及时收集、整理，并应按专业归类。书写认真，字迹清楚，项目齐全、准确、真实，无未了事项。表格应采用统一格式，特殊要求需增加的表格应统一归类。

　　（4）工程文件进行分级管理，建设工程项目各参建单位主管（技术）负责人负责本单位工程文件的全过程管理工作。建设过程中工程文件的收集、整理、审核工作应有专人负责，并按规定取得相应的从业岗位资格。

　　（5）对工程文件进行涂改、伪造、随意抽撤或损毁、丢失的，应按有关规定予以处罚，情节严重的，应依法追究法律责任。

8.1.2　工程各参建单位职责

8.1.2.1　建设单位职责

1. 负责本单位工程文件的管理工作，并设专人进行收集、整理和归档工作。

2. 在工程招标及与勘察、设计、监理、施工等单位签订合同或协议时，应对工程文件的套数、费用、质量、移交时间等提出明确要求。

3. 向参与工程建设的勘察、设计、施工、监理等单位提供与建设工程有关的原始资料，原始资料必须真实、准确、齐全。

4. 由本单位采购的建筑材料、构配件和设备，建设单位应保证建筑材料、构配件和设备符合设计文件和合同要求，并保证相关质量证明文件的完整、齐全、真实、有效。

5. 对需本单位签字的工程文件应及时签署意见。

6. 负责组织、监督和检查勘察、设计、施工、监理等单位的工程文件的形成、收集和立卷归档工作；也可委托监理单位监督、检查工程文件的形成、收集和立卷归档工作。

7. 及时收集和汇总勘察、设计、监理和施工等单位立卷归档的工程文件。

8. 负责督查竣工图的编制、汇总、组卷等工作。

9. 工程开工前，与当地城建档案馆签订《建设工程档案报送责任书》。在组织工程竣工验收前，提请城建档案馆对工程档案进行预验收。未取得工程档案认可文件的，不得组织工程竣工验收。

10. 在工程竣工验收后三个月内，将一套符合规范、标准的工程档案（原件），移交给当地城建档案馆。

8.1.2.2 勘察、设计单位职责

1. 应按合同和规范的要求提供建设工程的勘察、设计文件。

2. 对需勘察、设计单位签字的工程文件应签署意见。

3. 工程竣工验收后，应据实出具工程质量检查报告。

8.1.2.3 监理单位职责

1. 应设专人负责监理资料的收集、整理和归档工作。在项目监理部，监理文件的管理应由总监理工程师负责，并指定专人具体实施，监理文件应在各阶段监理工作结束后及时整理归档。

2. 监理文件必须及时整理、真实完整、分类有序。了解、指导勘察、设计、施工单位的工程文件的形成积累工作。

3. 可以按照委托监理合同的约定，接受建设单位的委托，监督、检查勘察、设计和施工单位工程文件的形成积累和立卷归档工作。

4. 对施工单位报送的工程文件进行审查、并按规定要求签证。

5. 对列入城建档案馆接收范围内的监理文件，应及时移交给建设单位。

8.1.2.4 施工单位职责

1. 负责施工文件（包括竣工图）的管理工作，实行技术负责人负责制，逐级建立健全施工文件管理岗位责任制，配备专（兼）职档案管理员，负责施工文件的管理工作。

2. 建设工程实行总承包的，总承包单位负责收集、汇总各分包单位形成的施工文件，各分包单位负责将本单位形成的施工文件收集、整理、汇总，并对其提供施工文件的真实性、完整性和有效性负责。

3. 负责编制建设项目承包范围内的竣工图，并做好检验、组卷和交接工作。

4. 可以按照施工合同的约定，接受建设单位的委托组织工程档案编制工作。

5. 工程竣工验收前，负责施工文件整理、汇总和立卷。

6. 负责编制的施工文件的套数不得少于合同约定要求，应有完整施工文件移交给建

设单位及自行保存，保存期可根据工程性质以及地方城建档案馆有关要求确定。如建设单位对施工文件的编制套数有特殊要求的，可另行约定。

8.1.2.5 城建档案馆职责

1. 负责对工程档案的编制、整理、归档工作进行监督、检查、指导。对国家和省、市重点工程档案、大型工程项目的工程档案的编制、整理、归档工作，应指派专业人员进行业务指导。

2. 对列入城建档案馆接受范围内的工程档案，其工程项目开工前，应与建设单位签订《建设工程档案报送责任书》；工程竣工验收前，对工程档案进行预验收，验收合格，须出具《建设工程档案预验收意见》等工程档案认可文件；工程竣工验收后三个月内，对建设单位移交的工程档案进行正式验收，合格后接收进馆，并出具《建设工程档案接收证明书》。

8.2 工程文件归档要求

8.2.1 归档文件范围符合要求

对与工程建设有关的重要活动，记载工程建设主要过程和现状、具有保存价值的各种载体的文件，均应收集齐全，整理立卷后归档。工程文件的具体归档范围应达到三个符合，一是符合《建设工程文件归档整理规范》GB/T 50328—2001 等规范标准的基本要求；二是符合当地城建档案馆的规定要求；三是符合本工程项目建设实际。

8.2.2 归档文件必须是原件

归档的工程文件应为原件，这是归档工程文件质量的最基本要求。所谓原件即为文字文件、图纸或其他形式工程文件的原始件，也就是在工程建设过程中第一次正式形成或使用，且具有依据和凭证作用的文件。

8.2.2.1 原件的认定

1. 文字文件

工程建设过程形成的文字文件，包括各种用表，其原件是指在工程建设过程中第一次形成或使用，且签字、盖章手续完备，具有依据和凭证作用的原始文件。如在工程准备阶段的立项报告、请示及有关主管部门的批示、指示的原始件，凡正式发文均按国家规范制成，有发文编号、单位印章等重要元素。勘察、设计和施工、监理等单位在各自工作活动中形成的各类文字文件，特别是各种表格，均是按规定要求编制或填写的原始件，相关责任人该签认的则签了字，相关单位该盖章的则用了印。工程竣工验收时形成的各种认可文件，同样是原始件。

2. 图纸

图纸原件是指第一次正式使用，并有相关责任单位和责任人签章的工程图纸。如施工图是由施工图的底图晒制的蓝图，且图标中内容填写完备。竣工图是指利用原施工图绘制或改绘的，或在计算机上修改输出的竣工图，不论是何种类型均盖有竣工图章，且内容填写规范。

3. 声像

（1）照片的原件为现场拍摄胶片底片或磁盘（卡）输出（冲洗）的样片，或制成的光盘，还应包括照片拍摄的地点、位置、部位、时间等文字说明。

（2）录像（音）带和磁盘、光盘。

无论是录像、录音，还是磁盘、光盘的原件，均为原始（母）带（盘）和编辑好的带（盘），且包括摄录的地点、时间等文字说明。

8.2.2.2　原件的重要性

工程档案具有依据和凭证作用，即具有法律效力，只有工程文件的原件才具有这种性质，否则不具备原始价值，会受到质疑，失去效力。归档的工程文件须为原件，当为复印件时，提供单位应在复印件上加盖单位印章，并应有经办人签字及日期。提供单位及相关责任人应对工程文件的真实性负责，一旦出现问题，必须承担相应的责任。

8.2.3　归档文件应是工程建设活动的记录和反映

归档文件作为工程项目建设活动全过程的记录，必须完整、准确、系统。在工程建设过程中，工程文件不但要保证形成质量，而且要确保归档质量。各参建单位应收集好每一过程、每一环节、每一活动所形成的工程文件，并对文件的价值做出准确的评价。在把握文件价值的基础上明确哪些是应该归档的文件，再对其归档文件的数量、种类等作出判断，最终形成系列。工程文件归档时，应保持文件原有的系列，特别是施工、监理单位需确认归档文件是否反映工程施工与竣工验收的各个环节、各个阶段。建设单位要全面检查归档文件的完整性、系统性和真实性，确定归档文件反映和记载了工程建设的全过程。

8.2.4　归档文件分类整理

归档文件在归档时不是文件的简单叠加、汇总，而必须经过分类和整理，这是对文件归档的又一基本要求。

工程文件包括工程准备阶段文件、监理文件、施工文件、竣工图和竣工验收文件五部分。各参建单位及归档单位应按照管理职责和分工，对这五部分文件进行汇总和科学的分类、整理。

勘察单位应把勘察工作所形成的勘察文件分类整理。

设计单位应把形成的初步设计、技术设计、施工图设计等文件进行分类整理。

施工单位应把在施工过程中形成和收集的施工文件（包括竣工图）进行分类整理。

监理单位应把工程建设中形成的监理文件进行分类整理。

建设单位应把自身形成及汇集的工程准备阶段文件和竣工验收文件进行分类和整理。

无论是勘察、设计单位还是施工、监理、建设单位对所形成的工程文件进行分类整理时，都应遵循各自文件形成规律及其特点，按照一定的方法组织进行。如按专业、按文件性质、按文件名称、按形成时间等将文件逐层分类，使之系列化、条理化、有序化。

8.2.5　归档文件组成案卷

归档文件经过分类整理后应组成符合要求的案卷，这也是对文件归档的基本要求。

各参建单位在对所形成的文件分类整理后，遵循文件形成规律及相互间的有机联系，按照城建档案馆和建设单位的要求，采用合理的方法，将文件组合成案卷，在完成案卷编目后，进行认真检查，直至达到符合案卷质量要求。

8.3　工程文件归档时间

工程文件归档选择恰当时间，对维护工程文件完整与完全，确保各参建单位正常工作秩序都有实际意义。各种工程文件归档时间应根据工程文件形成规律和特点，结合考虑有关规定和工程项目实际情况具体确定，可按建设程序分阶段、分期进行，也可在分部分项工程或单位工程完工后进行。

8.3.1　按建设程序和工程特点归档

8.3.1.1　分阶段分期归档

工程项目建设是按照基本建设程序组织进行的，当在一个阶段工作完成之后，需要将这一阶段形成的工程文件进行整理和立卷并归档。当某一阶段中的一项工作延续时间很长，则可以把这个阶段的归档工作划分为几个小段或几期来进行。在每期的工作完成后，将每一期的文件进行整理立卷和归档。比如在工程准备阶段各项工作结束之后，可将所形成的工程准备阶段文件整理、归档；如这一阶段文件多，可再分为立项工作阶段、勘察设计阶段、用地拆迁阶段、招投标阶段等分期进行文件整理立卷并归档。在工程实施阶段结束后，施工单位和监理单位等应将各自形成的工程文件整理、归档。同样，如文件多，可按施工阶段再分期整理归档。在工程竣工验收阶段，竣工验收工作结束之后，即可将所形成的竣工验收文件整理、归档。

8.3.1.2　分部分项工程完成后归档

工程施工是按分部分项工程组织的，一般是按专业或工程部位分类划分的，完工后工程文件可进行整理和归档。以建筑安装工程为例：

建筑安装工程按专业可分为土建工程、给排水工程、电气工程、智能化工程、通风工程等。这些专业工程都可以独立的组织施工，完工后形成的工程文件均应独立的整理立卷、归档。如果每个分部工程中又分成若干项分部工程施工，分部工程所形成的施工文件仍应独立组卷归档。

土建工程又可按工程部位分为：地基与基础工程、主体工程、装饰工程和屋面工程等。这些工程部位的施工互相独立、可依次完成。所以按工程部位划分的分部工程，工程文件可以按工程部位分别整理、归档。

8.3.1.3　单位工程竣工后归档

建设项目是按单位工程组织建设施工和管理的，单位工程竣工就意味着工程准备阶段文件、工程实施阶段文件和竣工图等文件都已形成。勘察、设计、施工、监理等单位应将单位工程建设过程中所形成的工程文件向建设单位和本单位档案管理部门归档。

8.3.2　参建单位文件归档时限

对一个建设工程而言，归档包括两个方面：一是建设、勘察、设计、施工、监理等单位将本单位在工程建设过程中形成的文件向本单位档案管理部门移交；二是勘察、设计、施工、监理等单位将本单位在工程建设过程中形成的文件向建设单位档案管理部门移交。勘察、设计、监理和施工文件的归档都有时限要求，应在规定时限内向本单位档案管理部门和建设单位归档。

8.3.2.1 向建设单位归档

1. 勘察单位

建设单位在与勘察单位签订勘察合同时，应明确提供勘察文件的内容和形式，以及移交勘察文件的时限要求。一般规定，勘察单位应在勘察任务完成后将勘察文件按照合同规定的时限要求向建设单位归档。

2. 设计单位

一般建设项目的设计可按初步设计和施工图设计两阶段进行，技术复杂的建设项目可增加技术设计阶段，即按三个阶段进行。因此，建设单位在与设计单位签订设计合同时，要明确分段完成设计任务和提供设计文件的时限要求。在设计单位全部设计任务完成并经审查合格后，应将全部的设计图纸及相关文件整理立卷并向建设单位归档。

3. 施工单位

施工单位是工程项目的实施者，施工过程中会形成大量的施工文件。由于施工文件种类多、数量多，应分阶段归档。建设单位与施工单位签订施工合同时，应根据工程项目规模、施工季节和施工特点等明确施工任务及时限要求，并在完成施工任务的同时，分阶段、分专业及时收集整理施工文件。整个施工任务完成后，工程竣工验收前向建设单位归档，以保证竣工验收工作的顺利进行。

工程项目中如有分包工程，分包单位应将形成的工程文件整理后，按总包单位明确的时限要求，及时向总包单位移交。

4. 监理单位

监理单位是受业主委托，对项目建设，特别是对施工实施监督管理者，在工程项目建设中也会形成一定数量的监理文件。建设单位与监理单位签订监理合同时，应明确监理任务和时限要求，并将监理过程中形成的监理文件整理立卷。同样，在单位工程项目监理任务完成后，工程竣工验收前向建设单位归档。

8.3.2.2 向本单位档案管理部门归档

各参建单位按规定要求，凡需要向本单位档案管理部门归档的文件，应单独立卷归档。勘察、设计、施工、监理单位档案管理部门保存的工程档案主要是本单位在工程建设过程形成的或与本单位工作密切相关的文件。这些文件由工程勘察、设计部门、施工单位项目经理部、监理单位项目监理部分别向各自单位的档案管理部门归档。工程文件的整理立卷、归档工作应符合规范标准和本单位档案管理部门的要求。比如施工文件的归档，首先，应由项目经理组织施工文件的自审和整理立卷；立卷的施工文件须由项目经理审核、签字后向本单位即工程公司档案管理部门移交；最后，经档案管理部门审核合格后，由档案管理部门档案人员与项目经理部档案资料员办理归档手续。

8.4 归档文件的审查与归档手续

建设单位和勘察、设计、施工、监理等参建单位向所在单位归档工程文件，或参建单位向建设单位移交工程档案前，均需对各自形成的工程文件的质量和案卷质量进行审查，自查合格后才能归档。

8.4.1　归档文件审查的内容

归档工程文件审查应根据规范标准和当地城建档案馆要求进行，主要审查档案文件的完整、准确、系统情况和案卷质量。

8.4.1.1　文件种类应齐全

不同的建设项目，勘察、设计、施工、监理等活动所形成文件会有所不同，但总体上讲文件数量多，种类多。审查时应根据建设项目的规模、特点和建设周期，将产生的文件按内容划定归档的种类和文件名称，即形成归档文件类目，再据此进行对照检查。检查归档文件的种类是否是齐全；每一种类的文件是否完整；不同载体形式的文件是否应有。

8.4.1.2　文件内容应真实

形成工程文件的各个单位、相关责任人应对工程文件的真实性和有效性负责，不弄虚作假，并作出承诺，以确保工程文件准确、可靠、可信。竣工图是重要而又特殊的工程档案，应全面真实反映工程实际，与建设项目实体相一致。

8.4.1.3　文件立卷应规范

工程文件组卷前，工程文件形成者应将自身所产生的各类工程文件收集齐全，并对收齐的工程文件按照分类整理要求和立卷原则、方法，进行整理和排序，再按案卷编目规定要求进行编目，最后组合成规范的案卷。

8.4.2　归档文件审查的组织

审查组织采取文件形成单位审查、建设单位审查或委托监理单位审查等方式。

8.4.2.1　文件形成单位审查

工程文件形成单位首先应按其职责承担工程文件的审查，按照审查的内容进行认真自查，把好第一关。审查工作应由勘察、设计、施工、监理等专业项目负责人组织，现场技术人员和档案资料人员参加。

8.4.2.2　建设单位审查

建设单位应对勘察、设计、施工、监理等单位移交的工程文件及案卷，进行全面细致的审查。审查工作应由建设单位项目负责人组织，本单位现场管理人员和档案管理人员参加。

8.4.2.3　委托监理单位审查

由于熟悉工程文件形成和立卷业务的需要，建设单位可以委托监理单位对勘察、设计、施工单位的归档文件进行审查。审查工作应由总监理工程师负责，现场专业监理工程师、档案资料人员和勘察、设计、施工单位熟悉文件形成的人员参加。

8.4.3　归档文件的套数

《建设工程文件归档整理规范》GB/T 50328—2001 规定：工程档案一般不少于两套，一套由建设单位保管，一套（原件）移交当地城建档案馆（室）。一般情况下，勘察、设计、施工、监理单位应向建设单位移交至少两套归档文件。其中一套必须为原件，由建设单位汇总后向当地城建档案馆（室）移交；另一套由建设单位自己保存。此外，勘察、设计、施工、监理单位档案管理部门保存的各自形成的工程档案不包括在上述移交套数内。如建设单位需要勘察、设计、施工、监理单位增加工程档案套数，应在相关的合同或协议中写明。

建设单位向城建档案馆移交的一套工程档案，法规和规范都要求是原件，这是因为：一是城建档案馆是国家专业档案馆，是永久保存建设档案的基地，如果不是原件，就难以永久保存下去。二是城建档案馆有符合国家规范要求的专门馆房，保护技术条件优越，建设单位一般是达不到这个要求的，原件在城建档案馆能得到科学的保管。三是城建档案馆馆藏档案，除向移交单位提供查阅服务外，还面向社会提供服务，提供的档案必须真实、准确，只有原件才能可靠、可信，才能发挥凭证和依据作用。因此，向城建档案馆移交的工程档案应为原件。如果归档的工程文件原件只有一份，原则上应保存在城建档案馆。

8.4.4 文件归档手续

工程文件归档无论是勘察、设计、施工、监理单位向建设单位归档，还是形成单位向本单位档案管理部门归档，都应当分别办理归档手续。

8.4.4.1 向建设单位归档

勘察、设计、施工、监理等单位向建设单位移交相关工程档案时，应编制移交清单，经检查符合要求，双方签字、盖章后方可交接。

8.4.4.2 向本单位档案管理部门归档

勘察、设计、施工、监理和建设单位需要向本单位档案管理部门归档，同样也要编制移交清单，审查合格后，双方交接人签字后移交档案。

思 考 题

1. 在工程文件的形成、收集、整理、归档过程中，建设单位有哪些基本职责？

2. 在工程文件的形成、收集、整理、归档过程中，城建档案馆（室）有哪些基本职责？

3. 工程文件的归档，有何具体要求？

4. 什么是工程文件分阶段、分期归档？

5. 归档文件审查如何组织？主要审查哪些内容？

6. 工程文件归档的套数是怎样规定？

7. 向城建档案馆移交的工程档案，为什么要是原件？

第9章 工程档案的验收与移交

内 容 提 要

　　本章重点包括：一、工程档案的验收，包括预验收和验收，主要了解工程档案验收的范围、内容和标准。二、工程档案的移交，主要掌握工程档案移交要求和手续。

　　工程项目建设活动基本结束后，在建设单位组织下，各参建单位配合编制汇总了完整的工程档案。工程档案经过预验收和验收，并合格通过后，建设单位除自己存档外，需按国家法规、规范要求向当地城建档案馆移交一套工程档案原件。

9.1　工程档案的验收

　　工程档案的验收，也称工程档案专项验收，是工程竣工验收的重要组成部分，是评定工程质量的前提条件，也是工程档案移交的基础。因此，应当重视工程档案验收工作，将其纳入工程建设程序和工程档案管理程序。工程档案的验收分为预验收和验收。

9.1.1　工程档案预验收

　　工程档案预验收是工程项目施工完成后，竣工验收前组织的工程档案的专项验收。建设部令第 90 号《城市建设档案管理规定》明确要求，列入城建档案馆接收范围的工程档案，建设单位在组织竣工验收前，应当提请城建档案管理机构对工程档案进行预验收。建设单位在取得工程档案认可文件后，方可组织工程竣工验收。按照法规、规章要求，进行工程档案预验收，并取得认可文件是工程竣工验收的前提条件之一。

9.1.1.1　预验收的工程范围

　　根据城建档案管理要求和分级管理工程档案的原则，工程档案一般分为市级、县级或区级城建档案管理机构和建设单位三级保管，由哪级负责工程档案接收的工程就由哪一级的城建档案管理机构进行预验收。对于跨地区、跨市、跨省的建设工程，应由上一级主管部门明确由哪一级城建档案管理机构接收，则由该一级城建档案管理机构进行预验收。

　　1. 城建档案管理机构工程档案预验收范围的确定依据。

　　城建档案管理机构工程档案预验收范围确定的依据主要是相关法规、规章，如《江苏省工程建设管理条例》规定"建设单位或者个人应当在工程项目竣工验收后 6 个月内，向工程项目所在地的设区的市、县（市）城市建设档案馆，报送竣工图及其他工程档案资料。"《江苏省城建档案管理办法》明确了市、县（市）城建档案馆和乡镇建设管理部门各自接收工程档案的范围，各地城建档案馆依据法规、规章制定或界定各自的工程档案接收及预验收范围。

城建档案管理机构确定工程档案预验收范围还应遵循属地管理的原则，一般讲城建档案管理机构接收的是所在地建设项目的工程档案，通常不接收外地的工程档案。也就是既是属于城建档案馆（室）接收的范围内的，又是在本地报建的工程项目才列入城建档案馆（室）工程档案预验收范围。

2. 列入城建档案管理机构接收范围的工程档案，工程开工前应办理登记手续。

凡是列入城建档案管理机构接收范围的工程档案，在办理工程规划许可证或工程施工许可证时，建设单位应到城建档案馆进行登记。江苏省规定了工程项目报建时，建设单位要与所在地城建档案馆签订工程档案报送责任书，以此形式进行登记，并明确建设单位和接收单位的责任和义务。

进馆工程档案进行登记，主要内容包括工程项目名称、地点、规模、开工时间、预计竣工时间、工程档案编制移交的有关规定要求，工程档案报送与接收的责任和义务等。

进馆工程档案签订报送责任书，主要包括三部分内容，一是工程概况如工程项目名称、地点、开工时间、预计竣工时间；二是甲方（即报送工程档案单位）责任，如明确工程档案的套数、费用、预验收要求、工程档案质量要求及报送责任；三是乙方（接收工程档案单位）责任，如提供培训、指导等技术服务，进行预验收，确保接收的档案安全保管等。实行工程档案报送责任制，双方履行承诺，遵守规则，保证工程档案预验收正常开展和档案接收的规范管理。

附：《江苏省建设工程档案报送责任书》

江苏省建设工程档案报送责任书

报送档案单位：   （以下简称甲方）

责任人：   电话：

接收档案单位：   市、县城建档案馆   （以下简称乙方）

联系人：   电话：

根据《中华人民共和国档案法》、《城市建设档案管理规定》、《建设工程质量管理条例》、《江苏省工程建设管理条例》、《江苏省档案管理条例》等有关法律、法规，为确保建设单位（甲方）在工程项目竣工验收合格后6个月内及时向乙方报送建设工程竣工档案，经甲乙双方协商一致签订本责任书：

一、工程项目名称：

二、开、竣工日期：

    年   月   日至   年   月   日

三、甲方责任：

1. 领取建设工程规划许可证或村镇工程建设（不含农民个人建房）许可证前，向工程项目所在地城建档案机构登记，并签订责任书。

2. 负责本建设工程文件材料的收集和报送竣工档案工作。

3. 做好本工程档案资料的验收准备工作，工程竣工时及时通知乙方参加竣工验收。

4. 建设工程档案报送内容按国家、省、市有关规定执行，在工程项目竣工验收合格后 6 个月内向乙方报送，如遇特殊情况，应向乙方提出延期报送申请，经乙方批准后在延期内报送。

5. 向城建档案馆报送的建设工程档案应当是原件，档案必须完整准确、图形清晰、字迹工整。制作和书写材料应当利于长期保存。案卷质量符合《江苏省城建档案案卷质量标准》。

四、乙方责任：

1. 按国家有关规定，对该项目建设工程文件材料的形成、积累、整理、归档及其城建档案报送、移交工作进行不定期的现场业务指导。

2. 为甲方提供建设工程档案的专业培训、技术咨询及其相关的服务性工作。

3. 参加该项工程的竣工验收。

4. 接收该项建设工程档案后，确保档案安全保管。

五、违约责任：

双方必须严格履行本责任书和职责，如有违约，按《建设工程质量管理条例》、《江苏省工程建设管理条例》、《江苏省档案管理条例》等有关规定处理。

六、工程概况：

工程名称		工程地址	
建设单位			
勘察单位		设计单位	
施工单位		监理单位	
建筑面积		层数	
高度		结构	
负责人		联系电话	
联系人		联系电话	

本责任书一式两份，双方各执一份，自签字之日起有效。

甲方单位（盖章）： 乙方单位（盖章）：

单位负责人（签字）： 单位负责人（签字）：

年　　月　　日

9.1.1.2 预验收实施依据

工程档案预验收实施依据主要有相关法规、规章、规范和工程建设的依据性文件以及地方工程档案管理的规定等。

1. 国家及地方颁布的法规、规章。

国家法规、规章如国务院《建设工程质量管理条例》、建设部《城市建设档案管理办法》等；地方法规、规章如《江苏省工程建设管理条例》、《江苏省城建档案管理办法》

等。这些法规、规章是组织工程档案预验收的法规依据。

2. 工程档案规范、标准。

国家工程档案规范、标准主要有《建设工程文件归档整理规范》、《编制基本建设工程竣工图的几项暂行规定》等；地方工程档案规范、标准主要有《江苏省城建档案馆业务工作规程》以及建设工程质量监督、施工、监理方面的规范等。这类规范、标准是实施工程档案预验收的技术依据。

3. 工程项目的招投标文件、施工合同、协议等。

工程项目的招投标文件、施工合同、协议等文件是了解工程建设的基本文件，一般对工程竣工档案，竣工图的编制、审核，交接与验收以及套数等作了明确的规定，因此也是实施预验收的具体依据。

4. 城建档案馆的制度及要求。

各地城建档案馆根据有关法规、规范，并结合本地实际，明确规定工程档案接收范围和要求，制定了验收、接收等管理制度，在工程档案预验收时应当遵照执行。

9.1.1.3 预验收程序

1. 自检

建设工程施工完成后，参与建设的各方将形成积累的工程文件整理后交建设单位汇总，建设单位组织工程文件整理人员、编制人员和工程技术负责人进行审核，通过自检。

2. 提请预验收

在工程文件自检后，准备组织竣工验收前，建设单位按规定要求提请当地的城建档案馆对工程档案进行预验收，提请方式可以是书面申请也可以是其他形式。接到建设单位预验收申请后，城建档案馆应尽快以书面或其他形式予以答复，一般回复时间在 7～10 天内。建设单位接到城建档案馆回复后，要对预验收工作做出安排，并协商确定预验收时间、地点等。

3. 组织预验收

工程档案预验收一般由建设单位主持，城建档案馆、监理单位、施工单位和其他参与工程档案编制单位人员参加。预验收应由建设单位提供一套经过整理的工程档案，参加建设的单位及参加编制工程档案单位对各自产生档案的完整性、系统性和档案整理情况进行介绍。城建档案馆对提交的工程档案按照预验收内容及标准进行检查。检查完毕后，城建档案馆验收人员要与参会各方交换意见，对需要补充、整改的内容一一给予明确说明。

4. 提出预验收书面意见

预验收结束后，根据检查情况和交换的意见，城建档案馆要整理出具书面意见。对预验收基本合格的工程档案予以认可，出具工程档案认可文件。如预验收没有达到规定要求，存在较多的问题，应指出没有达到合格标准的内容和理由，并给出书面意见，明确整改要求。

5. 限期整改

建设单位对预验收不合格的工程档案，应根据城建档案馆提交的书面意见，针对没有达到合格标准的内容和理由提出整改措施，落实整改计划和时间安排，责令相关单位、相关人员限期改正。整改完成后，再进行验收，直至合格为止，为工程竣工验收创造良好条件。

9.1.1.4 预验收检查内容

工程档案预验收时，除竣工验收文件外，工程准备阶段文件、施工文件、工程监理文件已形成，竣工图也应绘制。根据工程文件归档要求，城建档案馆应对已收集、汇总的工程文件种类、内容和分类整理等情况进行检查验收，重点检查工程文件形成和收集情况，作出实事求是的评价。

1. 工程文件构成完整

工程文件构成齐全、系统、完整是建立工程档案的基本要求，也是工程档案预验收的首项内容和基本要求。

工程文件齐全是指在工程建设过程中所形成和积累的各类文件，不论是内容还是数量要齐全。如工程准备阶段的立项文件，建设用地、征地、拆迁文件，勘察、测绘、设计文件，工程招投标文件，开工审批文件等应当产生的不同种类的文件不能缺项。而每一种类中应形成的文件及数量也不能缺少。

工程文件系统是指构成一项建设工程的档案是由多个方面和不同形式的文件而构成，它们是有机整体，前后衔接，左右联系，相互依赖，不能残缺，更不能割断或人为支离，文件之间的关系要保持原有的自然联系。

工程文件完整是要求应归档的工程文件无论是过程还是来源，无论是内容还是载体都应当齐全，不缺项。比如一份工程表格文件应填写的数据、文字要填全，该签字的要签字。

总之，预验收检查工程文件的齐全、系统和完整，是要求实际核查形成、积累和归档的工程文件的齐全率、完整率和归档率。

2. 工程文件内容真实

归档文件的内容要真实，这是建立工程档案的又一重要内容和基本要求，其核心是工程文件的内容要真实、准确地反映工程建设活动和工程实际状况。

工程档案预验收，核查工程文件内容的真实性，应把握三个重点：第一，查文件内容是否是在工程建设过程中形成的，而不是事后编造的；第二，查积累的文件是否是在该工程建设活动真正产生的文件，须与工程实际相符，不能张冠李戴；第三，查归档文件该提供原件是否提供了，而不能用复印件替代，以防造假。

3. 工程文件整理立卷

预验收时建设单位须提交一套工程档案供检查验收，已形成积累的工程文件应整理立卷。预验收对工程文件整理立卷侧重检查四个方面：第一，检查已形成的工程准备阶段文件、监理文件、施工文件和竣工图，按鉴定原则，对应归档的文件和不必归档文件加以区别，分开处理。应归档文件进行了分类、归类。第二，检查整理立卷文件的齐全、系统、完整性，要求排列有序，保持文件之间的自然联系。特别是对应当原件归档的而是复印件、归档的文件缺张少页等情况，文件形成单位或档案整理者要说明产生的原因和采取的措施。第三，检查每一案卷保管期限及密级的划分是否准确，尤其是不能将永久保管的文件划为长期保管，更不能划为短期保管。第四，检查不同形式、不同载体的工程文件是否按规范要求形成并积累，组成了保管单位。

根据工程文件整理立卷要求和向城建档案馆移交实际，预验收时建设单位提交的工程档案，一般不要求编号、装订。主要是防止内容不完整、分类不恰当、组卷不合理、排列不规范等情况的存在，在补充整改时拆卷，并给重新组卷带来不必要麻烦，以减少重复劳动。

4. 编制竣工图达标

竣工图绘制达标是指其编制方法、图式、图纸规格、竣工图章等符合专业技术标准。做到内容准确、完整，图实相符，遵守编绘规范，图样清晰，图表整洁，盖章签字手续完备。

5. 工程文件形式规范

工程文件形式的检查是工程文件预验收的主要内容，总体上要求文件的形成、来源符合实际，要求单位或个人签章的文件，其手续完备。

（1）文件的形成符合要求

工程文件的形成应符合规定，主要要求：第一，形成程序规范，无论是公文还是技术文件都有其形成程序，工程文件形成应按规范操作。第二，形成责任明确，文件原稿或图样材料的形成责任人明确。第三，形成结果原始，形成和归档的文件为工程建设过程中的第一手材料，即为原件，如果是复印件应有证明其真实性的审签。

（2）文件的来源符合实际

工程文件的来源是指产生文件的部门、单位，所谓符合实际包括了文件的责任者即文件形成的部门、单位都是该工程的参与者、经历者；文件形成的时间是工程建设期间产生的；文件形成的内容是该工程各项建设活动的真实反映和原始记录。总之，工程文件的来源就是要符合工程建设的实际情况。

（3）工程文件的手续完备

工程文件的手续是指产生工程文件的相关责任人签字、责任单位盖章等，公务文件定稿的拟稿人、核稿人、签发人均要签字，文件正本要盖发文机关印章。工程建设的各类施工文件、监理文件等技术文件往往有多方面人员签字或盖章，应当按规定要求该签字要签字，该盖章要盖章，签字须本人签，不得代签、漏签，盖章要清晰，位置要恰当。

6. 工程文件材质合格

工程文件材料、幅面、书写、绘图、用墨、托裱等应符合规范，工程档案预验收时也应检查，要求合格。

（1）纸张：使用能长期保存的韧力大、耐久性强的纸张，内封面、内目录、备考表用70g 以上白色书写纸。

（2）幅面：文字材料采用 A4 幅面，图纸采用国家规定的标准幅面，并折叠成 A4 幅面进行组卷。

（3）书写和绘图：采用耐久性强的书写材料，字迹清楚，不能有错字、草字、别字；绘图要使用绘图工具，图样清晰、图表整洁，绘图或写字采用不易褪色的档案规范要求的墨水。

（4）托裱：对于小于 A4 幅面的文件或图纸，采用 A4 幅面纸张衬托。

上述六条预验收的内容前三条是基本要求，即：文件完整、内容真实、立卷规范；后三条是技术要求和具体要求，即对竣工图的编绘、工程文件的形式和形成材质的要求。

工程档案预验收过程中，城建档案管理机构如对该工程熟悉或了解可在建设单位或指定地点进行预验收，否则还应到工程建设现场进行察看，了解建设的大体情况，从总体上保证实物与档案相一致。

9.1.1.5 工程档案认可文件

工程档案预验收合格后，城建档案馆应出具工程档案认可文件，即《工程档案预验收意见书》，这是预验收工作的终结文件。建设单位未取得工程档案认可文件，不得组织工程竣工验收。认可文件不仅是工程移交验收的前提条件之一，而且也是工程竣工验收备案的重要文件，建设行政主管部门在办理竣工验收备案时，应当查验工程档案认可文件。

1. 认可文件的内容

工程档案认可文件内容通常由三部分组成，第一部分是工程的概况和相关人员的姓名，以便查验和联系。第二部分是专项验收意见，写明经预验收该项工程档案符合归档要求，通过了预验收。第三部分是签证，即城建档案管理机构盖章，预验收责任人签字。

附：《江苏省建设工程档案专项验收意见书》

江苏省建设工程档案专项验收意见书

监督注册号：

验收编号：

工程名称		工程地址	
开工日期		竣工日期	
建设单位			
勘察单位		设计单位	
施工单位		监理单位	
基建负责人		电话	
档案员姓名		资质证号	电话

专项验收意见：根据《建设工程质量管理条例》、《城建档案管理规定》和江苏省有关城建档案管理的规定，该项建设工程档案资料符合归档要求，同意验收。

城建档案管理机构（盖章）

专项验收责任人签字：　　　　　　　　　　　　　　　　　　　　　　年　　月　　日

表格说明：
1. 本意见书未经城建档案管理机构盖章无效。
2. 本意见书不得涂改。
3. 本意见书一式三份（市城市建设档案馆、建设单位、建设工程竣工备案部门各一份）。
4. 本意见书为组织单位建设工程竣工验收、办理建设工程竣工备案手续的必要认可文件，不作为其他用途凭证。

2. 认可文件的出具

工程档案预验收结束并认可合格，城建档案管理机构应将认可文件交建设单位（也可由建设单位从城建档案馆网站上下载），由建设单位填写认可文件第一部分的内容，城建档案馆填写其他内容并签字盖章。认可文件一式三份,城建档案馆、建设单位和建设工程竣工备案部门各一份。预验收不合格,也要签署不合格意见并指出原因,要求建设单位采取措施,改正后再验收。

9.1.2　工程档案验收

工程竣工验收后,建设单位将验收过程中形成的文件整理组卷,连同预验收的工程档案和按照预验收的要求进行补充、完善的工程档案,汇总完成了全部工程档案的检查及整理组卷工作。工程档案验收可进入正式验收程序。

9.1.2.1　多级验收制

工程项目竣工通过验收之后,其工程档案的正式验收方法,视不同情况,区别处理。一般工程档案验收工作通常采取建设单位自检和接收单位验收等二级验收,重点工程项目档案可采取建设单位自检、联合验收和接收单位验收等三级验收。

1. 建设单位自检

建设单位对工程档案预验收中指出的问题进行整改,对新形成的竣工验收文件整理组卷,达到工程档案验收要求。

(1) 对预验收存在问题整改的检查

对工程档案预验收中指出的存在问题如内容不完整、文件不齐全,签章不规范等应逐项逐条检查是否整改,是否整改到位,防止未补充、未修改、不完整,甚至产生新的问题。如发现有未改正或改正不正确的,应通知相关单位有关责任人,不仅要立即按要求纠正,而且要追究责任,进行必要的处理。

(2) 对竣工验收文件的检查

工程档案预验收后形成的文件主要是工程竣工验收文件和工程竣工备案文件。建设单位是工程竣工验收的组织者,是竣工备案的主要参与者,应负责汇总工程竣工验收过程中形成的各种竣工验收记录、报告、核查记录及其总结等,负责收集工程竣工备案中产生的各类认可文件和工程质量保修书等。建设单位可会同工程监理单位及时组织有关人员检查文件的齐全、系统和完整,对照规范标准,达到归档要求。

(3) 对工程文件立卷的检查

工程档案预验收时已对工程文件整理立卷进行了初步检查,正式验收应当对工程文件立卷情况,即对形成的每一案卷进行全面检查。但检查还是有侧重点,对预验收后产生的案卷和经过调整及补充的案卷全面查、重点查;对预验收检查通过的案卷主要是查案卷内文件的排列及其装订。

建设单位认为工程档案自检合格后,为便于进入下步程序,可编写工程档案自检报告,从上述三个方面进行情况说明。

2. 联合验收

按照国家有关规定,重点工程项目档案验收应由重点工程项目主管部门会同档案行政管理部门、城建档案管理部门联合进行验收,可成立工程档案验收委员会或验收组,其成员一般5~7人。联合验收一般不仅要按照重点工程项目档案验收要求进行检查验收,而且还应到工程现场查看和了解情况,最终形成验收意见,参与验收各方人员签字,随工程档案一并保存。

3. 接收单位验收

正常情况下，工程档案经建设单位检查或经联合验收后报接收单位最后验收，按照城建档案接收管理范围，凡移交城建档案馆的工程档案应由城建档案馆接收验收。

经建设单位自检后形成了工程项目的全套档案，报送城建档案馆审查验收。城建档案馆应区分情况，有重点的进行最后的验收，凡达到验收标准的工程档案，城建档案馆接收入馆。对达不到验收标准的工程档案及案卷退回建设单位，由建设单位责令形成单位或整理立卷单位，按照验收意见进行改正，并再次检查直至认可达到接收标准。

9.1.2.2　验收的内容

城建档案馆对接收的工程档案验收，是建立在工程档案预验收和建设单位自检基础上，其验收内容是他们的复查和延伸，主要包括三个方面：

1. 新形成文件质量的审查

工程档案预验收后新形成的文件主要是工程竣工验收文件、竣工备案文件和声像、电子等不同载体文件。如城建档案馆参与了工程竣工验收，则对新产生的文件已预先掌握和了解，此时的工程档案验收，注重于核查；如未参加竣工验收，就需要仔细检查，应做到三查：一查文件齐全真实，二查文件签章完备，三查文件形式规范。

2. 预验收指出问题的复查

如前所述，工程档案预验收时，城建档案馆指出的存在问题事先均有记录，应逐一复查改正情况，凡达到规定要求的则通过复查，否则应退回，予以改正。

3. 全部案卷完成的验收

总体上讲，建设单位移交的工程档案所有案卷必须达标，但城建档案馆（室）应根据情况区别对待，采取不同检查方法。

新产生文件的案卷应逐一检查，不论是案卷的构成，还是外在形式均要符合规范要求。预验收检查案卷侧重分类科学、归卷准确和排列有序，凡预验收检查通过的案卷，正式验收时检查重点是编目和装订，并可抽查。

9.1.2.3　验收的标准

工程档案经过预验收和建设单位整改后，建设单位归档或向城建档案馆移交，其验收标准主要是两条：

1. 工程文件完整、准确、系统，能够反映工程建设活动的全过程

完整是指应归档的工程文件种类、数量、载体等均要全面，与工程建设过程相吻合；准确是指归档工程文件内容真实，手续完备，并强调是第一手材料，即原始性；系统是指归档工程文件保持产生时的自然联系，没有被人为割断。

应归档的工程文件完整、准确、系统，这一条是工程档案验收的基本标准，也是真实记录工程质量的重要要求。工程档案是工程建设活动的伴生物，应该能够全面反映工程建设活动的全过程。

2. 工程文件必须经过分类整理，并组成符合要求的案卷

工程建设过程中形成的文件，按照归档范围，凡应归档的均应经过分类整理，做到分类科学、整理规范，案卷排列有序、编目准确、美观适用。组成符合要求的案卷，这一条是工程档案验收的必要标准，也是便于档案科学保管和查找利用的前提条件。

9.1.3　预验收与验收的关系

工程档案预验收与验收是工程档案检查、核查、验收过程中的两个阶段，前者是基础，后者是延伸；前者是全面检查，后者是复查和抽查；前者是初步认可，后者是补充完善。预验收与验收工作各有侧重点，预验收检查内容重点是工程文件的构成与内容完整、准确、系统，形式规范，材质合格，竣工图编制符合标准，归档文件初步立卷。预验收合格还要出具认可文件。工程档案验收重点是预验收后新产生的工程文件质量检查，预验收存在问题解决的复查和全部工程文件规范立卷的检查。总之，预验收规范严格，就为最后验收打下了良好基础，减轻验收工作负担，并能保证为工程质量提供完整可靠的依据，为提高工程档案质量把关扎口，也为日后工程档案管理利用提供方便。

9.2　工程档案的移交

按照城建档案馆的接收范围，凡在接收范围的各类工程档案，建设单位除了做好自身的归档工作外，应当向当地城建档案馆移交一套（原件）符合规范要求的工程档案。

9.2.1　移交要求

对不同类型的建设工程所形成的工程档案，其移交单位、移交时间、处理方式等都有不同要求。

9.2.1.1　新建工程

新建工程项目的档案应是一套完整的档案，凡列入城建档案馆接收范围内的，均应按要求向城建档案馆移交；其他的则由建设单位自行归档保管。

新建工程项目档案在通过预验收和验收后，由主体责任单位建设单位一般在工程竣工后三个月内（不同地区可能有不同要求，如《江苏省工程建设管理条例》规定移交时间为六个月内），向当地城建档案馆移交一套（原件）符合规定要求的工程档案，包括文字、图表（特别是竣工图）、声像等不同形式和不同载体工程文件。

9.2.1.2　停建、缓建工程

不论是何原因造成了工程停建、缓建，应要求勘察、设计、施工、监理等参建各方将各自形成的工程文件收集齐全并整理立卷后移交建设单位，建设单位暂妥善保管。

如果建设工程重新启动，原停建、缓建工程的工程档案和新形成的工程档案合并，按照上述新建工程档案移交要求办理移交。

9.2.1.3　改建、扩建工程

1. 对原工程档案修改、补充

改建、扩建和维修的工程，对原工程已移交的档案应据实进行修改、补充。对工程改建和维修的部分，应如实修改原工程档案，特别是原竣工图；对工程扩建部分，应按新建工程档案要求检查工程档案质量，并补充到原工程档案中，使之合二为一。工程项目不论是改建、维修还是扩建都必须做到完善原工程档案，以保证工程档案记录和反映工程项目建设及变化的真实性，维护历史原貌。

2. 新产生档案的移交

改建、扩建和维修工程新产生的档案，其组织监督工作仍由建设单位负责，参建各方应将各自形成的新工程文件收集、整理并组卷后向建设单位移交。凡是应向城建档案馆移交的修改补充的工程档案以及新形成的工程档案，建设单位同样要按规定要求及时移交当地城建档案馆。

9.2.1.4 作废工程

对拆除的建筑物和构筑物，废弃、停用的市政设施和管线等，建设单位或产权单位或管理单位，应当及时如实报归档单位和城建档案馆备案，对作废工程档案进行适当处理，并做好相应的档案信息记录。

9.2.1.5 工程产权转让

建筑物、构筑物产权转让时，原产权拥有者应当同时移交相应的工程档案。同样，如有可能应告知城建档案馆作必要记录。

9.2.2 移交手续

不论何种类型的工程档案移交及接收，都应当办理相关手续，明确双方责任。

9.2.2.1 向建设单位移交

勘察、设计、施工、监理等参加建设的单位应将各自形成的文件整理立卷后，在工程档案预验收前，向建设单位移交，移交时应编制移交清单，双方签字、盖章，完善交接手续。

1. 移交清单

移交清单也称移交目录，可单独保管作为档案移交凭证，也可作为工程档案移交书的附表。

移交清单内容包括：序号、案卷题名、档案数量（其中分别说明文字材料、图样材料、照片等）。移交清单由移交单位填写，如单独保管，移交单位和接收单位责任人双方均应签字，并注明移交时间。

2. 移交书

移交书是工程参建单位向建设单位移交相关工程档案时办理的一种移交手续，其主要内容由两部分组成，一是移交的工程档案数量，包括文字材料、图样材料的卷数和照片张数等；二是移交与接收单位双方责任人签字，单位盖章，并注明移交时间。移交书是工程档案移交的凭证，并与移交档案一并保存。工程参建单位和建设单位应认真核实查验档案及数量，确定无误后履行签字盖章手续。

9.2.2.2 向城建档案馆移交

建设单位向城建档案馆移交工程档案，应办理移交手续，填写移交目录，双方签字盖章后交接。

1. 工程档案接收证明书

建设单位向城建档案馆报送工程档案，经验收合格城建档案馆向建设单位出具工程档案接收证明书，证明书主要内容由三部分组成，一为工程基本情况；二为报送工程档案情况；三为交接双方签字盖章。江苏省规定城建档案管理机构接收建设单位报送的工程档案，均要出具接收证明书。证明书不但是接收工程档案的凭证，而且是房产管理部门审核颁发房屋权属证书的条件之一。

附：《江苏省建设工程档案接收证明书》

江苏省建设工程档案接收证明书

编号

报送建设工程档案单位			
建设工程项目名称			
建设工程规划许可证号			
工 程 地 点			
工程总投资 （万元）		工程建筑面积 （长度）	
开工日期		竣工日期	

报送建设工程档案情况	建设工程档案总数_____卷（盒），其中： 文字材料_____卷；图　　纸_____卷； 照　　片_____张；录像带_____盒； 其他材料_____。 附：工程档案移交目录_____份，共_____张。

报送单位（单位印章）： 报送单位法定代表人： 报送人（签字）：	接收单位（单位印章）： 接收人（签字）： 接收时间：

说明：本证明书为城建档案管理机构接收城建档案的凭证，房产权属登记管理机构验证此证明书后办理产权证。

2. 移交书

城建档案馆接收工程档案等城建档案，应与移交单位办理城建档案移交书，主要内容包括两部分，一是移交档案的情况如移交档案总数量，其中文字材料、图纸的数量，照片数量等；二是交接双方签字盖章，注明移交时间。移交书一式两份，城建档案馆和移交单位各执一份。

附：《城建档案移交书》

城建档案移交书

编号

_____向城建档案馆移交档案共计_____卷（盒），其中：文字材料_____卷（盒），图纸_____卷（盒），照片_____张，录像带_____盒，其他材料_____。

附：城建档案移交目录_____份，共_____页。

移交单位（单位印章）： 移交人（签字）：

法定代表人：

接收单位（单位印章或"城建档案接收专用章"）：

法定代表人：

接收人（签字）：

移交时间： 年 月 日

说明：本移交书一式两份，一份由报送或移交单位保存，一份由城建档案馆保存。

3. 移交目录

城建档案移交目录是城建档案馆接收城建档案的明细表，一般作为工程档案接收证明书或城建档案移交书的附件。移交目录主要是记录城建档案案卷的基本情况及其数量，由移交单位填写，城建档案馆逐项核实无误后，双方签字盖章，各自保存一份。

附：《城建档案移交目录》

城建档案移交目录

序号	案卷题名	编制日期	数量				备注
			文字材料（页）	图纸（张）	声像（盘）	其他	

移交单位： 接收单位：

移交人： 移交日期： 接收人： 接收日期：

思 考 题

1. 工程档案预验收的依据是什么？

2. 工程档案预验收有哪些范围？

3. 工程档案预验收包括哪些程序和内容？

4. 工程档案认可文件包括的内容？

5. 工程档案验收有何方法、方式、内容和标准？

6. 工程档案移交有什么要求与手续？

主要参考文献

[1] 中华人民共和国国家标准.建设工程文件归档整理规范（GB/T 50328—2001）.北京：中国建筑工业出版社，2001

[2] 中华人民共和国行业标准.建筑工程资料管理规程（JGJ/T 185—2009）.北京：中国建筑工业出版社，2009

[3] 中华人民共和国国家标准.建筑工程施工质量统一标准（GB/ 50300—2001）.北京：中国建筑工业出版社，2001

[4] 中华人民共和国国家标准.建筑工程监理规范（GB 50319—2000）.北京：中国建筑工业出版社，2001

[5] 市政基础设施施工技术文件管理.建设部文件建城〔2002〕221 号

[6] 现代建筑施工规范大全.北京：中国建筑工业出版社，1994

[7] 何佰洲·工程建设法规与案例（第二版）.北京：中国建筑工业出版社，2004

[8] 建设工程法规及相关知识.北京：中国建筑工业出版社，2010

[9] 王淑珍，周正德·城建档案工作概论.北京：中国建筑工业出版社

[10] 中国建设教育协会.资料员专业管理实务.北京：中国建筑工业出版社，2007

[11] 苏文·工程文件与工程档案.北京：中国建筑工业出版社，2005

[12] 资料员一本通.北京：中国建筑工业出版社，2007

[13] 中国建筑监理协会·建设工程监理概论.北京：知识产权出版社，2009

[14] 吴锡桐·建筑工程资料员手册.上海：同济大学出版社，2005

[15] 蔡中辉·工程建设项目监理实务手册.北京：中国电力出版社，2006

[16] 项目决策分析与评价.北京：中国计划出版社，2003

[17] 张元勃·建筑工程资料管理.北京：中国市场出版社，2001

[18] 江苏省建设厅建设档案办公室·城建档案从业人员岗位培训讲义，2007